GEORG LOHMEIER

Der Zorn eines Christenmenschen

Joseph Kardinal Ratzinger
empfing Georg Lohmeier 1998 in Rom

Foto: Dr. Joseph Andelfinger

GEORG LOHMEIER

Der Zorn eines Christenmenschen

LANGEN MÜLLER

Umschlagmotiv:
Raufende Putten von Johann Baptist Straub
auf dem Prunkschlitten Kaiser Karls VII.
im Marstallmuseum zu Schloß Nymphenburg
(Archiv des Autors)

© 1999 by Langen Müller
in der F. A. Herbig Verlagsbuchhandlung GmbH, München
Alle Rechte vorbehalten
Schutzumschlaggestaltung: Wolfgang Heinzel
Satz: Typographischer Betrieb
Walter Biering Hans Numberger
Gesetzt aus: 10/12,05 Punkt Minion und 17/18 Punkt Antiqua
Druck und Binden: Graphischer Großbetrieb Pößneck
Ein Mohndruck-Betrieb
Printed in Germany
ISBN 3-7844-2748-0

Inhalt

»Alles ist ein Schwindel«,
flüstert einem der Teufel manchmal zu.
Aber daß es gar keinen Herrgott gibt, können
auch die modernsten Wissenschaftler
nicht überzeugend beweisen.
Darum glaube!

Credo et exspecto.
Vitam venturi saeculi, Amen.

Ein zorniges Vorwort

Dieser Zorn ist kein Fluch. Wenngleich ich mich in der heutigen Kirche nicht mehr heimisch fühle. Es geht mir das Lateinische ab, die ehrwürdige Kultsprache. Auch wenn wir sie nicht verstanden haben, spürten wir doch ihre Erhabenheit über alle anderen Sprachen. Ihre prägnante Kürze tat einem wohl. Wie enttäuschend die deutsche Langsamkeit! Noch dazu des zu den Gläubigen deutlich sprechenden Zelebranten am Volksaltar. Je andächtiger und frömmer sie die Messe zelebrieren, desto langatmiger wird es. Heilige Zeremonien aber wollen mit bescheidener Raschheit vorgenommen werden. Wie in uralten Zeiten das Schlachten der Opfertiere am Opferaltar.

Die internationale Kraft des Lateinischen in knapper Kürze gesprochen, in wohlformulierter Klangschönheit geschwind heruntergesungen: »... In unitate spiritus sancte Deus per omnia saecula saeculorum. Amen.« – Ach, hätten sie wenigstens die Responsorien und die Präfation in der weltumfassenden Kirchensprache belassen! Dann hätte die Messe gleich wieder mehr Stil! Die Gebete der Messe sind wichtiger als die halbweltlichen Werke caritativer Großunternehmen. Denn Arme hätten wir immer unter uns, hat Jesus gesagt, Ihn aber nicht immer.

Wie erst fehlen mir die Orchestermessen an jedem größeren Feiertag! In jeder Vorstadtpfarrei, in jeder Dorfkirche sangen und geigten und bliesen sie unsere klassischen Messen. Aber den Zölibat haben sie gelassen, obschon es nur noch selten sich aufopfernde Zölibatessen gibt. In vielen Predigten waren jahrzehntelang die verbotenen Empfängnisverhütungsmittel ein Hauptthema. Dazu die Mörder im weißen Kittel! Selbstverständlich ist das eine Sünde! Aber wozu hatten wir die Beichtstühle? Hätten sie noch. Dazu unsere Reue.

Reformieren wir die Liturgieform zurück und die Menschen werden wieder frömmer und glücklicher werden. Wahrscheinlich auch ein wenig braver.

Wegen der alten, melodiösen Marienlieder, die man nicht mehr singt, will ich meinem Ärger keinen freien Lauf lassen. Wozu haben unsere Vorfahren Hunderttausende von Gulden gespendet, um die vielen goldgefaßten Gnaden-Altäre schnitzen zu lassen? Wenn sich Gott in einem Betonsilo ehrlicher loben läßt? Sündhafte »Purifizierungen« haben Dutzende vielgeliebter Heiligenfiguren hinausgeworfen. Die kahlgereinigte Kirche war dem jungen Konzilspfarrer gottwohlgefälliger und »ist so den Wünschen der neuen Liturgie entgegengekommen.« Damals drehte ich den Film »Die 42 Heiligen«. Der Vorsitzende der CSU-Fraktion Alois Glück sprach dazu einleitende Worte.

Die Kirche hat eine zweite Säkularisation erlebt. Der Erfolg sind Kirchenaustritte und zunehmende Verweigerung der in deutscher Sprache doch so verständlichen Gottesdienste. Bei der immer mehr gewürdigten Toleranz moderner Demokratien, ja grundgesetzverankerter Respektierung der Konfessionslosigkeit, nimmt das »Leben ohne Religion« erst seinen Anfang.

Das liturgische Wüten der nach Verständlichkeit trachtenden Priester am Volksaltar sehe ich als eine Hauptursache der Glaubenslosigkeit an. Die Verständlichkeit der Sprache ist im Gottesdienst nicht wichtig. Eher störend! Im Zeitalter des totalen Fernsehens werden die Muttersprachen überflüssig. Und das nicht nur in Europa. Auch in den Bereichen von Misereor, Adveniat und Renovabis.

Verbleiben die katholischen Maschinenringe der Bauern, um den leistungsarmen Landwirten Rumäniens zu helfen. Auch die orthodox getauften sind leistungsarm.

Unsere Maschinenringe kaufen neue Mähdrescher, Heusilierer und Traktoren und verschenken die alten nach Rumänien. Das hilft nicht nur den rumänischen Bauern, damit können unsere umsatzgeschwächten Landmaschinenhändler auch wieder Existenzängste abbauen. Und hilft der Industrie, schafft Arbeitsplätze. *Veni sancte spiritus et renovabis faciem terrae! Manus manum lavat.*

Trotzdem ist mein Zorn kein Fluch. Unermüdlich sorgen sich die Ordinariate um viele Institutionen, die sich um die Armut in der Welt kümmern, um das himmelschreiende Elend! So etwas darf man nicht beschimpfen, dergleichen Einrichtungen sind zu loben. Von der alten Caritas bis zu Renovabis am Pfingstsonntag. An diesem hohen Pfingsttag sammelt die Kirche für die vom Kommunismus befreiten Kirchen im Osten, speziell in Rumänien und Bulgarien. Am Weihnachtstag sammeln sie Geld, am liebsten Hundertmarkscheine, für die Hilfsorganisation Adveniat, für die Missionen in Afrika. Am Ostersonntag dann in der Aktion Misereor fließen die Klingelbeutelgelder in die armen Elends-Pfarreien Südamerikas. Als Kirchensteuerzahler werfe ich nur einen Fünfziger hinein. Auch wenn kein *Dominus vobiscum* und kein *sursum corda* mehr zu hören ist! Zornig, aber doch guten Willens.

Gott sei Dank kommt das Wallfahrten wieder in Mode. Weite Strecken marschieren sie da, junge und ältere Wallfahrer, betend und singend. Das ist eine Hoffnung.

Doch hab ich noch das Wort eines Konzilsmoderators im Ohr, der in den sechziger Jahren in einer Ansprache gesagt hat: »Nicht durch Wallfahrten nach Altötting wollen wir Gott verherrlichen, sondern in der Nächstenliebe... Trotzdem bleibt Maria eine große Heilige. Wie die zwölf Apostel, wie die Kirchenlehrer, wie die Märtyrer und Bekenner. Wir verehren sie als die Mutter unseres Herrn. Aber – bei aller Achtung vor den Kapuzinern in Altötting, wir treiben keinen übergroßen Marienkult mehr. Mit den unzähligen Marienwallfahrten zu hundert verschiedenen Madonnen im Lande sind unsere Eltern und Vorfahren am Kern unserer Religion vorbeigegangen. Darum hat das zweite Vaticanum auch kein eigenes Marienschema, sondern hat die Marienverehrung dem Kirchenschema hinten angehängt ...«

So ungefähr hat der Kardinal akademisch geplaudert. Vor den tausenden versammelter Trachtler in Maria Eck hat er natürlich viel marianischer und begeisternder gesprochen.

Und bei der Beerdigung eines Mitbruders hat er dem angestimmten Vaterunser kein *Ave* folgen lassen, sondern hat

gleich das *Te Deum* angestimmt. Mir sind damals beinahe die Tränen gekommen. Wahrscheinlich bereits aus Zorn.

Der oder das Zölibat – an dem ich als Student bereits gescheitert bin – ist geblieben. Ich bin Schriftsteller und Regisseur geworden. Wegen meines Scherzfilms »Der neue Stil im Pfarrhof« (wo durch das Radio eben beim Frühstück des Pfarrers die Freigabe der Ehelosigkeit durchgesagt wurde und der Pfarrer die umarmende Köchin abwehrt und mit einer anderen aufwartet ...) bin ich für einige Zeit exkommuniziert worden. Das war 1962 gewesen. Fersehdirektor Clemens Münster hatte sich im Fernsehen entschuldigt.

Ich war nicht die einzige verstimmte Seele. Viele Briefe haben Christenmenschen mir damals geschrieben, Trostbriefe. Besonders viele Priester.

Vor dem »Executionsausschuß« der bayerische Bischöfe sagte ein Monsignore: »Schon wegen der Schöpferkraft Gottes darf der Priester, der täglich am Altar Brot und Wein verwandelt, nicht zeugen.«

»Die Zukunft der Kirche oder die Kirche der Zukunft« würde zu einer Arche des christlichen Überlebens abendländischer, christlicher Kultur werden. Wie Joseph Kardinal Ratzinger in seinem Buch »Salz der Erde« meint. Vielleicht werden die Überlebenden dann wieder eine lateinische Kultsprache haben und eine festliche Kirchenmusik? Der Sonntagsgottesdienst ist die Hauptsache.

Es wird wieder mehr gebetet als geflucht. Obschon, wer nicht fluchen kann, kann auch nicht beten. Es haben sich in vielen Pfarreien wieder »christliche Glaubensgemeinschaften« zusammengetan, die beten lernen, auch Rosenkranzbeten. Und »Meditieren« wie sie heute philosophierend sagen. Sogar jesuitische Exerzitien werden wieder abgehalten. Wollen wir wirklich wieder frömmer werden? Nach fünfzig Jahren?

Heiliges Donnerwetter, warum haben sie dann auf dem zweiten Vaticanum so rational aufklärend gewütet? Wer den Kult ändert, glaubte bereits der Tierpsychologe Professor Konrad Lorenz, mache sich in dieser Welt noch kränker. Lorenz wies darauf hin, daß seine Gänse keine Menschen seien. In der

Masse allerdings sind wir wahrscheinlich grad so dumm. Keine politische Revolution erregt das menschliche Gemüt so stark wie eine religiöse. Im Zeitalter der Reformation z.B. sind aus Weintrinkern allmählich Biertrinker geworden. Nach jedem Konzil teibt es »andere« nach oben.

Wegen der modernen Medien, wegen der Computertechniken und wegen des Internets brauchen wir keine neue Religion. Des Menschen Herz wird nur noch unruhiger – und sehnt sich noch mehr nach einer altmodischen Frömmigkeit, sehnt sich, bis es Ruhe findet in Dir, *Domine.*

Die Muttersprache

In nomine Patris et Filii et Spiritus Sancti. Amen.

Wenn wir auch nicht alles verstanden haben, ist doch ein heiliges Verstehen von diesem ehrwürdigen römischen Kirchenlatein ausgegangen. Es war bereits tausend Jahre länger im Gebrauch als das Latein der Römer. Eine tote Sprache? Sie war lebendiger als die Theatersprachen der gesamten abendländischen Literaturen. Denn das *theatrum sanctum* der *Missa Romana* wurde täglich 100 000 mal aufgeführt! Die ersten Schriftsteller Roms bedienten sich der griechischen Sprache. Erst mit der Aufzeichnung des römischen Landrechtes auf den »zwölf Tafeln« um 450 vor Christus erkennen wir eine römische Sprache, einen Anfang der Latinität. Dann spricht man über die Qualität dieses Lateinischen in vier Zeitaltern.

Von den zwölf Tafeln bis zu Sullas Tod schreiben fast nur Griechen in Latein. (Von 450 v. Chr. bis 78 v. Chr.) Es ist die Periode des literarischen Anfangs.

Darauf aber kommt schon das goldene Zeitalter der römischen Sprache. Sie dauert knappe drei Generationen. Bis zum Tode des Augustus im Jahre 14. Da leben die größten Lateiner Roms: Cäsar, Vergil, Horaz und Ovid. Mit dem Tode des Augustus im Jahre 14 nach Chr. bis zum Tode Kaiser Hadrians anno 117 haben wir das silberne Zeitalter der Latinität. Anschließend wird die Sprache, wie man so sagt, durch »Sittenverfall und immer stärker werdenden Einfluß der vielen fremden Völkerschaften« bis zum Ende des Reiches verkommen. Das Ende der Herrschaft des Romulus Augustulus im Jahre 476 gilt offiziell als das Ende Roms.

Einstweilen hat ein neues lateinisches Zeitalter bereits begonnen: wird die Sprache der römischen Liturgie, die Sprache

der Päpste, aller Bischöfe und Priester. Weltweit! Selbst die Meßdiener lernen den Psalm *Judica me, Deus* und das *Confiteor Deo
omnipotenti beatae Mariae semper Virgini* ... Am schwersten fällt
ihnen in allen Pfarrkirchen der Welt das *Suscipiat Dominus
sacrificium de manibus tuis* ... Auf Deutsch: »Der Herr nehme
das Opfer an aus deinen Händen zum Lob und Ruhme seines
Namens ...« (Die Übersetzungen sind immer täuschend. Das lateinische Original läßt mehr und Geheimnisvolleres ahnen.)

Jeder Vorstadtministrant hat das *Suscipiat* gekonnt und
vielleicht hundertmal gebetet. Bis zum erlösenden Schluß, der
wenigstens laut und deutlich gesprochen werde mußte – nach
dem unverständlichen Gemurmel voher: »Totiusque Ecclesiae
suae sanctae.« Manche Bauernministranten haben dieses
Ecclesiae suae sanctae so laut hinausgeschrien, daß niemand in
der Kirche an ihren Lateinkenntnissen hätte zweifeln mögen.

Und gleich nach dem *totiusque Ecclesiae suae santae* hat der
Zelebrant die Arme ausgebreitet und gesungen: »Per omnia
saecula saeculorum«, und der Chor auf der Empore hat unter
Orgelbegleitung geantwortet: »Ame-en.« Schon hat die Präfation angefangen: »Dominus vo - obiscum«, und die Antwort,
wieder mit der Orgel: »Et cum spiritu tu -o.«

Es ist einem das Herz aufgegangen. Schon Sekunden, bevor
es der Herr am Altar gesungen hat, dieses innige: »Sursum co
-orda - a!«

Sursum corda! – Empor die Herzen! Es hat deutsche Gedichtbände gegeben mit diesem lateinischen Titel *Sursum
Corda;* zwei unsterblich schöne Worte.

Die Berge haben es herabgetönt, jede Sennerin hat es gekannt, jede Schwalbe. Der Flieger und der Bergsteiger. »Gratias
agamus Domino Deo nostro! – Laßt uns Dank sagen dem
Herrn, unserm Gott!« So einen gewaltigen Klang hat das klassische Latein nie gehabt. Weder bei Vergil noch bei Horaz. Und
mag einem das Ohr noch so wohlklingend dieses »Arma
virumque cano ...« in Erinnerung rufen: »Von Männern und
Waffen laßt mich singen ...«

Kein Gloria und kein Sanctus kann den Herrgott gewaltiger
und geziemender loben als dieses *Sursum corda!*

13

Auch als gegenwärtiger Ungläubiger in der technisch komplizierten Wirklichkeit magst du spüren, daß es vielleicht doch eine göttliche Realität gibt, wenn du jemals wieder eine lateinische Präfation mit Orgelresponsorien erleben solltest. Ich kenne keine himmelstürmischere Bewegung des Herzens als dieses *Sursum corda* mit dem darauffolgenden – unter Orgelbegleitung – *habe - e - emus ad Do - ominu - um!*

Romantik hin, Romantik her: Nicht umsonst hat man es schlichter, deutscher, ehrlicher, gesang- und orgelloser gemacht. Als wollte man sagen: »Ach Gott, wenn Du da oben existieren solltest – obwohl Dich kein Astronaut je gesehen – es ist würdig und recht, Dich zu loben.

Aber was hat man schon von einem bloßen Lob? Keinen Preis, besonders keinen Nobelpreis für die Entdeckung nuklearer Säureeinwirkung auf die Schilddrüse bei Mäusen. Ein bloßes Lob ist geziemend ein Gotteslob, das nichts kostet und nichts bringt. Lobt ihn wenigstens mit Caritas-Spenden! Lobt ihn mit Adoptionen indischer Kinder. Das wäre ein bißchen würdig und recht, *dignum et justum est.* – Es ist in Wahrheit würdig und recht, billig und heilsam ... Vor allem billig ist es, Dir immer und überall dankzusagen.

So durchzittern die Gedanken in den stolzen Landessprachen das Dankgebet. Es wird keine Realität mehr empfunden hinter den »nutzlosen Worten«. Denn das Wort in den vielhundert Landessprachen ist entwertet worden. Korrekte und hübsche Schnellsprecherinnen und allgegenwärtige Dampfredner, nichtssagende Politiker, sich in die Schlagzeilen der Tageszeitungen bringen wollende Sozialkämpfer aller Farben haben das Wort zu einem digitalen Summton gemacht. Landessprachen sind darum unfähig geworden, Gott zu loben, sind unbrauchbar für das Gebet. Pausiert! Gott braucht keine Werbung.

Darum sehnen wir Katholiken uns wieder nach der geheiligten Sprache des Lateinischen. *Quia per incarnati Verbi mysterium* ist vor den Augen unseres Geistes das neue Licht deiner Herrlichkeit aufgestrahlt. Durch die geheimnisvolle Menschwerdung des Wortes. – Im Anfang war das Wort. –

In principio erat Verbum, et Verbum erat apud Deum, et Deus erat Verbum. – Und Gott war das Wort.

Die alten Prediger haben oft eine unglaubwürdige Sache mit dem lateinischen Wort erklärt oder auch sanktioniert. Abraham a Sancta Clara sogar in seiner Predigt über des Teufels Papier, nämlich die Spielkarten: »Die allerbesten Brüder sind durch das Spielen schon in solchen Zwietracht geraten, daß einer den anderen ermordet. Dahero sagt der heilige Bernhardinus von den Spielern: ›aliquando de verbis veniunt ad verbera, de verberibus ad vulnera, de vulneribus ad homicidia.«

Ohne das lateinische Zitat aus Bernhardinus Schriften wäre die mörderische Behauptung nicht hieb und stichfest. Erst das Latein gibt den wissenschaftlichen Brief und Siegel, liefert den Beweis.

»Ninive ist so groß, daß man drei Tage lang braucht, es zu durchwandern.« Das ist eine bloße Behauptung des Predigers. Setzt er aber auf Latein das Zeugnis des Propheten Jonas hinzu: »Erat civitas magna itinere trium dierum«, sind die 480 Stadien Stadtumfang, von denen Augustinus spricht, befriedigend bewiesen.

Et verbum caro factum est et habitavit in nobis – Das Wort ist Fleisch geworden und hat unter uns gewohnt. – Eher schon das lateinische Verbum als das profanierte Wort des täglichen Televisions-Krimis.

Segen der Heiligkeit strahlen diese lateinischen Worte aus: »Benedicat vos omnipotens Deus: Pater et Filius et Spiritus Sanctus!« Dazu das Klingelingeling der Ministranten. Da bekreuzigten sich auch die »hartgesottenen Glaubensschwachen«.

»Es segne euch der allmächtige Gott, der Vater und der Sohn und der Heilige Geist!« – Sagte der Großbauer Ammerer: »Was? Auf Deutsch hoaßt dös grad dös?« Er war von der Landessprachenliturgie enttäuscht. Das *Benedicat vos omipotens...* hatte doch einen gewaltigeren und viel geheimnisvolleren Klang. Da bekommt man einen Segen, den man auf Stirn und Mund und Brust spürt. Und den man nach Hause tragen kann.

Und wie klingt dieses: »Gehet hin in Frieden«? In Latein: »Ite missa est« – Geht, ihr seid entlassen. *Missa est*, die Messe ist aus.

Die heutigen Priester wünschen dazu noch höflich einen schönen Sonntag und bedanken sich für den Besuch des Gottesdienstes. Ja, sie sagen noch mehr. Und statt des letzten Evangeliums: *In principio erat Verbum* wird ein uraltes Kirchenlied aus der Reformationszeit gesungen. Darf sich da ein alter Katholik nicht doch ein wenig ärgern?

Das »Talk and Sound« der katholischen Landjugend greift ein ins heiligste Geschehen einer tausendjährigen Liturgie. So etwas geht nicht ohne Erzürnung.

Wer heilige Bräuche verändert, bringt die ganze Religion in Unordnung.

Selbst Stammtischgespräche kommen häufig ins Murren: »Mir fühln uns nimmer dahoam in der Kirch. Warum hab i denn als Ministrant dieses harte Latein gelernt? Mir ab fuchzig fühln uns nimmer dahoam und die Jungen gehn nimmer so fleißig. Ohne Latein ists nimmer schön. I kann's heut noch, das *Confiteor*.« – »Ja, i aa!« Der halbe Stammtisch konnte es. Und einer nach dem anderen begann es herzusagen. Ohne Fehler – auch das *Suscipiat*, die ganze schöne alte Messe! Bis zum *Deo gratias*. Hätte doch das Konzil unter Papst Johannes XXIII. die Liturgie nicht angetastet! Die Kirchen wären heute – an den Sonntagen wenigstens – noch voller Gläubige. Es hätte anderes zu reformieren gegeben: den Zölibat und die Unauflöslichkeit der Ehen und so weiter. Hatte nicht Josef Stalin schon über die internationale Kraft des Lateinischen in der katholischen Kirche gejammert? 1936 in einer Rede vor dem Komintern? Diese liturgische Weltsprache hemme seiner Ansicht nach den Fortschritt des realen Sozialismus in der westlichen Welt.

Dann erst der Nachfolger Papst Paul VI. mit seiner Enzyklika »Humanae vitae«, mit dem Verbot von empfängnisverhütenden Mitteln für Katholiken! »Sich beugen und zeugen«, spotteten da auf dem Katholikentag in Essen – 1968 – miniberockte fromme Mädchen. Das geschah bereits alles in den Muttersprachen. Aber angefangen hat es 1962 unter Johannes XXIII.

Der Druck der »gottlosen Libertät« von den linken Parteien wurde besonders in Frankreich einflußreich. Der geistige Fortschritt kam von links. Und Papst Johannes war in den vierziger und fünfziger Jahren Nuntius in Paris gewesen. War ein Freund der Arbeiterpriester. Außerdem nahm er dem Papsttum die Tiara und den Thronsessel. Er hat die *Sedia gestatoria*, den erhabenen Tragsessel der Päpste, kaum oder nie mehr benützt. Auch nicht die Tiara, die dreifache Papstkrone (Herrscher über die Kirche, über die weltlichen Mächte und Stellvertreter Christi auf Erden) hat er getragen, sondern nur die einfache Bischofsmütze. Dadurch angeregt haben seine Nachfolger Paul VI., Johannes Paul I. und Johannes Paul II. diese uralten Symbole der päpstlichen Gewalt verschmäht. Sie wollten mehr Priesterbischöfe der Ärmsten der Armen sein. Statt der feierlichen Krönungszeremonien sah man nur noch einfache Pontifikalmessen. Freilich in Anwesenheit der diplomatischen Corps, der Vertreter der Mächtigen der Welt und auserlesener Gäste.

Welch falsch empfundene Bescheidenheit in dieser massendemokratischen »Gleichheit, Feiheit und Brüderlichkeit«! Diese unsere so oft enttäuschte Gemeinschaft einer immer gleicher werdenden Menschheit bräuchte eher ein erhabenes, festliches Zeremoniell – wenigstens für den Nachfolger des heiligen Petrus in Rom, das dann auch die Ärmsten der Armen in allen Kontinenten von Adveniat, Misereor und Renovabis an den Bildschirmen miterleben könnten!

Die geheiligten Zeremonien gottähnlicher Größe und Erhabenheit gehören zum Wesen einer Religion. An die bescheidene menschliche Brüderlichkeit glauben nicht einmal mehr die »Modernisten«. Übrigens hat es auf dem Konzil zu Konstanz bereits einmal einen Johannes XXIII. gegeben. 1410 eingesetzt, rettete er den Kirchenstaat und besiegte den König von Neapel 1411. Er berief auf Drängen von König Sigismund 1414 das Konstanzer Konzil, das ihn 1415 absetzte. Als Gegenpapst wird er nicht gerechnet. Daher war sein Name 1958 frei für Kardinal Roncalli.

Den ersten Johannes XXIII. nennen seine Biographen: »In temporalibus magnus, in spiritualibus nullus.« Über den

zweiten Johannes XXIII., der mit dem Konzil das Lateinische abschaffen und durch mehr als 120 Volkssprachen ersetzen ließ, sagen die Biographen nur Gutes. Aber allein, daß er sich Johannes XXIII. genannt hat, ist für den Kirchenhistoriker mit der Liebe des Lieblingsjüngers nur unzureichend erklärt. Schon während seiner Krönung rückte er immer verdächtig mit den Fingern an der Papstkrone herum. Als drückte sie ihn. Mir war das gleich kein gutes Omen. Privat kann er selbstverständlich humorig sein. Liturgisch und *in spiritualibus* muß er für die gesamte Christenheit verehrenswürdig bleiben. Auch wenn er menschlich gebrechlich.

Daß man nicht einmal das *Dominus vobiscum* und das *Et cum spiritu tuo* erhalten hat in der heiligen Messe, hat der Kirche vieles von der weltweiten Heimat genommen. Was sind 120 Volkssprachen gegen die internationale Potenz einer Kirchensprache?

Da kommt ein Auswanderer in Amerika mit Heimweh im Herzen, weil er bisher noch nur wenige Worte englisch spricht – oder spanisch – in einen sonntäglichen Pfarrgottesdienst. Der Priester dreht sich gerade um, breitet die Arme aus, und singt: »Dominus vobiscum.« Der Schmid Michl in Buenos Aires kommt sich vor, als stünde er in der heimatlichen Kirche zu Dürling, und sein Heimweh ist spürbar leichter geworden, ist vergangen.

International ist die Kommunikation geworden. Achtundzwanzig Fernsehprogramme machen die Welt zu einem Dorf. Da schaffen die Konzilsväter die einende Kraft des Lateinischen ab!

Die alten Festivitäten werden nicht mehr so solenn gefeiert. Nicht mehr kommt der Name des Papstes Silvester, des ersten Heiligen Vaters nach der Zeit der vielen Märtyrer, in den Gebeten vor. Und wir mußten genau hinhören, denn gar schnell hat unser Hochwürden das Lateinische lauthals gesungen. Aber den Namen des Tagesheiligen hat er doch deutlich und etwas langsamer ausgesprochen: »Ut beati Silvestri Confessoris.«

Und wie vergeblich warten wir am Neujahrstag auf das uns allen bekannte *ut circumcideretur puer, vocatum est nomen ejus Jesus* im kürzesten Evangelium des Jahres. Vorbei!

Auch am Fest zur Erscheinung des Herrn, am Heiligen Dreikönigstag hört man nicht mehr das klingende, singende: »Surge, illuminare Jerusalem, quia venit lumen tuum! – Werde licht Jerusalem, es kommt dein Licht! – Ubi est qui natus est ... vidimus stellam eius in Oriente...« Das hat jeden schlechten Volksschüler ergriffen: »Vidimus eius stellam eius in Oriente.«

Man hat das lateinisch gesungene Evangelium von der Kanzel herunter auch noch deutsch gehört. Aber die wichtigsten Stellen hatten wir schon begriffen. Auch das *ne redirent ad Herodem per aliam vidam reversi sunt in regionem suam*. Die Heiligen Drei Könige sind nicht mehr zu Herodes zurückgekehrt, sondern sie zogen auf einem anderen Wege, ein jeder in sein Land zurück. *In regionem suam.*

Da ist man gern in den Pfarrgottesdienst gegangen, denn das Lateinische hat einen erdumspannenden Odem gehabt. Da haben wir im abgelegensten Bauerndorf und in jeder Vorstadtpfarrei den Orient und Afrika, Süd- und Nordamerika gespürt. Unser Schulfreund, der Schneider Franz, jetzt Missionar in Togo, hat eben vor seinen Haussas das gleiche Evangelium gesungen. In Jerusalem singen sie´s und in Kalifornien! Latein war eine täglich hunderttausendmal genutzte Weltsprache. Und eine heilige Sprache dazu: *Introibo ad altare Dei, ad Deum qui laetificat juventutem meam* – zu Gott, der mich erfreut von Jugend auf. Noch heute kennt diese Eingangsverse der heiligen Messe jeder alte Ministrant, und man braucht sie ihm nicht übersetzen. Weder in Frankreich, noch in Polen oder Mexico!

Bei der Grundsteinlegung der Allerheiligenhofkirche am 1. November 1826 sagte König Ludwig I. von Bayern: »Diese Kirche baue ich gerne. Denn Religion soll nicht nur innerlich sein, sondern auch das Äußere geübt werden. Darum Kirchen und Priester notwendig. Dieses ist meine Gesinnung.« Und da es regnete, ließ er unter seinen königlichen Baldachin so viele Leute unterstehen, wie nur ging. Auch eine Oma mit ihren Enkeln. Das erzählt jedenfalls Prinz Adalbert von Bayern.

Ach, Sie altmodischer Griesgram, was jammern sie einer toten Sprache nach, die niemand mehr spricht und die niemand mehr versteht? Sind wir froh, daß die Gläubigen jetzt in

ihrer warmen Muttersprache das Wort Gottes unmittelbar hören und verstehen! »Und mit Deinem Geiste.«

Was heißt schon verstehen? Die heilige Liturgie will nicht nur verstanden werden. Sie will in Ehrfurcht erlebt werden. *Et cum spiritu tuo!* In den Volkssprachen kommt immer weniger Ehrfürchtiges vor. In den Gerichtssälen kaum mehr, wo es um Mord und Totschlag geht. Auch andere Religionen benützen alte, kaum noch vom »Mann auf der Straße« verstandene ehrwürdige Sprachen. Nicht nur die Ministranten und der Muezzin, alle Gläubigen müssen den heiligen Koran lernen.

Und gerade das bündige Latein hat den »langsamen Pater« verhindert. Der Mensch der Neuzeit, seit dem Konzil von Trient (1545–1563) will die heiligen Handlungen und Gebete rasch gesprochen haben, verrichtet wie ein geschwinder Handwerker bei dem jeder Griff sitzt. Keine heiligen Eitelkeiten! Die Demut mag kein Aufhebens. *Lavabo inter innocentes manus meas.*

Die Texte der römischen Messe sind uralt, gehen zurück ins 3. und 4. Jahrhundert. Papst Gregor VII. hat es mit den verschiedenen Orden fertig gebracht, daß sich das Lateinische in Spanien und Frankreich, in Deutschland, Ungarn und England durchgesetzt hat. Auch die Ambrosianische Messe Mailands benützte nun das Römische Messale. Karl der Große hat auch den »Codex aureus« des Bayernherzogs Tassilo römisch vereinheitlicht. Der Gesang des »Agnus Dei« war bereits im 7. Jahrhundert obligat. Zuletzt kam das letzte Evangelium: *In principio erat verbum.* Das Credo aber wurde um das Jahr 1000 in der ganzen Christenheit eingeführt. *Et in Spiritum Sanctum Dominum ...* Viele Gläubige haben den Choralgesang noch im Ohr.

Wie hab' ich noch unseren Oberlehrervater, den Organisten unserer Pfarrkirche, in kirchenmusikalischer Erinnerung. Ergriffen haben mich als Bub die gesungenen letzten Worte des lateinischen Credos. Die fast täglichen Hochämter hat er unter der Woche zu seinem Orgelspiel auch gesungen. Er hat da eigene Weisen gefunden. Das ohnehin gekürzte Credo brachte er möglichst rasch zu Ende: »Et vitam venturi saeculi. Amen.«

Da ist er beim *venturi - turi saeculi A-A-Amen* in eine alte Jodlermelodie hineingekommen und hat das lustige Ende auch noch wiederholt. Mit guten Bässen, wie eine echte *Missa brevis privata:* »Venturi - turi - saeculi A - A - Amen. Amen, Aa - men!«

Der neue Pfarrherr hätte sich das gewiß nicht mehr gefallen lassen. Jetzt war eine deutsche Betsingmesse angeordnet. Das hat der Oberlehrer Benedikt Gott sei Dank nicht mehr erleben brauchen. Er hat sich lateinisch jodelnd in das Leben der zukünftigen Welt hinübergeorgelt. Mit kräftigen Baßpedalen und mit seiner starken Baritonstimme: »Venturi - turi - saeculi - A - A - Amen!«

Was ist jetzt aus der lateinischen Sprache geworden? Nicht einmal die evangelischen Kinder lernen sie gern. Dafür hat die Sprache der High Tech die Welt erobert. Studiert Informatik, nicht Latein! Read Only Memory – Rom – jagt den Cursor über den Bildschirm und klickt mit der Maus die Symbole an! – Ja, soll es denn keine zukünftige Welt mehr geben? Kein *vitam venturi saeculi.* Amen?

Hat das dem Heiligen Geist gefallen?

»Es hat dem Heiligen Geist und uns gefallen.« So verkünden die heiligen Konzilien seit Nicaea ihre Entscheidungen, ihre neuen Dogmen. Über das zweite Vaticanum (von 1962 bis 65) kann man in vielen Traktaten und Büchern »vom Ende des Mittelalters« lesen, vom Ende des heiligen Officiums des altmodischen Kardinals Ottaviani, genannt »der Schreckliche«.

Besonders liest man viele Seiten im Konzils-Kompendium über die zu reformierende Liturgie. Die Väter wollen die indonesischen, indischen und japanischen Katholiken nicht fernerhin mit den dort nicht verstandenen lateinischen Zeremonien plagen! Sie hätten ja uralte eigene Ehesymbole und ganz andere Todesriten. Christlich verständlich könnten die nur in ihren eigenen Sprachen gemacht werden. Hätten dazu, wie bis dahin, nicht die Predigten der Missionare genügt?

Kaum gestattete man den Afrikanern und Asiaten ihre Muttersprachen, wollten sie die Euopäer auch. Damit die ganze christliche Welt ohne Latein auskommt!

Haben nun die durch die Eucharistiefeier geheiligten Muttersprachen der katholischen Kirche in Asien, Afrika und Indien gar so viel genützt?

Die konservativen Römer konnten nur ihre Köpfe schütteln. Dem Kardinal Alfredo Ottaviani haben sie (unter Beifall) das Mikrofon ausgeschaltet. Die Stimmung in den liberalen Pressekonferenzen wurden noch radikaler.

Wir hören die armen Bischöfe aus Brasilien und Chile, aus Äthiopien und Bombay, über den Reichtum der römischen Kirche sich erregen. Wo bleibt die evangelische Einfachheit? Weihbischof Camara von den Elendsvierteln Rio de Janeiros verlangte, einfache Holzkreuze statt kostbarer Pectorale zu tragen. Und keine Krummstäbe aus Elfenbein. In Waisenhäusern mit armen Kindern zu wohnen und nicht in Residenzen zu residieren, die kostbaren Soutanen abzulegen. Ja, gar sich um einen Arbeitsplatz umzusehen, empfiehlt der Bischof von Lyon. Anstatt sich in großen Wägen mit Chauffeur herumfahren zu lassen. Die revolutionären Bischöfe der armen Diözesen nehmen Anstoß an den großen, prunkvollen Kathedralen und goldstrotzenden Barockkirchen. Am liebsten hätten sie die Seitenaltäre unserer Rokokokirchen, selbst noch in den Bauernpfarreien, verkauft und den Erlös den Armen Südamerikas und Afrikas geschenkt. Nicht nur Bischof Camara aus Brasilien forderte die Kardinäle auf, die silbernen und goldenen Schnallen an den Kardinalsschuhen zu opfern und keine seidenen Soutanen mehr zu tragen. Der Patriarch von Antiochien erklärte die Bischofsringe für abgeschafft, er nehme ohnehin keinen Ringkuß entgegen. Erzbischof Salasar von Kolumbien verkaufte sein Palais und bezog eine einfache Wohnung. Selbst Papst Johannes XXIII. schaffte den Baldachin über dem Papstthron ab. Er legte die Papstkrone nieder und erschien auf dem Konzil mit einfacher Bischofsmütze, sagend: »Brüder, ich bin doch einer von Ihnen.« Kardinal Spellman von New York soll sie dann für sein Museum gekauft haben. Schüsse, die über das Ziel hinausgingen. Doch stimmte die Mehrheit für eine Liturgie in der Muttersprache.

Kurienkardinal Bea, für die Einheit der Christen zuständig, förderte die Diskussionen zwischen katholischen und nichtkatholischen Theologen. Bischof Camara nannte ihn dafür einen Propheten.

Das alles und noch Radikaleres wird in den Tageszeitungen groß aufgebauscht. Fernsehinterviews mit revolutionären Bischöfen und Erzbischöfen aus den südamerikanischen und afrikanischen Ländern drängen sich in den täglichen Nachrichten der Tagesschauen. Die vielgepriesene »liberale Öffnung« der Kirche, die als vergreist, mittelalterlich, eingerostet und »total vatikanisch bürokratisiert« diffamiert wird, machte einem deutschen, ja einem europäischen Christenmenschen Angst. Zumal auch unsere Kardinäle und Bischöfe liberal

geöffnet ins Fernsehen drängten. Ich habe den Verlauf des zweiten Vaticanums täglich verfolgt und bin selber in Rom gewesen. Die Neuerungssucht uns »fremder Kirchenführer« war schockierend. Und wollten jedoch Millionen »begeistern.« Gott liebe einfache, kaum geschmückte Hallenkirchen aus Beton zur Erinnerung der Feier des Letzten Abendmahles. Das Lateinische fiel. Der Zölibat blieb. Mir waren die Neuerungen unheimlich.

Wegen einer scherzhaften Filmglosse: »Der neue Stil im Pfarrhof«, haben die bayerischen Bischöfe – ich erwähnte es bereits – meine Exkommunikation verlangt. Von der Intendanz bekam ich ein Jahr Hausverbot.

Kardinal Döpfner, der vom Konzilsgeist der Kirchenrevolution auch ergriffen war, verkaufte die schönen Rokokomöbel der Cuvilliés-Zimmer in der Freisinger Bischofsresidenz und stellte dafür einfache Kaufhausmöbel hinein. Der festlichen Herrlichkeit der Zimmer Cuvilliés tat das fast keinen Abruch. Julius Döpfner, der im Langhaus des zerstörten Würzburger Domes den noch vorhandenen Stuck hat abschlagen lassen und auch das Querhaus purifizieren lassen wollte, wenn ihn nicht konservative Kräfte Würzburgs und Roms zum Bischof von Berlin und Kardinal hinaufbefördert hätten, dieser Kardinal nun in München-Freising – hat nach einem reuigen Brief mir wieder verziehen. Meine Filmglosse sei ein »Kaplanscherz« gewesen.

Die getroffenen Pfarrhaushälterinnen waren mir allerdings noch lange böse. Manche verweigerten mir den Eintritt in ihre Pfarrhäuser. – Das reizte mich, in der bekannten TV-Serie »Königlich Bayerisches Amtsgericht« die Rolle der Ursula Attenberger zu schreiben. Speziell gegen den Zölibat die Episode »Der Pfarrergockel«.

Was ist von diesem aufregenden zweiten Vaticanum geblieben? Hatte man – wie Kaiser Konstantin vom Konzil von Nicaea gesagt – wieder »um nichts« gestritten? Abgesehen von der Preisgabe des Lateinischen.

Die internationale Kraft des Lateinischen wurde verworfen zugunsten der vielen Muttersprachen. So daß heutige Bi-

schöfe der Weltkirche in »latein-englisch« sich unterhalten müssen. Die alte tausendjährige Liturgie wurde beschnitten. In meiner Münchner Pfarrei St. Ludwig hörte ich einmal (um 1974) ein Kapitel aus dem »Kommunistischen Manifest« als Lesung! Modische Liberalität. »Öffnung nach links, angeregt durch die Mehrheit der Konzilsväter«, bekam ich als geforderte Auskunft.

Keiner der doch bibelfesten Konzilsväter wagte die Matthäus Passion oder die Passion nach Markus (14. Kapitel) zu zitieren, wo Jesus sagt: »Arme habt ihr immer bei euch und könnt ihnen Gutes tun, wann ihr wollt. Mich aber habt ihr nicht immer.«

Viele der Konzilsväter und Neuerer stießen sich ununterbrochen an ihrem eigenen Gold und himmlischen Flitter. Niemand kannte den Ruf der Gegenreformation: »Omnia ad majorem Dei gloriam!« Alles zur größeren Ehre Gottes! »Da kein Lobspruch, keine Zierde seiner Würde gleichen kann«, tönt es noch in unseren katholischen Ohren.

Niemand erinnerte sich an die Millionen Pfund Pfennige, später waren es Gulden und Dukaten, die von den armen Gläubigen in den europäischen Diözesen mit Begeisterung gespendet worden sind. Zum Bau der Dome, zur Ehre des Allmächtigen.

Die nachkonziliare Kirche hat mir und vielen altmodischen »Brauchtumschristen« die Freude an unserer Religion genommen. Die Verehrung der Heiligen galt plötzlich eine altmodische Dummheit, denn einige unter ihnen sollen sündhafte Menschen gewesen sein oder »hysterische Mystikerinnen«. Das Schlagwort »Engel« kommt im Konzils-Kompendium nicht vor.

Überaus schmerzlich ist der gewollte Niedergang der Verehrung der allzeit reinen Jungfrau und Gottesgebärerin Maria gewesen. In Altötting ging die Wallfahrt in den sechziger und siebziger Jahren um mehr als die Hälfte zurück. »Wir machen kein Geschäft mehr«, jammerte ein Devotionalienhändler. Von den vielen kleineren Marienwallfahrten nicht zu reden. Die Bittgänge sind abgekommen. »Wegen des schlimmen Ver-

kehrs.« Gleichzeitig mobilisierten weltliche Wandersportvereine hunderttausende junge und alte Marschierer. Und die Polizei sperrt die Straßen. Immer noch! Einiges in den unverständlich ausführlichen Texten ist traditionell fromm formuliert. Für die noch lebenden Alten? Die vorausstürmenden Neuerer lesen zwischen den Zeilen.

Die konzilsbegeisterte Geistlichkeit war nicht zu bremsen. Die Altäre wurden »umgedreht«. Von Übereifrigen schon vor dem Konzil. Die Ordinariate entsandten eigene Kunsthistoriker, die auch berühmten Barockkirchen »Volksaltäre« verpaßten.

Von der Kanzel wagt niemand mehr zu predigen. Und welch prächtige Predigtstühle hätten wir! Frauen verlesen die Briefe der Apostel. Die Hauptsache der modischen Liturgie werden jetzt die Fürbitten. Oft gleich siebenmal darf man da singen: »Wir bitten Dich, erhöre uns!« Ein verständliches Gebet für die Kirchenfernen.

Die Messe hat keinen Anfang mehr und kein Ende. Dazu wird häufig vieles bis zur Übelkeit zerredet. Für unsereinen ist es besser, nicht mehr in die Kirche zu gehen, denn der Jähzorn eines Christenmenschen ist eine Sünde. Aber ich habe mir nie die Hostie in die Hand legen lassen.

1963 habe ich dann den Spielfilm »Die 42 Heiligen« gedreht, die ein Dorfpfarrer aus seiner Kirche hat entfernen lassen. »Denn unser Gotteshaus soll kein Götzentempel sein.«

»Aber«, sagt der Ammerer: »A Kirch ohne Heiling, is wiar a Stall ohne Vieh.« Zum Volksaltar meinte er: »Jetz´ haben wir an Waschtisch als Altar.«

Dazu kamen die aufdringlichen Komandos: »Wir stehen!« – »Wir sitzen!« – »Wir knien!« – Für einen alten Brauchtumschristen war das alles fürchterlich. Hatten wir tausend Jahre über einen falschen Glauben?

Mein Namenspatron, der heilige Georg, wurde als aus einer Fabel stammender Märchen-Ritter erklärt und aus dem Kanon der Heiligen »expungiert«. Damals wurde die berühmte Asamklosterkirche St. Georg in Weltenburg für mehrere Millionen restauriert. Größtenteils auf Kosten der Steuerzahler.

Ein weltberühmtes Kunstwerk von Egid Quirin Asam, das nichts mehr mit dem »jungen« Glauben zu tun hat.

Der ehrwürdige Abt Emmeram wehrte sich und sagte in die Kamera: »Weil sie in Rom keinen Taufschein gefunden haben! Ich widersetze mich. Für uns bleibt er der große heilige Georg, unser Kirchenpatron.« Dazu pochte er mit seiner greisen Hand auf den alten Schreibtisch.

»Diese alten merkwürdigen Ehrwürden sind im Aussterben«, erwiderte darauf ein junger Weihbischof. – Wie wahr! Mittlerweile sind schon fast vierzig Jahre vergangen. Die von uns alten Christenmenschen vielzitierte »nachkonziliare« Zeit hat sich zur »Kirche« gefestigt. Ist diese »moderne« Kirche nicht auch zu einem »Häuflein von Exoten« geschrumpft?

In seinem Buch »Salz der Erde« schreibt Kardinal Ratzinger tatsächlich von diesem »ungeheueren Bedeutungsverlust des Christen«, hofft allerdings auf einen »Gestaltwandel der Gegenwart der Kirche« in diesen ersten Jahren des dritten Jahrtausends. Es hat den Anschein, als ob unser Papst Johannes Paul II. noch etwas Lateinisches retten will von der *Missa Romana*: Das Pater noster, die Responsorien und die Präfation wünschte ich mir mit vielen Bekannten sehnlichst. Die Kraft dieser heiligen Sprache würde den profanen Unterhaltungswert der Medien um eine kräftige Nuance mindern. Papstmessen mit Hunderttausenden, der Segen *Urbi et Orbi* und Kreuzwegandachten können auch Millionen in die Seele treffen. (Die Ansprachen des Präfekten der Glaubenskongregation nicht zu vergessen!)

Nicht nur hat uns die Liturgiereform ärmer gemacht, sie hat unsere althergebrachte Frömmigkeit gestört. Was gilt Maria noch, was das Gebet zu den heiligen Helfern? Das »Erinnerungsmahl« ist einem Brauchtumschristen zu wenig. Werktags hörten die Gottesdienste auf. Es sei denn, es ist eine Beerdigung oder Hochzeit. Die Bauern konnten keine Schauerämter mehr lesen lassen. Das Vaterunser über den offenen Gräbern wird ohne *Ave Maria* gesprochen. Als ob die Marienverehrer schon alle tot wären!

Überhaupt die Beerdigungen! Hatten die vielzitierten Urchristen nicht schon von den heidnischen Römern das *Re-*

quiescat in pace übernommen? Dieses vielleicht vieltausenjährige *Requiem aeternam dona ei Domine*, mit der Antwort: *Et lux perpetua luceat ei?*

Die tröstenden Gesänge auf dem Weg zum Grab stammen nachweislich aus der Zeit der Urkirche: »In paradisam deducant te Angeli. – Ins Paradies mögen dich die Engel begleiten.«

Das hat jeder verstanden (und vermißt es): »Ego sum resurrectio et vita. Qui credit in me, etiam si mortuus fuerit vivet: Et omnis qui credit in me non morietur in aeternum. – Und jeder, der lebt und an mich glaubt, wird nicht sterben in Ewigkeit.« Nur in der heiligen Sprache der Kirche, dem Latein, sind diese Worte glaubhaft, sollen sie auch nicht verstanden werden.

Daß wir nicht einmal mehr im Grab die paradisischen Worte eines Christenmenschen hören dürfen? *A porta inferi, erue Domine animam eius!* – Es ist zum Weinen. *Adveniat et Misereor!*

Alles wurde anders. Das meiste schafften die übereifrigen Konzils-Erneuerer ab. War es eine Ersatzhandlung? In ihrem Unbewußten wollten sie den Zölibat abschaffen, nicht das Latein.

Wie ergreifend, verehrend und fromm waren die vielen großen und kleinen Prozessionen gewesen. Nicht nur die Fronleichnamsprozession. Es hat einmal eine Zeit gegeben, da war kein Festtag ohne Prozession gewesen. Man konnte Gedenktage und Prozessionen zu Ehren eines bestimmten Heiligen »angeben« oder stiften. Dazu kamen die Prozessionen der Wallfahrer um die Gnadenstätten ihrer betend erwanderten Kirchen, Filialen oder Kapellen, halt Zielstationen. Die Feierlichkeit einer solchen Prozession mit Fahnen, Allerheiligstem, mit Glocken- und Glöckchenläuten, mit Salutschießen und Gegenzügen lassen sich heut von hundert TV-Show-Regisseuren nicht mehr erzielen. Dazu der berühmte bäuerliche »Felderumgang« mit der Monstranz. Die größeren Pfarreien strebten da oft gleich zwei »Filial-Stationen« an. Und die kräftigen Stimmen der Bauern und Bauerndienstboten klingen mir noch in den Ohren: »Daß Du die Früchte der Erde geben und erhalten wollest!«

Kommen sie bei so einem Felderumgang am ziemlich ausgewinterten Weizenfeld des Wimmerbauern vorbei. Sagt der Wimmer, der Himmeltrager war und neben dem Allerheiligsten hergehen durfte, zu unserem Herrn Pfarrer: »Hochwürden, da, auf mein Weizenfeld dürfen sie den Segen extra stark eindringen lassen, bitt gar schön!« - Da antwortete aber unser Herr Geistlicher Rat: »Na, Wimmer, da ghört a Mist her, da hilft der Segen aa nimmer.«

Es war ein ergreifendes Bild, wenn sich diese Prozessionen über die Ackerraine und Feldwege, von Einödhof zu Einödhof, stundenlang dahingezogen haben! Endlich hörten wir die Kirchenglocken von Zell! Wir atmeten auf. Die Zeller Filialministranten, mit ihrem alten Benefiziaten und ihrem alten, rheumatischen Mesner und etlichen Zellerinnen und Zellern gingen uns entgegen. Laut betend zogen wir dann alle – die Zeller voran – in das Zeller Kirchlein. Unser Pfarrer stellte die Monstranz auf den Altar, ließ sich das Meßgewand anziehen und zelebrierte zu Ehren der Zellbründl-Muttergottes die zweite Messe. Wenn nicht erst die Allerheiligenlitanei gesungen worden ist. – Aber dann ging es endlich für zwei Stunden zum Zeller Wirt. Sogar wir Ministranten bekamen ein Räuschlein. Eine Stunde oder drei Rosenkränze lang wallfahrteten wir nachmittags dann auf der pfützenreichen Gemeindestraße heimzu, in unsere große, schöne Pfarrkirche zurück.

Was sind dagegen die »Verlebendigmachungen« der dogmatisch doch so komplizierten theologischen Themen? Es gibt keine stärkere Gottesdienstbeteiligung als so eine Prozession. Die Gläubigen, die Kirchenbesucher, waren in voller »Aktion« gewesen. Manche alte Mutter konnte sich vor Wehdam kaum mehr auf den Füßen halten. Aber von St. Magret bis auf Zell ist sie mitgegangen. Dort hat sie und etliche andere Fußkranke der Wirtsknecht mit dem eigens hergerichteten Heuwagen heimgefahren. Sie haben aber auf dem Fuhrwerk die drei Rosenkränz' mitgebetet.

Auch die vielen kleinen Familienprozessionen am Ostermontag sind mit dem Zweiten Vaticanum vergangen. Der Va-

ter betete voraus, dann folgten im Gänsemarsch der Großknecht und die großen Brüder, die Mägde und die Bäuerin mit den Kleinen. Der Palmeselbub trug stolz den Segensbaum mit der am Karsamstag eingebrannten Feuerweihe. Die Magd hatte ein Körberl mit den Eierschalen der am Ostersonntag in der Speiseweihe gesegneten, Ostereiern dabei. Die älteste Tochter oder die jüngste Magd trug ein Bündel Palmkätzchen vom Palmbaum mit. Und die Bäuerinmutter hatte eine Flasche heiliges Osterwasser in der Hand. So schritten sie dahin. Durch den Obstgarten hinaus über den Anger, hinüber zu den bestellten Breitackern. Immer laut und kräftig betend. »Deines Leibes Jesus, der von den Toten auferstanden ist.« Bäuerliche Privatprozessionen! Uralte Bräuch' von der ersten christlichen Zeit um 650 bis Konzilsbeginn 1962. Schon mit der Erwählung Johannes XXIII. haben sie aufgehört. Es hafte ihnen etwas Heidnisches an. Aber hat nicht Gregor der Große gesagt zu unseren ersten Glaubensboten: »Laßt ihnen ihre alten Sitten und Bräuche! Gebt diesen nur einen christlichen Urgrund!«

Es gibt keine Dienstboten mehr, und die Familien sind klein geworden. Aber schon vor 50 Jahren hat man auch »zweipersonige« Ostergeher gesehen. Oder man tat sich mit dem Nachbarn zusammen.

Johannes XXIII. aber verkündete optimistisch zur Vorbereitung des Konzils: »Es ändern sich die Ansichten der Menschen von einem Zeitalter zum anderen und die Irrtümer einer Generation verschwinden oft so schnell wie sie entstehen.« - Die Kirche sei immer den Irrlehren entgegengetreten, früher mit zu großer Strenge, heute würden wir von der Medizin der Gnade Gebrauch machen. Und er ermahnte die Konzilsväter, den Eingebungen des Heiligen Geistes zu entsprechen, »auf daß ihre Arbeit die Erwartungen der Stunde und die Bedürfnisse der Völker erfülle.«

War es nicht christlicher Urgrund, wenn an jedem Ackereck der Bursch einen Palmzweig eingesteckt hat, die Magd dazu etliche Eierschalen gestreut und die Mutter aus ihrer Osterwasserflasche tüchtig Weihbrunn dazugespritzt hat? Kam man

um den großen Weizenacker herum, sagte der Vater zum Palmbaumtrager: »Jetzt lauf und steck den Segensbaum in die Mitte!« – War der Acker auch noch so weich und wurden die Schuhe auch noch so kotig, der gebrannte Palmstamm wurde exakt in die Ackermitte gesteckt.

Seit dem Konzil achten die Bauern mehr auf eine gute Düngung. Sie wissen, was ihrem Boden fehlt und was nicht. Und eine gute Düngung ändert sich nicht von »Generation zu Generation.«

Oder doch? In der nachkonziliaren Zeit – zwischen 1970 und 1995 etwa – sah man auf den Wiesen keine Löwenzähne mehr blühen. Die Wiesen waren »gefährlich einseitig grün«. Jetzt blühen sie wieder und verschönern den Mai, färben die Wiesen löwenzahngelb. Die Welt ist schöner geworden. – Der Dung ist löwenzahnfreundlicher geworden. Auch die Jauche.

Welch ein Zufall. Seit die Wiesen wieder voll Löwenzähn' sind, liest man auf Plakaten wieder Aufrufe zu Fußwallfahrten zum Beispiel nach Altötting. Wallfahrervereine haben sich mit marianischer Begeisterung zusammengetan. Da und dort allmählich auch junge Priester. Auf Nebenstraßen marschieren sie dahin. Beten auch wieder. Danken der Maienkönigin Maria, hoffen auf weitere Hilfe. Sie singen uralte Marienlieder und kehren an abgelegenen Wirtshäusern ein. Wenige stehen die Anstrengungen nicht durch. Die meisten kommen ans Ziel, stehen vor dem Gnadenbild der ehrwürdigen Mutter Gottes. »O Maria hilf, o Maria hilf doch mir, ein armer Sünder kommt zu Dir!« Sie hat empfangen durch den heiligen Geist. So etwas kann man nicht begreifen, so etwas kann man nur glauben.

Das Heilig-Dreikönig-Wasser

Das Weihwasser gehört zu den Sakramentalien, es ist kein Sakrament. Die Sakramentalien haben zwar auch ein äußeres Zeichen, aber keine Gnade und innere Heiligung, sondern nur einen kirchlichen Segen. Du tunkst deine Finger ins Weihwasserbecken und bekeuzigst dich auf Stirne, Mund und Brust – und weißt, daß du gesegnet und beschützt bist. Die Taufe, Beichte, Kommunion, Firmung, Ehe, Priesterweihe und Letzte Ölung sind Sakramente und spenden eine besondere Gnade und Weihe.

Unter den Weihwassern das begehrteste ist das vom Priester zum Dreikönigstag geweihte »Dreikönigswasser«. Jeder katholische Haushalt hatte da früher, bis nach dem Zweiten Vatikanischen Konzil, etliche Liter auf Vorrat im Hause. Meistens in alten Weinflaschen versteckt unter den Kleidern der Mutter in deren Schrank.

Um unauffällig zu sein, hat da einmal ein Familienvater eine Flasche Schnaps unter den Dreikönigswasserflaschen aufbewahrt. Welch ein Familienskandal, als die Kinder und das Hausgesinde beim abendlichen Zubettgehen, im Weihwasserkessel neben der Stubentüre eingetunkt haben und beim Bekreuzigen, besonders beim Kreuzzeichen über die Lippen, den Grappa-Geruch geschmeckt haben. »Ah, heut aber hat das Dreikönigswasser einen besonders starken Segen«, sagte die Magd und tunkte gleich noch einmal ein. Die Mutter kostete davon, und auch die Geschwister waren alle von dem hochheiligen Weihwasser begeistert. Sogar der Vater tunkte dreimal ein und segnete sich. Dann sprach er von einem Wunder. Die Mutter zeigte ihm die angefangene Flasche, die jetzt im Küchenschrank stand. Er nahm daraus

einen kräftigen Schluck und lobte auch das hochprozentige Dreikönigswasser.

Weil solche Spaßgeschichten mit heiligen Sakramentalien hier und da passiert sein können, soll man nicht gleich auf die Sakramentalien spötteln und sie nicht mehr ehren, wenn doch unsere Vorfahren eineinhalb Jahrtausende diese täglichen Praktiken der frommen Segnungen geehrt haben.

Auch die alten Griechen, Römer, Kelten, Germanen und Slawen hatten ihre fromme Bräuche.

Warum gerade das Heiligdreikönigswasser so geehrt ist? Weil am 6. Januar das Fest der »Erscheinung des Herrn« ist, der Epiphanie. Wo das göttliche Kind den Weisen aus dem Morgenlande vorgestellt worden ist, die da »Seinen Stern« gesehen hatten. Sie sind gekommen *cum muneribus adorare Dominum. Alleluja.* Darum ist das Dreikönigswasser als Weihwasser so begehrt.

Sie haben einen weiten Weg gehabt. Aber sie haben sich nicht verfahren können, weil ihnen der helle Stern von Betlehem vorangeleuchtet hat. *Stellam eius*, der Stern des Christkinds.

Es hat ja jeder Mensch einen Stern, aber der Stern des göttlichen Kindes war besonders hell. Nur die Heiligen drei Könige haben ihn gesehen. Vorbildliche Wanderer. Der Weg ist ihnen nicht zu weit geworden. Sie haben noch kein Flugzeug gekannt, kein Auto, ja nicht einmal eine Eisenbahn. Mit Roß, Kamel und Elefant sind sie gereist.

Sagt man nicht zu einem, der zuviel gegessen hat: »Du bist ein Fraßkönig?« Ein Fraßkini oder ein Dreikini, es ist gleich, da es ja schon in dem uralten Dreikönigslied heißt: »Die Heilign Dreikönig mit ihrigem Stern, sie essen, sie trinken und bezahlen nicht gern!«

Johann Wolfgang von Goethe hat das Gedicht anno 1781 bei einer Weimarer Hofredoute am 6. Januar schön aufsingen lassen.

Die Sternsinger oder Heiligndreikini mögen's lustig und naß. Sie sind junge Leut' und können was vertragen. Der Brauch lebt noch. Wie der Advent und das Fastenopfer. Und

alles, was in unserer Christenheit von alten frommen Bräuchen noch ein bißchen lebendig ist, wird gleich zu großen Sammelaktionen hergenommen.

Adveniat und *Misereor* seien die einzigen lateinischen Worte, welche die Konzilsväter in der Kirche übrig gelassen hätten, sagte 1969 einer der größten Kirchenkomponisten unserer Zeit, Arthur Piechler, der Augsburger Orgelprofessor und Chorleiter bei St. Ulrich und Afra. Er hat es voll Kirchenwitz und befreundeter Humorigkeit gesagt, aber dafür ziemlich oft. Denn seine schönen lateinischen Messen, die in London und Amerika noch konzertmäßig aufgeführt wurden, hatten die liturgischen Funktionen eingebüßt. Kein *Gloria*, kein *Credo*, kein *Agnus Dei* mit Orchester und Solisten war mehr gefragt. Diese Orchestermessen hätten nämlich Geld gekostet. Zumal Piechler nach dem II. Vaticanum die GEMA-Pflichtigkeit der Kirchenmusik durchdrücken konnte. War jetzt ja nur noch selten gefragt. Vorher hatte er sein Lebtag mit der »Kapuzinermünze«, mit einem »Vergelts Gott«, vorlieb nehmen müssen.

Adveniat und *Misereor* bringen in den deutschen Diözesen Millionen zusammen. Vielleicht wegen der lateinischen Namen? Nicht viel weniger jetzt die sternsingenden Buben landauf, landab. Natürlich für himmelschreiend gute Zwecke! Aber doch mit Hilfe der restlichen Popularität eines alten christlichen Brauches.

Goethe hat – wie gesagt – das Dreikönigslied noch bei einer vornehmen Hofredoute aufsingen lassen. Selbstverständlich von guten Stimmen. Unsere Sternsinger-Ministranten sind von Haus zu Haus gezogen und haben überall etliche Zehnerl und mehr gekriegt. In den schlimmeren Jahren der Weltwirtschaftskrise, anno 29, 30, 31 und 32 – und auch in den ersten Nazijahren noch –, sind »ausgesteuerte arme Arbeitslose« als Dreikönige herumgezogen und waren ob des ersungenen Geldes froh. In der Nazizeit haben die braunen Behörden dann die alten Sternsinger verboten. Nur Buben durften Dreikönigssänger sein. Allmählich ist der Brauch – der im »Jungvolk« nicht populär war, ganz eingeschlafen. Es war ein Aufat-

men zu spüren, als sich nach dem Krieg in unseren Pfarreien wieder Sternsinger vor den Häusern sehen und hören ließen.

Der Brauch ist uralt. Im späten Mittelater sind die Gläubigen gern nach Köln gewallfahrtet – zu den Gräbern der echten Heiligen Drei Könige. Denn sie haben in vielen Anliegen geholfen. Besonders den Epileptikern. Und allen Reisenden für eine gesunde Wiederkehr. (Denn die Wallfahrt nach Köln war schon ein gewagtes Unternehmen.)

Kaiser Barbarossa hat ihre Gebeine – ein Geschenk des Kaisers an Rainald von Dassel – anläßlich der Eroberung Mailands – im Jahre 1162/63 nach Köln bringen lassen.

Aber wie sind die drei Weisen aus dem Morgenlande nach Mailand gekommen? Von ihrem Grab in »Sewa«, in Persien, ließ der oströmische Kaiser Zeno (gestorben im Jahre 1491) ihre Gebeine nach Konstantinopel bringen. Im darauffolgenden Jahrhundert sollen sie schon nach Mailand gekommen sein, wo sie in einem noch erhaltenen vier Meter langen marmornen Sarkophag in der Basilica regum beigesetzt worden sind. Und weil Barbarossa seinen Statthalter in Italien zum Erzbischof von Köln ernannt und ihm die Heiligen Drei Könige geschenkt hatte, ließ dieser Rainald von Dassel diese kostbaren Gebeine sofort nach Köln bringen. Noch im Monat der Schenkung. In Köln haben die drei Weisen aus dem Morgenlande noch einen schöneren Sarg bekommen als in Mailand, im Dom nämlich den kostbarsten und »kunstvollsten Sarg der Welt«.

Bald kamen in Köln die »Magierspiele« auf. Und zwar in Latein. Viele Bürger der fröhlichen Rheinmetropole haben da mitgespielt. Und diese Spiele sind immer lustiger geworden. In den süddeutschen Diözesen blieben davon die Sternsinger von Haus zu Haus. Epiphanie. *Reges Tharsis et insulae munera offerent. Reges Arabum et Saba dona adducent et adorabunt eum omnes reges terae!* – Die Könige von Tharsis und den Inseln bringen Gaben dar, die Könige der Araber und von Saba schleppen Geschenke herbei. Und es beten Ihn alle Könige der Erde an.

Die Reliquien im Kölner Dom sollen in dem kostbarschönen Schrein – trotz des hohen Alters – noch gut erhalten sein.

Sie gehören drei Männern von sehr unterschiedlichem Alter. Weshalb es also gar nichts ausmacht – im Gegenteil, es ganz gut getroffen ist – wenn unter den Heiligen Drei Königen einer ein großer ist, einer ein kleiner und einer eine mittlere Statur hat.

Für die Weihnachtskrippen ist am Dreikönigstag der letzte große Aufzug. Da dürfen sie, die sich ja schon lange allmählich nähernden Weisen, ganz nahe ans Kripperl hin. Jetzt gehört ihnen die Szene. Die Hirten müssen zurück zu ihren Schafherden, und auch die Jäger und Holzknechte sind schon wieder im Wald. Es ist der Auftritt der Könige mit ihrem bunten Gefolge. Das ist oft ein Glanz! Es gibt Krippen, wo ein solcher König gleich zwanzig und dreißig Mann im Gefolge hat. Kamel- und Eseltreiber agieren im Hintergrund, Läufer und Trabanten geben das Geleit, Kammerdiener und Adjutanten sind geschäftig, tragen Baldachine oder halten die üppigen Kleider. Und die weisen Monarchen selber erst! – Wie die ihre kostbaren Geschenke vor der Krippe niederlegen, Gold, Weihrauch und Myrrhe! Wie sie mit unsagbar anbetender Geste königlich das Knie beugen. Das ist eine Anbetungsszene, wie wir sie in der heutigen, geschäftigen Frömmigkeit nicht mehr erleben. Es ist die Frömmigkeit der Könige, es ist die Anbetung jener, die sich sonst meistens selber anbeten lassen. Eine der großartigsten Dreikönigszeremonien zeigt die Barock-Krippe des Klosters Frauenwörth im Chiemsee.

Ja, ja, die Heiligen Dreikini sind hochgeborn! Sie reiten daher mit Stiefel und Sporn. Sie reiten vor des Herodes Haus – der Herodes schaut eben zum Fenster heraus .... *Venimus adorare Dominum!*

Der Kaspar, der Melchior und der Balthasar! Woher weiß man denn das, daß die drei so geheißen haben? Im Evangelium findet man ihre Namen nicht. Aber sie sind uns von alters her überliefert worden. Jedenfalls liegen die drei im Dom zu Köln begraben. Der Kölner Dom ist ja ihretwegen überhaupt erst gebaut worden. Und sie sind große Heilige, die Heiligen Drei Könige. Alle drei. Nicht daß jemand glaubt, der Kaspar wäre heiliger als der Balthasar oder der Melchior! – Der Balt-

hasar ist der würdige Greis mit dem schlohweißen Bart. Melchior ist der arabische Sterndeuter mit dem ganz gescheiten Blick. Und der Kaspar ist der brave Afrikaner mit seinem krausen Haar. Der Herr ist allen Völkern erschienen: Epiphanie.

Darum heißt ja das Fest »Erscheinung des Herrn« oder »Epiphanie«. Und ein gewisses juristisches Odium ist dem Tag geblieben. Wie es ja in alten Urkunden beim Notar heißt: Erschienen sind mir, dem königlichen Notar N. N. in meiner Kanzlei und mir selber persönlich bekannt: die Herren Kaspar, Melchior und Balthasar Hinteregger, Brüder zu Hinteregg.

Ein juristischer Klang ist dem Dreikönigstag seit alter Zeit zu eigen. Besonders die germanischen und slawischen Stämme, sobald sie zum Christentum übergetreten, haben am Dreikönigstag ihre Rechtsgeschäfte datiert und versiegelt. Die deutschen Könige haben noch im Mittelalter ihre Urkunden gerne am 6. Januar ausgestellt. Oder auf den Königstag anfangen lassen. Gesetze, Übergaben und Verkäufe wurden gerne auf den 6. Januar gesetzt.

Denn noch früher, heißt es, soll am Dreikönigstag das Neue Jahr angefangen haben. Das Anschreiben dieses neuen Jahres auf die Stubentüre, früher auch auf Tisch und Bettstatt, ist noch der Brauch. 19 – erschienen ist dem Kaspar, dem Melchior und dem Balthasar der Stern von Bethlehem – anno Domini 99.

Oder wie die frechen Münchner Lausbuben gesagt haben, wenn sie mit der Kreiden die Zeichen Epiphanie auf die Türen geschrieben haben: 19 – K + M + B – 99. Sie haben das respektlos so gelesen: 19 kalte Münchner Bratwürst kosten 99 Pfennig. Voriges Jahr haben sie gerade 98 gekostet. Und im Jahr 2000 kosten's dann nichts mehr.

Der Dreikönigstag war allerweil schon ein Rauchtag. Geradeso wie der Heilige Abend oder der Neujahrstag. Rauchnächte gibt es, glauben manche Volkskundler, schon länger als zweitausend Jahre. Mag sein und auch nicht. Ich bezweifle, daß die Kelten den Weihrauch schon gekannt haben. Diese uns gelegentlich heidnisch anmutenden frommen Bräuche haben eher christlichen Sinn. Zu den Gesten der Anbetung

gehören der Weihrauch und gehört das Weihwasser. An die Stelle der Myrrhe setzen wir die dicke Kreide, die an die Türen, durch die wir ein und aus gehen, die Chiffren der dahineilenden Zeit schreibt, der Vergänglichkeit.

Die Dreikönigsweihe, wo der Weihrauch, die Kreide und vor allem das Dreikönigswasser geweiht werden, verursacht heute noch in vielen, vielleicht sogar in den meisten Pfarreien, einen Konkurs des Volkes. Und man muß die Packerl, den Weihrauch und die Kreiden vorher beim Kramer bezahlen, nicht nach der Weihe, denn die Weihe läßt sich nicht kaufen.

Das Dreikönigswasser hat die stärkste Weihwasserweihe des Jahres. Dagegen kann nicht einmal das Osterwasser an.

Meine Mutter hat jedes Jahr mehrere Liter Dreikönigswasser heimtragen lassen. Damit sind nicht nur die Weihwasserkesserl neben den Türen der Stuben und Kammern ständig nachgefüllt worden, auch das Vieh im Stall ist damit gesegnet worden. Ist eine neue Kuh auf den Hof gekommen, ist sie mit Dreikönigswasser besprengt worden. Erst dann durfte sie in den Stall geführt werden. Dazu hat sie noch ein Stück Brot mit geweihtem Salz bekommen. Aber dieses Salz war eine »Dreingab«. Wichtiger war das Weihwasser vom 6. Januar.

Auch das erste Fuder Korn, das in den Hof gefahren kam, hat die Bäuerin mit etlichen Tropfen Dreikönigswasser angesprengt. Auf daß während der Ernte kein Unglück passiert, aufdaß aus dem Getreide ein gutes Mehl wird, auf daß die Futterei und das Stroh das Jahr über nicht zu wenig werden möge!

Das geweihte Wasser vom Dreikönigstag hatte die meisten und höchsten Exorzismen bekommen, die meisten und stärksten teufelsbeschwörenden Gebete. *Ex immunde spiritus –* weiche, du unreiner Geist! Freilich, »gegen die Gebete in der Landessprache ist der Teufel nicht mehr empfindlich«, jammerten Ende der sechziger Jahre die alten Bäuerinnen.

Eine alte Bäuerin, tief drin im Wald, hat ihren Weihbrunn selber geweiht. Durch eine Magd ist das Hochwürden, dem Herrn Pfarrer, zu Ohren gekommen. Der hat den weiten Weg auf den Prackenberg nicht gescheut und hat die Bäuerin, kaum bei der Tür herein geringschätzig in den Weihwasser-

kessel greifend, gleich scharf angeredet: »Meine liebe Bäuerin«, hat er gesagt, »was ist denn das für ein minderwertiger Weihbrunn?« Er hat dazu etliche Tropfen auf den Stubenboden gespritzt. »Wie ich erfahren hab müssen, haben Sie das Wasser selber geweiht.«

Die kuraschierte Prackenbergerin hat den Herrn Pfarrer ungenant ins Gesicht geschaut und geantwortet: »Ja, Hochwürden, i hab den Weihbrunn selber gweicht. Weil den weiten Weg zu uns aufer, verschütt i mit der Weichbrunnkann allerweil das mehrist. Da ist́s mir zu dumm wordn. Drum weich i jetzt mein Wasser selm.«

Einstweilen hat man damals vom Laienapostolat noch nichts gewußt. Darum schüttelte auch der Geistliche Herr Rat mißbilligend den Kopf. »Eine christliche Bäuerin tut so etwas nicht. Ganz zu schweigen, daß du die lateinischen Exorzismen über das Wasser sprechen könntest. Wie soll denn da der böse Feind vor dem Wasser einen Respekt bekommen?«

»Ja mein, Hochwürden, mir haben auf dem Prackenberg acht Dienstboten, 42 Stück Vieh im Stall und fünf Kinder, da verbrauchen wir einmal zu viel Weihbrunn.«

»Und wie vollziehen Sie die Weihe?«

»Ganz einfach: I nimm auf einen Eimer Quellwasser einen Liter Dreikönigswasser. Dös gibt den besten Weihbrunn. S'Glück im Stall laßt net nach. Und a Kind is unterwegs.«

Das ließ der Herr Pfarrer für dieses Jahr noch gelten. Er weihte das noch vorhandene Wasser nach und die Bäuerin mußte ihm versprechen, auf den kommenden Dreikönigstag zwei Eimer Prackenberger Quellwasser zusätzlich zur Weihe in die Kirche zu bringen.

Wer da Kaspar, Melchior oder Balthasar heißt, feiert am Dreikönigstag seinen Tag. Der heilige Balthasar gilt als ein gestandener Namenspatron. Baltes hieß nämlich auch der Held von der Sendlinger Mordweihnacht, Baltes der Schmied von Kochel. Holzknechte, Jäger und Wilderer können so heißen.

Melchior ist ein sehr ehrenwerter Name. Außerdem ist der weise Melchior mit dem Patronat nicht so überladen wie der

heilige Josef oder der heilige Michael. Er könnte sich seines Schützlings besonders sorgend annehmen.

Wer aber will sich mit dem heiligen Kaspar zufrieden geben? Es gibt weniger Kaspari. Den Meier-Kaspar kenn ich. Und dann den Kasperl Larifari in der Kasperlkomödie.

»Was, i, der Kasperl soll net gscheit sein? Wo doch mein Namenspatron schon ein Weiser aus dem Morgenland gewesen ist?«

»Und als sie im Traume die Weisung bekamen, nicht mehr zu Herodes zu gehen – per aliam viam reversi sunt in regionem suam.«

Sie haben sich nicht ausfratscheln lassen. Sie sind ihrem Stern heimwärts gefolgt. Natürlich, sie haben einen Stern gehabt. Und »einen Stern haben« heißt in alter Redensart: »Ein Glück haben!«

»Man nennt keinen einen Blasl, er hat denn einen Stern!« Der Blaß oder die Bläß, das ist ein Pferd, ein Fuchs oder ein Brauner mit einem weißen Sternfleck auf der Stirn. Ein glückliches Vieh! Auch wenn es nur ein Hunderl oder eine Katze wär.

Zum Reisepatronat – und das soll man im Zeitalter des Massentourismus ernst nehmen – zum Reisepatronat helfen die heiligen Drei Könige auch noch den Epileptikern. Eine merkwürdige Doppelfunktion: Patrone der Reisenden und der Epileptiker zu sein!

Das Siebensonntags-Stöckl

»Lumen ad revelationem gentium et gloriam plebis tuae Israel.« Diesen Gesang behält jeder ehemalige Ministrant im Ohr. Der Kaplan, der Mesner, wir Ministranten und viele der Anwesenden haben dazu aus der Hand des Herrn Pfarrers, vor diesem hinkniend, eine Kerze empfangen und haben uns dann zur Kerzenprozession aufgestellt.

Während dieser ergreifenden Handlung hat der Chor des greisen Simeons Hochgesang angestimmt: »Nunc dimittis servum tuum Domine ... quia viderunt oculi mei salutare tuum – Nun lässest du, Herr, deinen Diener in Frieden scheiden... denn meine Augen haben dein Heil geschaut.«

Und dazwischen immer wieder die im Ohr haftende Antiphon: »Lumen ad revelationem genitum ...«

Das bleibt einem im Gedächtnis. Schade, daß man in der Kerzenweihe das Licht für uns Heiden nicht mehr so geheimnisvoll in Latein am 2. Februar, am Feste Mariä Lichtmeß, zu hören bekommt.

Schon vorher hat man in der Oration der Kerzenweihe den Pfarrer singen hören: »... ut has candelas ad usus hominum – segne und heilige diese Kerzen zum Gebrauch der Menschen und zur Wohlfahrt des Leibes und der Seele für alle zu Wasser und zu Land – sive in terra sive in aquis!«

Nach der Kerzenprozession die Gesänge und Gebete mit dem »Flectamus genua«, wo alle sich hinknieten und dann der Chor oder Chorleiter antwortete: »Levate.« – und alles sich wieder erhob.

»Flectamus genua - levate!« Jeder alte Bauernknecht hat es im Herzen nachgesungen. Und er hat seinen Dienstplatz beibehalten. »Levate!«

Procedamus in pace! Um all diese uralten Feinheiten ist es schade. Warum haben wir keinen Respekt mehr vor dem Wortlaut uralter, wahrscheinlich tausend Jahre alter Gebete? – Wo wir doch sonst jede zweihundert Jahre alte Bauernhütte unter Denkmalschutz stellen? Und sagen nicht viele Psychologen: »Verändert die liturgischen Gebete und ihr schürt die Revolution!«? Vielleicht sollte sie geschürt werden?

Die Herren Konzilsväter haben sich erst leichten Herzens für die Landessprachen entschieden, dann haben sie die alten Weihebräuche vereinfacht, ja fast ganz abgeschafft. Wegen der tanzenden Afrikaner und der südamerikanischen Rhythmen? – Die hätten sich natürlich auch entfalten dürfen mit dem lateinischen Hintergrund. Mir hat ein Missionar erzählt, wie auch viele Katholiken in Uganda dem Lateinischen nachgetrauert hätten. Dem Himmel sei gedankt, wenn das *Pater noster,* das *Dominus vobiscum* und das *Sursum corda* wieder lateinisch gesungen werden! – Die Gesänge der großen Orchestermessen Mozarts und Haydns bleiben uns gottlob ohnehin: »Patrem omnipotentem« bis »et vitam venturi saeculi. Amen.«

»Die Gläubigen sollen bewußt und tätig an der Liturgie teilnehmen«, heißt es immer wieder zum Gelingen der Liturgiereform. Die größte und schwierigste Tätigkeit des Menschen ist immer noch das Zuhören. »Wer da Ohren hat zu hören, der höre!« Auch das Zuhören einer nicht verstandenen, uralten heiligen Kultsprache kann mit dem Herzen »bewußt und teilnehmend« sein. »Flectamus genua«, und alle beugen das Knie. »Levate«, und alle Gläubigen erheben sich wieder.

Nicht alle Konzilsväter in der Liturgiereform waren »landessprachenradikal« wie die meisten Priester.

Da gab es den altmodischen Kardinal Alfredo Ottaviani, der gewiß dem Lateinischen nachgetrauert hat. In Ingolstadt glaubte ich ihn am 29. Juli 1966 einmal getroffen zu haben. Im Hotel Rappensberger Hof. CSU-Prominenz stand da zur Begrüßung. Ich wollte dem Kardinal mein Bedauern über das Verschwinden der lateinischen Messe ausdrücken. Aber wer ankam, war nicht Ottaviani, sondern Kardinal Tisserant. Er

befand sich auf der Rückreise von Bonn. Ich erfuhr, daß der Kirchenfürst – trotz seiner Progressivität im Konzil – stolz drauf sei, daß in den Liturgieparagraphen noch folgender Satz Platz gefunden habe: »Es soll jedoch Vorsorge getroffen werden, daß die Christgläubigen die ihnen zukommenden Teile des Meßordinarium auch lateinisch miteinander sprechen oder singen können.« (§ 54, zweiter Absatz) Der nächste Satz widerruft das eben Bestimmte wieder.

Den politischen Menschen und dem *homo faber* sind die Zeremonien und kultischen Gesänge ein zeitraubendes unnützes Getue. Zauberei und Firlefanz. Die Priester des 20. Jahrhunderts aber wollten keine Zauberer mehr sein.

Dem Menschen der letzten Jahrtausende – und auch dem heute noch an Gott glaubenden – sind die kultischen Gesänge und Zeremonien für ein menschenwürdiges Leben aber notwendig. Denn das Wissen im Menschen, daß es einen Herrgott wahrscheinlich doch gibt und daß man Ihn loben und preisen und vor allem bitten muß – *tuam supplices deprecamur clementiam* – demütig flehen wir zu deiner Güte, ist unüberhörbar in jedem. Vielleicht gar ein wenig in den Tieren?

Nicht nur um das Licht der Offenbarung für die Heiden, *lumen ad revelationem gentium*, dürfen wir Ihn anflehen, auch um die Erhaltung der Gesundheit, ja sogar, hat mir neulich ein frommer Benediktinerabt gesagt, um einen Sechser im Lotto.

Und da bin ich beim Siebensonntagsstöckl, beim Wachsstöckl, das sieben Sonntagsweihen empfangen hat. Weil nur alle sieben Jahre Lichtmeß auf einen Sonntag fällt, ist so ein wundertätiges Siebensonntagsstöckl neunundvierzig Jahre alt. Hast du ein solches geschenkt bekommen, kann dir nichts Unglückliches mehr zustoßen. Und legst du so ein hochgeweihtes Kerzenstöckl unter dein Kopfkissen, bist du geschwind wieder gesund. Sogar von der Schwermut kann es dich heilen.

Ein Wachsstöckl ist nichts anderes als eine aufgewickelte Kerzenschnur. Als es noch kein elektrisches Licht gab, haben die Gläubigen auf ihren Plätzen die Wachsstöckl abgewickelt und angezündet, um dann in den Gebetbüchern lesen zu können.

Aber das Lesen in den Gebetbüchern ist nicht das Wichtigste während der Heiligen Messe, haben die Alten gewußt. Das Kerzl hat zum Beispiel für eine verstorbene arme Seel gebrannt. Oder für ein bestimmtes schweres Anliegen. Und viele Frauen und Mädchen hatten jeden Monat früher so ein geheimes schwieriges und ganz persönliches Anliegen. Die Kirche hat sich um gewisse Heimlichkeiten des 6. Gebotes nicht gekümmert. Außer im Beichtstuhl. Die Empfängnisverhütung wurde erst in der Muttersprache zu einem Hauptthema christkatholischer Ethik.

Auch zum Dank für die Fürsprache eines gewissen Heiligen hat man die Kerze an seinem Platz brennen lassen. (Wie auch heute noch selbst ungläubige, »moderne« Leut vor den Madonnen an den hinteren Seitenaltären gegen Einwerfen einer Mark so ein Kerzerl anzünden.)

Der Wachszieher hat im Laufe der Zeiten das Wachsstöckl mit goldenen Ornamenten verziert. Nicht selten sind Heiligenbilder eingearbeitet worden.

Andere kostbare Stöckl haben einen Deckel bekommen. Öffnet man ihn, sieht man im Wachsstock eine Heiliggeist Taube. Andere tragen die Aufschrift »Zur heiligen Firmung«. Dann gibt es auch Stöckl mit Eheringen oder mit zwei Händen. In den letzten dreißig Jahren werden schöne Wachsstöcke von den wenigen noch verbliebenen Kerzenfabriken wieder gemacht. Ein berühmter Wachsstöcklmarkt wird in Limburg an der Lahn abgehalten.

Auf Mariä Lichtmeß sind nicht nur die Kerzen geweiht worden, ist nicht nur den Heiden das Licht aufgegangen, durfte nicht nur der greise Simeon das Jesuskind auf seinen Armen tragen, opferten Josef und Maria ein Paar Tauben, nein, am Lichtmeßtag wechselten die Dienstboten, die eine neue Herrschaft suchten, ihre Dienstplätze.

Das war auf den Höfen eine Aufregung! Gegen Mittag – oder bald nach dem Essen – kamen sie an: Der Bauer mit einem Fuhrwerk oder Schlitten, auf dem die Truhe oder gar der Kasten der neuen Magd war. Und neben dem Bauern saß sie auf dem Kutschbock. Oder ging bescheiden hinter dem

Fuhrwerk her. Wir hatten sie schon erwartet. »Mam, die neu Dirn ist da. Agnes hoaßts. A Schöne is und route Haar hats.« Mit diesen Worten rannte ich zur Mutter in die Küche. Worauf die Mutter gleich mit dem Weihbrunnkessel an der Türschwelle der neuen Magd ein Kreuzzeichen machte, Grüß Gott sagte und sie zum Essen einlud.

Der Schreiner mußte an der Kammertür ihres Schlafgemachs einen neuen Riegel anbringen, damit sie ihre Tür von innen gut verriegeln konnte.

Nachmittags kam dann noch ein neuer Knecht, denn unser Sixtus ist nach der Frühsuppe schon »ausgestanden». Unsere Dienstboten saßen mit uns am gemeinsamen Mittagstisch. Man achtete auf sie. Hatten ein Knecht oder eine Magd die Grippe, wurden sie von der Bäuerin gepflegt wie ein eigenes Kind. Man brachte sich gegenseitig einen Kamillentee ans Bett. Der Vater später dann den kranken Knechten einen Schnaps.

Jetzt war auch die Zeit des »Wachsstockschenkens«. Der Bauer gab seiner Bäuerin, der Knecht der Magd, der Jungknecht der Jungdirn am Lichtmeßtag ein Wachsstöckl. Ein geweihtes selbstverständlich! Als Dank fürs Bettenmachen das Jahr über. So hat der Wachsstock eine mehrfache Bedeutung. Die aufgerollte Kerzenschnur spendet nicht nur Licht und verzehrt sich dabei selber. Sie ist auch eine Erinnerung ans Aufbetten. Und erinnert dies Bettmachen nicht ein wenig an die Liebe?

Am Lichtmeßtag sind auch die Taubenmärkte abgehalten worden. Der Großvater ist mit dem Enkel, im Käfig ein paar schöne Kropftauberer, in ein abgelegenes Wirtshaus gegangen. Nicht selten durch den Schnee gestapft. Beim Wirt in Blasegg dann waren die ganze Stuben und der Hausflur, ja der Hof unterm Vordach der Scheune voller Taubenkäfige. Die Buben handelten miteinander um ihre Tauben wie ihre Väter mit den Viehhändlern um das Großvieh. Man hörte die selben Handlersprüch' wie beim Ochsenhandel. »Ja freilich, der Seppe muaß die Handlschaft lerna!«

Daß ich nochmal auf die geweihten Wachsstöckl komm: Mit einem Siebensonntagsstöckl hast du nicht nur geschwind

gesund werden können, mit so einem frommen Zauberstöckl hast du deinem Feind auch etwas anwünschen können. Beispielsweise eine böse Krankheit. Du hast dein hochgeweihtes Stöckl in der Joppentasche versteckt und bist an das Grab der zuletzt beerdigten Jungfrau getreten. Dann hast du das Stöckl mit der Erde dieses frischen Grabes berührt. Und dazu hast du deinem Feind den Rheumatismus angewünscht. Und wirklich, am kommenden Sonntag hat derselbige nur hinkend die Kirche betreten können. Und während der Wandlung hat er sich kaum bücken können vor lauter Wehdam.

Warst du wegen deiner Braut eifersüchtig, hast du am Dreikönigstag mit dem Messer dein Wachsstöckl etwas gestochen. Und hast dabei gesagt: »Wachsstöckl, ich stich dich ins Wachs, Geliebte mein, ich stich dich ins Herz.« Im kommenden Jahr hat sich dein Rivale einen groben Unfall zugezogen. Oder deine Liebste ist von einer schweren Krankheit heimgesucht worden.

Nicht immer sind dergleichen Sympathiemittel gut ausgegangen. Manchmal ist dir selber etwas passiert. Weil nichts Gewisses weiß man auf dieser Welt nie.

Et Spiritus Sanctus non semper erat in eo!

Mariä Verkündigung kehrn
d´ Schwaiberl wieder um

Es ist schön, mit dem Kirchenjahr zu leben. Der Winter ist vorbei, das Frühjahr kommt. Der Rheumatis ist kaum mehr zu spüren. *Vultum tuum deprecabuntur omnes divites plebis* – die Reichen des Volkes erflehen deine Huld. Natürlich, jeder weiß es, es gibt etwas bedeutenderes als Grund und Boden, Pfandbriefe, Aktien und Bargeld. Auch etwas Mächtigeres als amerikanische Bomber.

Ave Maria gratia plena! Mit Mariä Verkündigung ist der Frühling im Land. Frühling und Friede, welche Freude! Der erste große Frauentag i,m Jahr. Erste Rangstufe, Farbe weiß. Mariä Lichtmeß war nur zweite Rangstufe und das Meßgewand war von violetter Farbe.

Heut, am Feste Mariä Verkündigung, brachte der Engel des Herrn der Maria die Botschaft und sie empfing vom Heiligen Geist. »Höre Tochter, denn der König sehnt sich nach deiner Schönheit«. Er ist in dich verliebt. Er begehrt Dich! *Concupivit Rex speciem tuam.* Die Texte sind unwahrscheinlich schön, sind aus den Gesängen des Königs David. Und der hat etwas verstanden von der Liebe. Überhaupt stehen die schönsten Liebesgeschichten im Alten Testament.

Die Bedeutung eines Volkes sollte man an seinen Geschichten messen. Womit die Qualitäten des jüdischen Volkes bewiesen wären. Die schönsten jüdischen Lieder, Verse und Geschichten haben die Christen in unsere Messtexte herübergeholt. Im Vulgärlatein des Kirchenvaters Hieronymus, des genialen Literaten und Übersetzers, der sich zu dieser Arbeit eigens nach Betlehem zurückgezogen hat, klingen sie besonders poetisch.

Der »Aussteiger« Hieronymus hat nach Betlehem seine große Bibliothek mitgenommen. Dazu zwei wohltätige reiche

römische Witwen! Außerdem war Hieronymus fast ein gebürtiger Bayer. Er stammte aus der Gegend südlich von Graz. Ein Großmutterbub, aber ein geratener!

Et Verbum caro factum est – und das Wort ist Fleisch geworden. Bei diesem Satz haben viele unserer Barockkünstler an den heiligen Literaten und Bibelübersetzer Hieronymus gedacht, eine Mariä Verkündigungsszene abgebildet oder geschnitzt. So in Sammerei bei Ortenburg, Passauer Diözese. *Benedicta tu in mulieribus, et benedictus fructus ventris tui!*

So verliebte, erotische Gebetstexte hat kaum eine andere Religion: »Du bist gebenedeit unter den Frauen und gebenedeit ist die Frucht deines Leibes!« – Das ist die »andere Eucharistie«. Vielleicht haben die starken Anhänger des Zölibats, der Hagestolz Papst Gregor VII. deshalb die allgegenwärtige Marienverehrung gebremst? Sie haben der Mariologie einen Dämpfer versetzt. Denn für sie klingt es unkeusch, ständig die »Frucht eines Frauenleibes« im Munde zu führen.

Ach, was jammern wir! Mit der Abschaffung des Lateinischen ist mehr verschwunden als 2000 Jahre Kirchengeschichte an Kultur und Frömmigkeit – unter der Lenkung des heiligen Geistes, hat man gelernt – mühsam aufgebaut haben. Soll denn in Afrika und Südamerika die Römische Kirche nicht mehr römisch sein dürfen? Um nicht zornig zu fluchen, sag ich mit Arthur Piechler lieber: »Adveniat Misereor!«

Wer mit dem Kirchenjahr die Feste feiert, lebt seelisch gesund. Die Natur bekommt eine geistige Sinnlichkeit. Auch wenn einer nicht allzu viel weiß von der Erhabenheit der jeweiligen Festlichkeit, und die Lehre vom Äquinoctium nicht kennt. Denn bald fällt Ostern auf Ende März und bald auf Mitte April. Bald ist der Auffahrtstag am 11. Mai, bald erst am 27. Fronleichnam gleich gar feierten wir schon am 31. Mai und dann wieder am 12. Juni. Nichts Gewisses weiß man da als einfacher Christenmensch nicht. Es gilt für einen guten Christen, daß er die Feste feiert, wie sie fallen. Wieviel wir halt »Sonntage nach Pfingsten« haben. Astronomisch hängt es mit der Tagundnachtgleiche zusammen, mit dem Äquinoctium.

Aber die großen Heiligen haben noch ihren festen Tag. Am 29. September beten wir zum Heiligen Michael, am 23. April zum heiligen Georg, am 6. Januar zu den Heiligen Drei Königen. Auf den 3. Februar zum Halshelfer St. Blasius. Josefi ist immer am 19. März. Und am 7. März begehen wir den Tag des berühmten heiligen Kirchenlehrers, des Thomas von Aquin.

Den dürfen wir nicht überspringen. Viele Christenmenschen wissen, daß er der größte und der bedeutenste Philosoph aller Zeiten ist. In seiner vielbändigen »Summa theologica« weiß er – als einziger Mensch – alles. Und legt das auch in unübertrefflicher Klarheit dar. Nicht nur Plato, wie seit Augustinus geübt, auch Aristoteles ist sein Mann. Über die verschiedenen Arten der Liebe spricht Thomas zum Beispiel definitiv von der *amor benevolentiae* und der *amor concupiscentiae,* von dem Wohlwollen gegenüber einer Person und dann vom Begehren dieser Person. In seiner Schrift »De anima« weiß er mehr über unser Seelenleben als Adler, Freud und Jung zusammen.

Wie unsicher lesen sich da alle zweifelnden Kritiker der politischen Ökonomie samt den Psychotherapeuten mit ihren Entspannungsübungen. Selbst die Ästhetik der Ablehnung der Filmkunst kommt über die aquinatische Konkupiszenz nicht hinweg. Jede erotische Sehnsucht steckt in der Konkupiszenz.

Und hat der heilige Thomas von Aquin bereits im 13. Jahrhundert gelebt! 1274 auf der Reise zum Konzil nach Lyon, ist er am 7. März in einem italienischen Kloster kaum fünfzigjährig gestorben. Damals hat in München Ludwig der Strenge gerade mit dem Bau des Alten Hofes begonnen.

Von adeliger Herkunft, ist er schon als junger Mensch Dominikanermönch geworden. In Köln studierte er bei Albertus Magnus, dem späteren Bischof von Regensburg, gebürtig aus Lauingen an der Donau. Vier Jahre verweilte Thomas in Köln und ging dann als Lehrer nach Paris. Anschließend verbrachte er entscheidende Professorenjahre in den bedeutensten Dominikanerklöstern Italiens: in Orvieto, in Viterbo und in Rom. Seit 1272 lebte er in Neapel. Seine Schüler schon nannten ihn ob seiner Herzensgüte, ob seiner Weisheit und Reinheit den »Doctor Angelicus«, den engelsgleichen Doktor. (Daß er sich

als junger Mann wegen unkeuscher Versuchungen – wegen der *amor concupiscentiae* – habe entmannen lassen, wird wahrscheinlich doch ein Gerücht sein.) Der große Geist hat im Laufe der Jahre viel Übergewicht bekommen. Er hat ein gewaltiges Werk hinterlassen! Wegen seiner Leibesfülle sollen seine Studenten sogar einmal den Tischplatz im Refektorium kreisrund ausgesägt haben. Ein Studentenspaß!

Wer glaubt, ist auch berechtigt zu wissen. So wurde der Theologe zugleich ein großer Philosoph. Es gelangen ihm fünf Gottesbeweise. Weil wir Geschöpfe Gottes sind, können wir auch Gott erkennen. Aber die Gotteserkenntnis mit dem Verstand braucht doch die Offenbarung aus dem Glauben. *Lex aeterna Dei!* Gott ist die letzte Kausalität, der *actus purus*. Gott ist das Ziel aller Dinge, auch die unvernünftige Kreatur bewegt sich zu Gott.

Des heiligen Thomas Ethik genügt auch noch dem heutigen Menschen: Wer sittlich handelt, lebt in der Ordnung des Seins und in der Freiheit, sagt er in seiner »Ethica«. Sogar eine »Politica« hat er verfaßt. Ein Traktat wurde betitelt »De generatione et corruptione«. Dem Staat, zum Beispiel (dem Fürsten, heißt es bei ihm), steht das Recht zu, Steuern zu erheben. Aber nur zum Wohlergehen der Gemeinschaft. Sind die Steuergesetze ungerecht oder zu kompliziert, sündigt bei Steuerverweigerung darum eher der Fürst als der Steuerzahler.

Nicht genug, Thomas beschäftigt sich auch mit wirtschaftlichen Themen, z.B. mit dem gerechten Preis, dem *justum pretium*. Wucher ist eine große Sünde. Aber noch eine größere ist es, dem Arbeiter den gerechten Lohn vorzuenthalten.

Er war ein bedeutender Kenner der heiligen Schriften und der Kirchenväter, zitierte oft den heiligen Augustinus, dessen Geist über den Jahrtausenden steht. Der Aquinate spürt Gottes Gnade in uns allen wirksam werden. Die Messetexte zum Fronleichnamsfest stammen von Thomas von Aquin. Auch das *Lauda Sion Salvatorem,* wo es heißt: »Caro cibus, sanguis potus – Blut wird Trank und Fleisch wird Speise!«

Die Philosophie des heiligen Thomas nennt man die scholastische Philosophie. Im Zeitalter Bismarcks ist sie ganz besonders wieder zu Ehren gekommen.

Angefangen hat diese Entwicklung durch den bayerischen Ministerpräsidenten Lutz, der 1871, bald nach dem siegreichen Krieg gegen Frankreich, im Reichstag zu Berlin den Antrag auf einen Kanzelparagraphen gestellt hat. Darüber müssen wir uns heute noch schämen, daß ausgerechnet aus dem katholischen Bayern – demokratisch und diktatorisch zugleich – gefordert wurde, daß unliebsame Prediger von der Kanzel herab verhaftet werden konnten, falls sie in ihren Kanzelreden etwas gegen das neue Deutsche Reich vorbrächten. Das war eben die Taktik des Reichskanzlers: »Von Bayern aus muß es kommen.« Wie der Kaiserbrief Ludwigs II.

Mit den Jesuitengesetzen war es nicht anders. Den Orden ließ Bismarck – wieder durch Lutz angeregt – 1872 im ganzen Deutschen Reich verbieten. Aber der Kulturkampf hatte erst begonnen. 1874 folgten die Maigesetze gegen die Kirche.

Papst Pius IX., der berühmte *Pio nono*, ließ sich die Züchtigung des Deutschen Episkopates durch Bismarck nicht gefallen. Er verkündete: Mehr und primärer als der Staat hätte die Kirche Anspruch und Sorge allen Getauften gegenüber. Bismarck konterte mit der Zivilehe und mit der Aufgabe des Taufzwanges. Nur vor dem Standesamt geschlossene Ehen seien gültig.

Jetzt intervenierten viele katholische Regierungen in Berlin. Bismarck bekam eine Ahnung von der Größe der Weltkirche und wollte einlenken. Er nahm 1880 viele kirchenkämpferischen Gesetze wieder zurück. Nun freilich vor dem neuen Papst Leo XIII., »der dem Reich gegenüber vernünftiger sei«.

Um nicht in diesen Verdacht zu kommen, erhob Papst Leo XIII. die Lehre des heiligen Thomas von Aquin zur verpflichtenden Norm aller Theologiestudierenden. Das fruchtbare Zeitalter der Neuscholastik nahm seinen Lauf und hat bis heute ungemein segensreiche Wirkungen hervorgebracht. Sonst wäre die Welt noch radikalrevolutionärer geworden! Zum Jahre 2000 können wir fast ausrufen: »Thomas von Aquin hat gesiegt!«

Die andere Großtat Leos XIII. war 1891 die Arbeiter-Enzyclika »Rerum novarum« (Über neue Dinge, also Neuerungen begierig). Sie ist allgemein verständlich, einfach und auch

heute noch sozial befriedigend. Sie fußt auf der gerechten Verteilung der Güter durch Einkommens- und Vermögensbildung. Um das zu erreichen, sollen die Arbeiter von ihrem »Koalitionsrecht« Gebrauch machen, und die Staatsregierungen sollen eine wirksame Sozialpolitik betreiben, nämlich soziale Sicherheit garantieren und Arbeitsschutz gewährleisten. Besser kann man's nicht sagen.

Aber die gelehrten Theologen nach dem Konzil der sechziger Jahre (und die heutigen) kennen nur eine Lobhudelei Johannes XXIII. Dieser Johannes »hätte sich in die soziale Wirklichkeit hineingekniet und nicht bloß Sozialphilosophie betrieben wie seine Vorgänger.«

Indes – wir wissen es und haben es tausendmal zu fühlen bekommen: Dieses Konzil hat zuallererst das Lateinische abgeschafft, die unverrückbare Liturgie reformiert, den Zölibat energisch beibehalten und die Empfängnisverhütung verboten.

»Räsonier er nur weiter«, wird mir lächelnd erklärt, in der heutigen Kirche ginge es um Wichtigeres. Vor allem immer wieder um die »Verlebendigung und um das Lebendigmachen der dogmatischen, speziell der topischen Dialektik, der *Theologici Loci* (!) die wir am Beginn der Moderne bereits finden, die Neuscholastik miteingeschlossen.« O mein!

Viele Heilige sind aus dem *Proprium de Tempore* verschwunden, sind »expropriiert« worden. Selbst St. Georg, hieß es, sei eine sagenhafte Person. Die Messen und Orationen dieser altehrwürdigen Namenspatrone haben nicht nur ihren ordentlichen Platz im Festkreise verloren, man bedarf ihrer Fürsprache nicht mehr. Und doch »sind die Kirche nicht wir«, sondern die Kirche sind wir nur »in der Gemeinschaft der Heiligen«. Gottseidank spricht Papst Johannes Paul II. wieder viele heldenhafte und vorbildliche Christen selig und heilig!

Auf den 12. März trifft der Heilige Papst Gregor der Große, der abendländische Kirchenvater. Er hat sein wichtiges Buch, die »Dialoge«, der Königin Teutelinde (oder Theodolinde) gewidmet. Sie war eine gebürtige bayerische Prinzessin gewesen,

eine Tochter Garibalds I. Welch anderer Stamm in Europa hat eine solche Prinzessin, die der Papst um 595 seine *carissma filia nostra* nennt? Noch dazu enthalten die Dialoge Gregors I. die Regel des heiligen Benedikt und dessen Biographie. Und Sankt Benedikt ist der Vater des Abendlandes.

Mehr als schön ist es, daß wir im tiefsten Niederbayern, gerade dort, wo die heißen und heilenden Quellen sprudeln (bei Bad Griesbach) diesem abendländischen Kirchenvater Gregor eine uralte, sehenswerte Wallfahrtskirche hingestellt haben. Wenngleich die Wallfahrt seit 1720 nicht mehr dem Papst Gregor im Hochaltar, sondern dem Pferdepatron St. Leonhard im Seitenaltar gilt.

In welchen Anliegen mögen die mittelalterlichen Leut' nach Grongörgen (kommt von Georg dem Großen, die Leut sagen direkt »Graniagn«) gegangen sein? Die Verdienste des römischen Stadtpräfekten (Oberbürgermeisters), der dann Legat in Konstantinopel und schließlich anno 590 Papst wurde, sie alle aufzuzählen bräuchte es ein Buch allein. Er war Liturgiereformer, vor allem den »gregorianischen«, lateinischen Choralgesang hat er gefördert.

Auch hat er die Lehre vom Fegefeuer in die katholische Theologie gebracht und er hat eine »Angelologie«, eine Lehre über die Engel, geschrieben. Er war ein bedeutender Theologe und Diplomat. Dazu ein begabter, fleißiger Schriftsteller. Er hat die Langobarden, die Engländer und die Spanier katholisch gemacht und die Franken noch fester an die Kirche gebunden. Die Liturgie hat er mit neuen Gebeten bereichert. Manche Sequenzen und Scholagesänge hat er gedichtet und komponiert.

Beteten die Leut' bis zur Reformation um eine musikalische Begabung, um die Vermehrung des Glaubens oder um Gesundung von Magenschmerzen? Gregor leidet bereits in jungen Jahren unter einer chronischer Magenverstimmung. Seine Mutter Silvia, die später als Nonne gelebt hat, bringt ihrem Sohn täglich eine Schüssel frisch gekochtes Gemüse. Gregor selbst erzählt das. Der Name der Gregori-Wallfahrt klingt schon ein wenig nach Magenwehdam: Grongörgen, Graniagn.

»In illo tempore dixit Jesus discipulis suis: Vos estis sal terrae – Ihr seid das Salz der Erde«, beginnt das Evangelium auf den Gregoritag.

Die wir der lateinischen Messe sehr nachtrauern, erinnern uns noch gut an das *In illo tempore dixit Jesus discipulis suis* – in jener Zeit sprach Jesus zu seinen Jüngern ... Hundertmal im Kirchenjahr konnte man es hören. Es hatte einen exemplarischen Klang.

Heute singen sie – übrigens recht begeisternd – synkopische Jazzmessen mit dem herausfordernden Text: »Zwängt die Kirche nicht in alte Bräuche« und »Füllt den Wein nicht in die alten Schläuche!« – Auch die neuen Schläuche werden alt. In der römischen Kirche sind in jedem Jahrhundert einige Dutzend neue Orden aufgeblüht: Benediktiner und Zisterzienser, Franziskaner und Dominikaner, Prämonstratenser und Trappisten, Jesuiten und Salesianer, beschuhte und unbeschuhte Marienschwestern und so weiter. Warum der journalistische Lärm von einem neuen Aufbruch der »verkrusteten« Kirche ins dritte Jahrtausend, wegen der Ordens- und Priesterjugend, der ihre Taufe neu erfahrenden »Neokatechumen«? Oder der Philomenen und anderer? In hundert Jahren jubilieren neue, gottbegeisterte junge Menschen.

Was würde St. Gregor dazu sagen? Traditionen sind alt, uralt. Und wenn sie bleiben wollen: unverrückbar. Heutige Firmlinge hören den Rhythmus und die Trompeten aber gern. Vielleicht hält die Weise sich soviele Jahrhunderte wie der Gregorianische Choral? – Oder kaum noch zwanzig Jahre?

Wenn sich schon die Melodien ändern und immer geändert haben (von Gregor über Palestrina bis zu Mozart, Bruckner und Piechler), die lateinischen Worte würden auch den synkopischen Jazz vertragen: »Nemo mittit vinum novellum in utres veteres!« (Nach dem Evangelium des heiligen Markus 2, 22) »Nemo mittit vinum novellum ...« In Latein auch gejazzt bleibender?

Mit Trompeten, Posaunen, Schlagzeug, elektrischem Klavier und gut einstudiertem Chor! – So ein Meßoperettl hat

bereits 1965 der konservative Arthur Piechler komponiert. Die Ettaler Liebfrauenmesse.

Aber »zwängt die Kirche nicht in alte Bräuche!« singen sie. Will denn die junge Kirche nicht mehr alt werden? *Misereor, Adveniat!*

Musikalisch betet sich's himmelstürmender und herzlicher. Das wußten die Alten und das begreifen allmählich die Jungen. »Sacerdotes Dei benedicite Dominum – Priester Gottes, preiset den Herrn!«

Freilich dauert es jetzt Jahrzehnte, bis die nach dem Konzil davongejagten Kirchenchöre und Orchester wieder sich sammeln werden. Sie haben alle umsonst, zur Ehre Gottes, gesungen und gegeigt. Heute möchten sie bezahlt werden. Und werden weithin ausgeliehen.

Und da sind wir bei dem Heiligen des 15. März, beim heiligen Klemens Maria Hofbauer, einem gebürtigen Böhmen und erstem Deutschen Redemptoristen. Fast zwanzig Jahre wirkte er in Warschau. Er ließ dort täglich in seiner Kirche ein Hochamt musikalisch garnieren. Mit Geigern und Kontrabassisten, mit Cellisten, mit Holz- und Blechbläsern. Und er bezahlte die Musiker. Das viele Geld dazu bettelte er zusammen. Zur Ehre Gottes war ihm keine Musik zu teuer. Nur erstklassige Musiker ließ er auf seinen Chor.

»Concede omnipotens Deus, ut beati Clementis exemplo usque ad montem, qui Christus est feliciter perveniamur! – Daß wir durch das Beispiel des heiligen Clemens glücklich zu jenem Berg gelangen, der da Christus ist! Qui tecum vivit et regnat in unitate Spiritus Sancti Deus: per omnia saecula saeculorum. Amen.«

Am 19. März ist das Fest des heiligen Josef. *Dilectus Deo et hominibus,* von Gott und von den Menschen geliebt. Darum ist ja der Josefitag so ein hoher kirchlicher Feiertag. 1. Rangstufe, Farbe weiß! – *Justus ut palma florebit,* der Gerechte blüht wie eine Palme. *Sanctissimae Genetricis Sponsus* – Bräutigam der heiligsten Mutter!

So nah ist kein Apostel und kein Heiliger dem Sohn Gottes gestanden wie Josef. Darum ist er der beste Namenspatron.

Und weil er ein Zimmermann war und die Zimmerer immer gern getrunken haben, wird auf Josefi der Märzenbock ausgeschenkt.

Von Josefi sind es nur noch sechs Tage bis Mariae Verkündigung. Darauf trifft ohnehin meist schon der Palmsonntag. Am Freitag davor, also acht Tage vor dem Karfreitag, präsentiert das Festkalendarium des Kirchenjahres den traurigsten Marientag des Jahres, das Fest der Sieben Schmerzen Mariä. Mit der ergreifenden, weltbekannten Sequenz: »Stabat mater dolorosa juxta crucem lacrimosa – Christi Mutter stand mit Schmerzen bei dem Kreuz und weint von Herzen ...«

Der Autor soll Jacopone Todi gewesen sein, behaupten die Lokalpatrioten aus Todi, was aber angezweifelt wird – man schreibt das ergreifende Gedicht dem heiligen Bonaventura zu. Viele Komponisten haben das *Stabat mater* vertont: Pergolesi und Palestrina, Haydn, Rossini und Dvořák. Und noch ein Dutzend andere.

Das *Stabat mater dolorosa* gehört zu den ergreifendsten Gedichten der Weltliteratur. Es ist über siebenhundert Jahre alt. Ein uralter Wein. Heut soll es vorwärts gehen. Aber doch nicht mit einem Lied, in dem die Mutter ihren hingerichteten Sohn sterben sieht. Wir sind Gegner der Todesstrafe.

Jesus lebenslänglich? Es wollen die Gottlosen mehr Mitleid zeigen als die Christgläubigen.

Zum Fasten braucht man Zeit

Nicht nur ein Christ soll der Mensch sein, auch ein Mensch muß er bleiben dürfen. Oder klingt es umgekehrt besser? Nicht vor lauter Menschsein das Christliche in uns ganz vergessen!

Der Christenmensch hat es getroffen in der Zeit und in der Ewigkeit. Natürlich weiß man nie nichts Gewisses. Aber vieles wollen wir gar nicht wissen, das glauben wir sowieso. Und was wir glauben, wollen wir nicht unbedingt wissen, nicht unbedingt ständig wissen. Das meditieren wir.

Liebe Leserin, lieber Leser, es ist wahr, am gesündesten lebt man nach dem Kirchenjahr und feiert die Heiligen, wie sie fallen. Auf Martini die Gans nicht hintlassen, am Ostermontag das Eierabtragen am Kammerfenster nicht, nicht die Mettenwürst, nicht den Weihnachter und nicht den Johanneswein!

Auf Jakobi werden die Frühäpfel zeitig, um Margaret schon die Ernt angeht, gen Allerheiligen gibt es den Armenseelenwecken, in den Wirts- und Bräuhäusern gar die Armeseelenmaß und Kathrein stellt den Tanz ein. Das fette Kirchweihessen muß man als Christenmensch halt auch vertragen können, dann ist es eine Freud, ein Christ zu sein. Sechs Tage dauert der Fasching allein mit seinen närrischen Tagen, kirchlich abgesegnet und erlaubt!

Kein Wunder, daß der Christenmensch – und wenn er noch so gut Latein könnte – nicht vom Fleische fällt. Gott sei Dank gibt es die Fastenzeit! Aber mit dem Fasten vertut man viel Zeit. Denn die Fasten währet vierzig Tage! Man kann nicht schnell fasten. Auch nicht einer, der schnell arbeitet, schnell ißt und trinkt, kaum Zeit hat, um geschwind einmal eine heilige Messe mit Predigt zu hören, und schon gleich gar nicht einer, der schnell fährt, schläft, schreibt, telefoniert, liebt und stirbt.

Zum Fasten braucht der Christenmensch viel Zeit. Es ist falsch zu behaupten: Gestern hab' ich geschwind einmal eine Stunde gefastet und heut schon zweimal eineinhalb Stunden lang. Und man bringt trotzdem zwei Pfund mehr auf die Waage. So hat auch der Christenmensch seine Grenzen. Seine Grenzen muß der Mensch kennen und sich eingestehen. Das geschwinde Fasten ist nicht christlich, es ist kaum menschlich. Der Herr Doktor sagt: Schnell Fasten ist medizinisch unmöglich. Vierzig Tage hat man früher mäßiger gelebt. Aber nicht nur wegen der menschlichen Gesundheit, sondern weit eher aus christenmenschlicher Buß und Trauer, Mitleid und Vorbereitung auf das Osterfest.

Wir haben eine freundliche Religion. Kein Fest ist bei uns nur geistig – geistlich. Es ist allzeit auch menschlich. Christenmenschlich. »Haec et plus benedicat Dominus – dieses und noch mehr segne Gott der Herr«, heißt das kürzeste kirchliche Tischgebet. – Zum Wohlsein! Sollst auch wissen, was wohl und weh tut! Vergelt's Gott und Gsegn's Gott! Freundlichen Umtrunk und seid mir nicht traurig, Freunde, denn die Lustigen müssen auch sterben! Auf zu Gott, nachand geht's dem Teufel einen Dreck an! *Pax tecum, ora et labora* und *Bavaria terra benedictina,* sonst hätt' ma noch mehrer Schlawina ...

Es ist eine Freud, ein Christenmensch zu sein. Auch wenn die Ministranten das Lateinische nicht mehr lernen. Was einen Christenmenschen aber sehr ärgert. Weil das lateinische Wort für Fasten so schwierig ist. Es heißt: *ieiunium.* »Ieiunemus et ploremus ante Dominum – laßt uns fasten und weinen vor dem Herrn!« So singt der Chor am Aschermittwoch. Und »wer da fastet, schaue nicht traurig drein wie die Heuchler – *sicut hypocritae! Tu autem cum ieiunias, unge caput –* salbe dein Haupt! Sagt Jesus!

Da darf man sich schon noch an die Schönen der Faschingszeit erinnern. Es wird schon wieder vergehen mit der Zeit! Und in der Fasten hat man Zeit.

Glücklich sein heißt viel Zeit haben: Besonders für die Liebe braucht der Mensch Zeit. – Verschwiegene, glückliche

Stunden, ja ganze Tage und Nächte! Was sind schon glückliche Minuten? – Glückliche Stunden zählen.

Keine Schmerzen haben, sagt Cicero, sei das wahre Glück. – Aber auch Zeit mußt du haben in deinem schmerzlosen Zustand, Zeit, um Gutes zu tun. Gutes noch über die maßlosen Steuern hinaus? Wer hat dazu schon noch Zeit? Kaum die höchstdotierten Ministerialbeamten. Ohne Zeit bist du ein Narr, auch wenn die Steuerschulden im Augenblick nicht gar so heftig auf deine Bandscheiben drücken.

Dein Terminkalender ist für das kommende Jahr schon wieder ausgebucht? Am 9. Januar Kappenabend, am 10. Mehrwertsteuer, am 14. Ball der Steuerberater, am 16. Orgeleinweihung mit Weißwurstessen und so weiter. Wann kommt der Höhepunkt deiner Karriere, der erste kleine Herzinfarkt? –

Unterwegs. In deinem Hotel finden sie lange keinen Arzt, da in der Nachbarstadt ein Internistenkonkreß tagt. – Endlich kommt ein alter Medizinalrat und verschreibt dir als Arznei eine große goldene Taschenuhr mit Sprungdeckel, die du täglich aufziehen mußt und die obendrein noch jeweils um eine Dreiviertelstunde nachgestellt werden muß. – Nach dieser Uhr, sagt der Sanitätsrat, sollst du künftighin leben. – Du besorgst dir eine Weste mit Uhrkette und kommst prinzipiell zu spät. Tatsächlich, du wirst gesund, denn das Leben mit einer altmodischen Taschenuhr ist von Haus aus beruhigend und verströmt einen Hauch der altmodischen Zeit.

Glücklich sein heißt Zeit haben, Zeit für die große Liebe, nicht bloß für die Weiberleut! Musizieren kostet Geld, die Liebe ein Vermögen.

Die schönste Zeit war einmal die Freizeit, wenigstens solang man ledig war. Dann sind es die Stunden mit Weib und Kind, die gar so glücklich sind. Aber deine Gleichberechtigte seufzt vielleicht schon manchmal: »Es ist ja grad, daß die Zeit vergeht!«

Soll die Zeit wenigstens zünftig vergehen mit Essen und Trinken und Wirtshaussitzen, mit Kartenspielen und Geschichtenerzählen, mit Schlafen und Lesen und Musizieren, mit Museumsbesuchen, mit Malen und Schnitzen und Dich-

ten. Oder noch glücklicher in endlosen Autokolonnen, mit dem Anstehen vor dem Skilift? Mit dem Warten auf den Kellner, auf den Abflug, auf die Landung, auf das Taxi, auf den Anruf, auf den Drink? Die Urlaubszeit vergeht zu schnell. Die Arbeitszeit zu langsam. Fünfunddreißig Stunden in der Woche, Vater, du hast keine Ahnung, wie lange die sein können!

Was muß das erst früher für eine Plage gewesen sein, wie man noch die 60-Stunden-Woche gehabt hat in der Christenheit. Am Samstag erst frei nach dem Feierabendläuten! Das waren sklavische Zeiten, Arbeitsmoral aus dem Mittelalter! Und kein Urlaub das ganze Jahr! In einer solchen Gesellschaft ist dir als Sklave natürlich alles wurscht, da lebst du grad, daß die Zeit vergeht und du endlich stirbst und in den Himmel kommst.

Freilich, es gab die christbarmherzige Frau Meisterin mit ihren Küchenmägden und ganz besonders hat die Gewerkschaft der Heiligen die Arbeitszeit verkürzt. Die Gewerkschaft der Heiligen?

Man hat mehr Feiertage gekannt als wir heute Urlaubstage! Bis 1642 hat es in der Christenheit, also in Europa, 87 heilige Feiertage gegeben. Mit den Lokalheiligen manchenorts noch mehr.

Und das waren lauter Fest- und Freßtage gewesen, wo es ein besseres Essen geben hat müssen. Wein und Bier dazu. Zu den 52 Sonntagen also noch mindestens 87 arbeitsfreie Festtage! Duplex, zumindest semiduplex, je nach der Größe und Würde der Heiligen. Mit Kirchgang und Nachmittagsvesper, Prozession und Böllerschießen, öffentlicher Tafel und Umtrunk.

Wer hat denn heute schon 87 Urlaubstage? Kaum ein Ministerialdirigent. Trotz der bürgerlichen und sozialen Revolution niemand. Aber in der Feudalzeit haben die Bauernknechte und Handwerksgesellen, die Mägde und Knechte sie gehabt, diese 87 arbeitsfreien Festtage.

Wieder ein Beweis, daß die Zeiten nicht besser, sondern schlechter geworden sind. Leider hat man früher dafür 52 Samstage arbeiten müssen. Jeden Samstag bis drei Uhr nachmittags! Erst dann hat der vorsonntägliche Feierabend begon-

nen. Aber auch vor jedem Festtag war ein Vigiltag und ab drei Uhr heilige Freizeit. So gleichen sich die Samstage wieder aus. – Und was haben sie an Samstagen schon Schweres gearbeitet? Die Werkstatt haben sie aufgeräumt und den Hof zusammengekehrt.

Die Zeiten sind vorbei, die Welt denkt rationeller, elektronischer. Angefangen hat das bereits 1642, als Papst Urban VIII. mit der Bulle »universa per orbem« die auf die Wochentage fallenden Festtage auf sechsunddreißig reduziert hat! Jener Urban VIII. Barberini, der den barberinischen Faun ausgraben ließ und ein von seiner Intelligenz überzeugter, aufgeklärter Herr war.

Im 18. und 19. Jahrhundert hat man dann die Festtage allerweil noch weniger gemacht. Vor allem unter Kaiser Josef II. Und heute sind es nur noch die hochheiligen Zeiten zu Ostern, Weihnachten und Pfingsten und noch vier dazu, kaum ein Dutzend bringt man zusammen. Also nicht die Zeiten ändern sich, sondern die Menschen.

... per omnia saecula saeculorum!

Der Auswärts

Der Verkauf kennt keine Fastenzeit. Wir alle sind Verführte, und das Fasten fällt uns viel schwerer als unseren Großvätern.

Es war ja schon immer schwer gewesen, denn die traurige Fastenzeit mit der Kreuzwegandacht, der Fastenpredigt, dem schmerzhaften Rosenkranz und der Darstellung des blutgeschwitzten Jesus am Ölberg fiel in die lustige Frühjahrszeit. Man sagte dann zu einem verliebten Burschen: »Wastl, sei vorsichtig! Der März treibt jetzt den Saft in den Stamm, aber die Fastenzeit muß euch zurückhalten. Jedes Schmusen und Kammerfensterln ist streng verboten.«

Immer kann der Mensch nicht lustig sein, allerweil kann er nicht demmen und schlemmen, nicht hupfen und dupfen, nicht saufen und raufen, nicht toben und tappen, nicht tanzen und ranzen: Einmal braucht das Gemüt etliche vierzig Tage der Läuterung und Buße und des traurig-seligen Mitleidens. Ohne Buße wird die kranke Seele nicht so leicht gesund. Nur Fasten und Büßen können das Leben versüßen. Buße kennen wir nicht mehr. Höchstens den Strafvollzug. Freispruch ist wichtiger als: *Deinde ego te absolvo a peccatis tuis ...*

Wie ungeschickt, daß wir die Fastenzeit nicht mehr so streng einhalten müssen wie unsere Urgroßeltern noch! Obschon die damals noch nicht Auto gefahren sind. Kein Pfarrer verlangt von uns Übersatten ernsthafte Enthaltung von Speisen in der Fastenzeit. Das verschreiben allenfalls die Medien mit kommoden Abnahmerezepten: Iß und trink dich schlank! Vermeide Fett, kaue lange!

Einem Christenmenschen genügt eine abstrakte »innere Bußgesinnung«. Wirklich gefastet wird in den Kliniken während der ärztlich verordneten Kur.

Wie schwer hat man dagegen noch vor dem 2. Weltkrieg gefastet! Nur eine einmalige Sättigung war jeden Tag erlaubt. Und noch eine Generation früher wurde während der ganzen Fasten kein Fleisch gegessen. Am Aschermittwoch hat die Bäuerin den Fleischhafen ausgesotten! Das wäre aber alles noch nicht so strapazierend gewesen, wenn jedermann nicht jeden Sonntagnachmittag in die Fastenpredigt hätte gehen müssen. Da donnerte der Hochwürdige Herr Kooperator gegen die Fleischeslust. Es genügte ihm nicht, daß man sich mit Hasenöhrln, Rohrnudeln und Schucksen, mit Buttermilch-, Brot- und Zwullsuppe, mit Kartoffelpuffern und Fingernudeln, mit Strudel, Auflauf und Milchnudeln nur sättigte, er verhängte dazu auch noch ein striktes Kammerfensterverbot und untersagte jeden Verkehr, selbst den postalischen mit Liebesbriefen!

»Wehe euch, ihr leichtfertigen Burschen, wehe euch, wenn ihr während der strengen Fastenzeit vor dem höllischen Laster des Gasselgehens oder gar Kammerfensterlns euch nicht in acht nehmen könnt! Ihr werdet es zeitlebens mit einem bitteren Eheleiden büßen müssen. Denn da drauf ist kein Segen. In der Fastenzeit betet man den Kreuzweg und geht nicht an ein Fenster, sondern eilet lieber gen Kalvaria! – Und ihr, liebe Jungfern und unschuldigen Mädchen, machet die Fenster jetzt nicht auf! Haltet die Rieglein fest verschlossen. Schlupft unter die Zudeck, hört nicht auf, betet, bis der Schlaf kommt! Denn es geschieht Fürchterliches, wenn auf einem Hof eine Dirn während der Fastenzeit einem Burschen heimlich das Fensterl öffnet. In so ein Haus wird das Unglück einkehren und der Blitz einschlagen den kommenden Sommer. Es wird zumindest ein verheerendes Hagelwetter niedergehen!«

Da hörten die schläfrigsten Burschen andächtig zu, und kein einziges Bürschlein forderte in der Fastenzeit den Frevel heraus. Man begnügte sich mit den zahlreichen Ölbergandachten, schmerzhaften Rosenkränzen, den Predigten am Sonntagnachmittag und anderen frommen Bräuchen. Man war froh, wenn man den Schatz auf dem Kirchweg von weitem sah. Man warf in der Kirche einen Blick hinüber auf die Wei-

berseite, begegnete sich auf dem Friedhof geschwind in der Enge der Gräberzeile. Oder es schickte sich gar der glückliche Zufall, daß man beim Eintritt in die Kirche zusammen in den Weihbrunnkessel die Hand eintauchte. Die Liebe in der Fastenzeit begnügte sich mit wenigen Zeichen und Blicken und loderte doch hell, herzlich und vorösterlich.

Wenn draußen dann das schönste Märzwetter staubt, trocken und warmlüftig, daß es zum Habernbaun gerade recht ist, dann verspürt ein junger Bauernbursch eine Freude aufsteigen und der Übermut erdrückt ihn schier mitten in der Fastenzeit. Dann ist gottlob nicht der Sonntag *Judica* oder *Okuli*, dann ist *Laetare*. Und das ist ein Tag des Rastens während des Fastens. Am Lätaresonntag darf die Orgel lauter spielen und die Gesänge der Messe erinnern bereits an die Auferstehung.

Niemand hätte zu denken gewagt, was heut viele sagen: »Was geht's mich an, wenn vor 2000 Jahren im nahen Orient einer gekreuzigt worden ist und dann großsprecherisch auferstanden sein soll?«

Pascha nostrum immolatus est Christus.

Ein schöner Tag. Der Sternecker Wastl wird von der Mutter in die Kreuzwegandacht geschickt. Sie muß etwas gemerkt haben, denn der Postbote hatte dem Wastl eine Postkarte zugesteckt. »Und wennst dreimal einen Kartengruß kriegt hast, du gehst in die Fastenpredigt auf Kirchnzell! Da predigt heut ein Kapuziner. Mirk auf, nachand vergehn dir die Gschichtn!«

Der Wastl macht sich gemütlich auf den Weg. Überall um ihn regen sich die Lebensgeister. Bei den Weidenstauden am Waldrand spitzen schon etliche Palmkätzchen heraus. Es sind die »Palmmantschi« für den Palmsonntag, mit denen unser Herr begrüßt wird, wenn er feierlich in Jerusalem einzieht und die dann an die Äckerränder gesteckt werden, wenn man am Ostermontag um die Felder geht.

In der Hinterleiten blühen Schneeglöckchen. Da sieht das Auge des jungen Bauern ein ausgewintertes Korn und dort einen zu dicken Weizen. Im Wald selber ist es von unten her naß und von oben her still. So ein Wetter mögen die Holzbäum', da

wachsen sie jeden Tag um ein Viertelzoll. Der Wastl begreift die Widersprüchlichkeit der lustigen Frühjahrszeit und der traurigen Fasten und schreitet munter vorwärts. »Von mir aus«, denkt er sich, »nach der Predigt führ i mein Babettl übers Ötz-Hölzl zum Schneeglöckerlbrocka. Die kenmman in den Herrgottswinkel, da konn unser Herr nix dagegen haben. – Alleluja sing' ma!«

Mit so ernsten Gedanken kommt der Wastl auf die Vorderleite, wo die Sonne warm ansteht und sich der Leitnerhof ausbreitet. Der alte Austragler, der Leitnervater, hockt auf der Gredbank und wärmt sich ein wenig auf.

»'s God, Leitnervater! Laßt dir von der Sunn' einen aufspieln?«

»O mein, Wastl, d'Märzsunn' hilft mir nimmer.« Der Wastl setzt sich für einen Plausch auf die Bank. Er weiß von seinem eigenen Großvater, daß der alte Leitner in seiner Jugend ein ganz ein Wilder gewesen war und daß er seinen Großvater einmal am Kammerfenster in Nialing mit dem Heuseil unterlaufen hat. Eine gefährliche Sache war das Unterlaufen am Kammerfenster. Die Rivalen scheiteln dich von der Leiter und du ergreifst die Flucht, denn die Rivalen sind immer in der Überzahl. Aber flüchtend heißt es jetzt erst recht aufpassen, denn zwei der Angreifer halten in der Dunkelheit ein gespanntes Heuseil auf und versuchen dich damit zu unterlaufen, daß du nur so purzelst und dir einen Schreck von der Gefährlichkeit der Liebe für ein ganzes Leben holst. *Domine Deus, in te speravi* – Hergott auf Dich hoff' ich.

Gewiß dachte der Leitnervater jetzt in der Märzensonne an jene dunkle Episode. Der Wastl sah nämlich seinem Großvater sehr ähnlich. Aber der alte Austragsvater ließ sich sein Erinnern nicht anmerken.

»Die hoaß Junisunn' wenn i no derlebat, nachand kunnt i's nomal a Jahrl aushalten auf dera Welt.«

»Mögst hundert Jahr alt werdn. – Gfallts dir allerweil no so guat?«

»Was hoaßt da gfalln? Übergebn und nimmer leben. – Alls wia's oan aufgesetzt is.« Er schüttete eine Prise Schnupftabak auf seinen Handrücken, schnupfte aber noch nicht.

»Was anderst: Hätts ös koan Kuahkalberl? Mir brauchetn oans, weil unserne Küah heuer lauter Stierkaiberl bringan.«

»Da muaßt mitm Bauern redn, i bin grad der Vater.« Es schmerzte ihn das Alter, obwohl ihm nichts weh tat.

»Ein Märznkaiberl wär halt dös recht. Weil: Was der März auf d'Welt bringt, dös steht auf feste Füaß.«

Der Wastl wunderte sich über seine gescheiten Ausspüche, die er doch alle von seinem Großvater her hatte. Und der Großvater war seit drei Jahren schon gestorben. Erst jetzt fiel ihm immer wieder ein Spruch von ihm ein. »Kunigund bringt d'Wärm von unt.« Oder: »Der heilige Benedikt schon die ersten Schwaiberl schickt.« - Er hatte keinen Ärger auf den alten Leitner, denn siegreich auf dem Nialingerhof war schließlich doch sein eigener Großvater gewesen. Und so schöne alte Sprüch wie der Opa weiß der alte Leitnervater halt doch nicht.

Der Leitner mußte die Gedanken des Sternecker Wastl geahnt haben. Er ließ die stattliche Prise auf seinem Handrücken gehörig von der Märzsonne bescheinen und meinte dann: »Ja, der Mirz! An Mirz solln d'Sau fackeln, d'Stuatn füllen und d'Küah koilbern.«

»Was, soll na'i toan an Mirz? – Leitner, gib mir an Ratschlag!«

»Stich di' der Habern, Wastl? – Dös waar sauber z'früah. Der Habern wird ja jetzt erst baut. Und mir schreiben erst die heilige Fastn. Da is' gscheiter, man halt se' zruck bis nach der Auferstehung an Karsamstag. Dös bringt an Segn.« Er wollte den Schnupftabak in das Nasenloch schieben, da fiel ihm noch etwas Wichtiges ein: »Und merk dir dös, Bursch, je fleißiger du die Fastenzeit halst, um desto a bravers und bessers Weib kriagst amal!«

Der junge Sternecker wunderte sich. Der alte Hallodri redete wie die Mutter. Am End ist an dem Satz doch etwas Wahres?

»Wenn a junger Mensch fleißig in sein Fastenpredigt geht, na'kriagt er amal a brave Hauserin, dös hab i schon in der Feiertagsschul glernt.« Er zog den geschmalzenen Brasiltabak gierig in seine Nasenlöcher. Gleichzeitig öffnete sich das

Stubenfenster, und eine böse alte Frauenstimme geiferte heraus: »Glei'machst, daß d' einer kimmst, süst werst wieder krank, du alter Haderlump!«

Der Vater schnupfte seelenruhig zu Ende und reagierte auf die böse Stimme mit keiner Miene. Nach einer Weile meinte er in dem weisen Ton eines alten Sprichwortes: »Dös ganze Leben is a Buaß und a Fastn.«

Da machte sich der Wastl wieder auf den Weg und vergnügt fiel ihm ein, daß eine jede ordentliche Fastenzeit den Sonntag Lätare kennt. Und er zimmerte sich ein paar Schnaderhüpfl zusammen, weil er sich schon so auf sein Dirndl freute – aufs Babettl beim Schneeglöckerlbrocka – gleich nach der Fastenpredigt. Denn es war Frühling – oder wie er die Jahreszeit nannte: »Der Auswärts« war gekommen.

Wann der Auswärts gen kimmt,
Wird mein Zithern neu gstimmt,
Werdn die Pfluag-Greta gricht,
Werdn die Bier-Faßen picht.

Wird a Dirndl aufganga
Und a Liabschaft angfanga.
Is der Mirz aa no kalt,
Der Liab is nix z'bald.

Fasten- und Abstinenztage an der Hoftafel

In der Zeit der Monarchie und der gepflegten Observanzen mußten die Fastengebote noch streng und wortwörtlich erfüllt werden. Der König hatte ein Beispiel gegeben. Das höfische Zeremoniell berücksichtigte die Fastengebote nicht nur in aller Gewissenhaftigkeit, es zelebrierte sie sogar mit Aufhebens. Besonders bei den öffentlichen Hoftafeln und Marschalltafeln. Die großen Hoftafeln wurden ja in aller Öffentlichkeit angerichtet. Nicht nur die Diplomaten und die höchsten und hohen Beamten durften die Kordons durchschreiten. In München war es auch dem Publikum gestattet. Man hatte sich nur früh genug einzufinden. – Ludwig II. ließ bei öffentlichen Hoftafeln bekanntlich die Blumenvasen und den kostbaren Tischschmuck so stellen, daß er von dem vorbeidefilierenden Publikum nicht »direktement in das Gesichte angestarrt« werden konnte.

Das Zeremoniell bei solchen öffentlichen Hoftafeln war besonders feierlich und streng. Der Hofmarschall, der Zeremonienmeister, der Generalkapitän der Hartschiere, die Inhaber der allerhöchsten Erbämter der bayerischen Krone traten in Funktion, und der Herr Hofbischof sprach das Tischgebet.

An Abstinenz- und Fastentagen hat man natürlich auch bei Hof eine Fastenspeis' gegessen. Wenn aber ein evangelischer Fürst zu Gast war, hat man im 18. und 19. Jahrhundert bereits von Rom eine Fasten- und Abstinenzdispens bekommen. Bald hat jeder Diözesanbischof dispensieren können.

»An einem Freitag Rehrücken? – Ohne Abstinenzdispens Seiner Eminenz ist es unmöglich, an einem Freitage Seiner Majestät Fleisch zu servieren. Natürlich also Fisch zum dritten Gang. Und abends eine Mehlspeis! – Und ja net wieder unter

der Hand eine Fleischbrühe! Wir können nicht jeden Freitag um eine Abstinenzdispens nachsuchen.«

In der Fastenzeit zweimal nicht. Da würde sich ja das gesamte Hofmarschallamt lächerlich machen. »Seine Majestät, der König von Bayern, ist ein katholischer Monarch. Fallen eh genug öffentliche Hoftafeln auf einen Freitag.«

So jammert der ganz auf seine hohe Würde bedachte allerhöchste Hofbeamte und schreibt an den Erzbischof. Und schon drei Wochen später hat er die Dispens.

»Der Erzbischof von München und Freising an Seine Exzellenz, den Obersthofmarschall Graf Seinsheim! – Wir beehren uns ergebenst, Euerer Exzellenz davon Kenntnis zu geben, daß der Apostolische Stuhl, unter dem 14. Februar 1911, unserer Bitte entsprechend, für die Teilnehmer an der am 12. März dieses Jahres, dem zweiten Fastensonntag, zur Feier des Geburtstages Seiner Königlichen Hoheit des Prinzregenten, veranstalteten Hoftafel und alle öffentlichen Festessen im ganzen Königreich Bayern rechts und links des Rheines die Dispens im kirchlichen Verbote der Mischung von Fisch- und Fleischspeisen erteilt hat ...«

»Also Fisch und Rehrücken, Exzellenz?«

In der Fastenzeit durfte man früher – das heißt bis Ende der zwanziger Jahre hinein – niemals Fisch und Fleisch zusammen essen. Zudem war nur die einmalige tägliche Sättigung erlaubt. – Im Laufe der Jahre lockerte die Kirche ihre Fastengebote. Erst fiel das Mischspeisenverbot, dann bekamen alle Esser an fremden Tischen eine generelle Fastendispens und schließlich die Kranken und Schwachen, die Rentner und Kinder, die Jugendlichen und Schwerarbeiter, die werdenden Mütter und die zur Kur Weilenden etc. etc. Endlich definierte man das Fasten als eine »übertragbare Verzichtleistung.« – Wer weniger raucht, weniger trinkt, vielleicht sogar derjenige, der sich Mäßigung in seiner Arbeitslust auferlegt, genügt heute dem kirchlichen Fastengebot. Öffentliche Hoftafeln mußten abgehalten werden zu Ehren in München anwesender Regierungshäupter, bei den alljährlichen großen Stiftungsfesten des Hubertus- und Georgiritterordens, anläßlich des Geburtstages Seiner Majestät des deutschen Kaisers sogar!

Marschalltafeln zelebrierte man, wenn der König ein Brautpaar der allerhöchsten Verwandtschaft zu Tische bat oder wenn ein wichtiger Diplomat, ein Kardinallegat beispielsweise, in München weilte. An den hohen Namensfesten der Monarchen mußte selbstverständlich auch öffentlich gespeist werden.

An der Königlich Bayerischen Hoftafel wurde von den diensthabenden Zeremonienmeistern selbstredend ungemein präzise sowohl das Fasten als auch das Abstinenzgebot eingehalten. Dazu kam noch das Quatembergebot, das Verbot, während der Fastenzeit gemischte Tafeln abzuhalten, also Fisch-und Fleischspeisen gemeinsam zu servieren. – Der Oberhofmarschall persönlich bemühte sich um notwendig werdende Dispensen. Er schrieb z.B. mit eigener Hand:

»Der Königlich Bayerische Oberhofmeister, Graf Seinsheim, an Seine Exzellenz, den Hochwürdigsten Herrn Erzbischof von München und Freising, Franziskus Ritter von Stein! Anläßlich des Geburtstagsfestes Seiner Majestät des deutschen Kaisers und Königs von Preußen sieht sich auch der Königlich Bayerische Hof veranlaßt, eine Hoftafel abhalten zu sollen. Seine Königliche Hoheit, der Prinzregent Luitpold, hat nun den Termin für die Hoftafel, zu der auch der preußische Gesandte geladen werden wird, auf den 14. Januar verlegt. Da dieses jedoch ein Freitag, stellen wir an Sie, Exzellenz, ergebenst die Bitte, die Königliche Hoftafel an diesem Tage vom Abstinenzgebote befreien zu wollen. In ausgezeichneter Ehrerbietung haben wir die Ehre zu grüßen: Graf Seinsheim, Obersthofmarschall.«

Es wird noch die Bemerkung hinzugefügt, daß Fastenspeisen allein zu servieren gewisse Kreise in Berlin vielleicht als eine bayerische Wunderlichkeit ansehen könnten. Aber dem Akt der erzbischöflichen Dispenssachen ist anzusehen, daß viele Marschall-, Hof-und Familientafeln, also offizielle Galatafeln, häufig dann auf einen Freitag verlegt worden sind, wenn man der Großartigkeit und Auszeichnung dennoch einen kleinen Schatten überziehen wollte. Man hatte dabei doch noch die Möglichkeit, ein großes Aufhebens zu machen. Man konnte

darauf hinweisen, daß der Erzbischof die Dispens nur ungern gewährt habe, da man ja derzeit besonders streng am Abstinenzgebot hänge. Auch mußte vor dem Tischgebete der Oberstzeremonienmeister in feierlicher Form das Dispensschreiben des Erzbischofs der Tafel vorlesen. Das war ein Akt, der bereits ein eigenes Tableau machte. Der Zeremonienmeister, begleitet von Adjutanten, trat vor die Hoftafel, entfaltete ein Schreiben und las in feierlichem Tone vor:

»Majestäten, höchste und hohe Herrschaften, Exzellenzen! – Der Hochwürdigste Herr Erzbischof von München und Freising übersendet der Königlichen Hoftafel in großer Ehrerbietung dieses väterliche Schreiben: Da in der ganzen katholischen Christenheit heute, an einem Freitage, der Genuß von Fleischspeisen verboten ist, eingedenk des Leidens und Sterbens unseres Herrn und Heilandes Jesus Christus an jenem schrecklichen Karfreitag zu Jerusalem, hat die Königliche Hoftafel für ihr heutiges Festessen durch den Obersthofmeister um die erzbischöfliche Dispens vom Abstinenzgebote höchstgefällig nachgesucht. Seine Exzellenz, der Hochwürdige Herr Erzbischof Ritter von Stein, hat nun kraft seiner Autorität und kraft der ihm vom Papste verliehenen Vollmachten die Königliche Hoftafel für den heutigen Freitag von dem Abstinenzgebote befreit.«

Erst jetzt wurde das Tischgebet gesprochen, und dann begann das Auftragen der Speisen. Trotz der Erzbischöflichen Dispens soll Seine Königliche Hoheit der Prinzregent einmal nur Mehlspeisen gegessen haben.

Anläßlich des Besuches Seiner Majestät des Königs von Spanien tafelte man am Freitag, den 17. November 1905. Der spanische König hatte seine eigene Dienerschaft dabei. Darum heißt es in dem erzbischöflichen Dispensschreiben:

»Desgleichen wird Dispens vom Fleischgenusse am genannten Freitag sowohl für die spanische Dienerschaft als auch für das diensthabende Personal des hiesigen königlichen Hofes hiermit gewährt.« Es gibt eine Menge Dispensgesuche und Dispensgewährungen.

»Anläßlich der silbenen Hochzeit ihrer Königlichen Hoheiten Prinz und Prinzessin Arnulf von Bayern findet am Freitag,

den 12., eine Königliche Familientafel statt. Eure Exzellenzen ersuche ich ganz ergebenst, für die Tafel Fastendispens geneigtest bewilligen und mir gefällige Nachricht hierüber zur Beruhigung des allerhöchsten christkatholischen Gewissens Seiner Königlichen Hoheit des Regenten zukommen lassen zu wollen. Genehmigen Eure Exzellenz zugleich die Versicherung der ausgezeichnetsten Hochachtung und Verehrung, womit ich bin Euer Exzellenz ganz ergebenster Graf Seinsheim.«

Schwieriger wird es, wenn es gilt, anläßlich einer Hoftafel die Dispens zugleich für das ganze Königreich Bayern zu bekommen. Dies war der Fall am 2. Fastensonntag 1911, am 12. März. Seine Königliche Hoheit der Prinzregent feierte an diesem Fastensonntag seinen 90. Geburtstag. Er wollte eine Fastendispens für das ganze Königreich. Aber sowohl der Erzbischof als auch der Generalvikar Neudecker sowie das gesamte Ordinariat sahen sich mit diesem Ansuchen überfordert. Vor allem machte die Dispens von dem kirchlichen Verbote der Mischung von Fisch- und Fleischspeisen Schwierigkeiten. Die Mischung von Fisch- und Fleischspeisen war in der Fastenzeit allgemein untersagt. Der Münchner Erzbischof und Metropolit von Bayern konnte davon nicht dispensieren, vor allem nicht das ganze Königreich. Der Apostolische Stuhl wurde bemüht, und Papst Pius X., der Heilige, willfahrte der Bitte und gewährte allen Bayern zum 90. Geburtstag ihres Regenten die gewünschte Fastendispens.

Vom Ausmaße der Feierlichkeiten dieses 90. Geburtstages haben wir keine Ahnung. Es war ein großes Königlich Bayerisches Geburtstagsfest mit Festtafeln in allen Städten, Märkten und Gemeinden. Mit Festgottesdiensten, Böllerschießen und Prosittrinken auf die Gesundheit des greisen Monarchen.

Tausende von kleinen Mädchen sagten das berühmt gewordene Geburtstagsgedicht offiziell auf.

Heil unserm Prinzregenten!
Laßt von den Häusern wallen
Die Banner weiß und blau,

Und Jubel soll erschallen
In Dorf und Stadt und Gau!
In unserm lieben Bayern
Wird jung und alt nicht müd,
Den Landesherrn zu feiern
Mit hehrem Wort und Lied.
Denn trotz der neunzig Jahre
Auf seiner Lebensfahrt
Hat er im Silberhaare
Sich Jugendkraft bewahrt.

Die letzte der acht Strophen sucht einen Reim auf Luitpold und findet ihn.

Die alte Bayerntreue,
So echt wie lautres Gold,
Wir weihn sie heut aufs neue,
Dir, Vater Luitpold!

Der Prinzregent ließ mehrere tausend Bayern mit den verschiedensten Orden auszeichnen. Und er ließ durch seine Geheimkanzlei, also durch seine Kabinettssekretäre, die bayerische Staatsregierung bitten, daß möglichst alle Bevölkerungsschichten von diesem Ordensregen erfaßt werden sollten:

»Alle Berufs-und Erwerbsstände!«

Dazu die beiden Kammern des Landtags, die Beamtenschaft, die Armee, die Arbeiter, die Vertreter der Kreise und Distrikte und Gemeinden, die Geistlichkeit und Lehrerschaft, ja besonders gleichermaßen, die Künstler und Wissenschaftler, die Eisenbahner und Postler ebenso gleichermaßen! Die Vertreter der Landwirtschaft durften nicht vergessen werden. Auch an etliche Industrielle und Kaufleute solle man denken und natürlich an die verschiedensten Handwerksmeister.

Auch die Dienstboten sollten Orden erhalten und die Medizinalpersonen und die freiwilligen Krankenpfleger. Am Schluß denke man auch noch an die Feuerwehr, an die Vetera-

nen, an die Bayernvereine im Ausland und ganz am Ende an die Rechtsanwälte. Darüber hinaus hat der Prinzregent auch noch eine eigene Medaille prägen lassen, die »Prinzregent-Luitpold-Medaille«. Sie trug mehr den Charakter einer Erinnerungsmedaille, und jeder konnte sie erwerben oder geschenkt bekommen.

Der Papst also dispensierte an diesem Festtage alle Bayern vom Fastengebot! – Welch ein Fest! Der Bierverbrauch schwoll an diesem Tag höher an als an einem heißen Julitag, denn überall trank man auf die Gesundheit des rüstigen Neunzigjährigen, in Schwaben und in Unterfranken, in Niederbayern und in der Oberpfalz, in Mittelfranken und in Oberfranken, in Oberbayern und in der Rheinpfalz, im gesamten Königreich Bayern rechts und links des Rheines.

Fastendispense wurden auch in der Presse veröffentlicht. Ohne Fasten- und Abstinenzgebote gibt es natürlich keine Dispens von diesen Geboten. Um die Königlich Bayerischen Hofzeremonien wieder ordentlich einführen zu können, müßte die Kirche erst wieder strenge Fastengebote einführen. Welch eine Einflußmöglichkeit der Bischöfe auf die Politik! Da könnte es dann eines Tages in einem erneuerten bayerischen Königreich zu dieser aufregenden Kontroverse kommen:

Seine Eminenz, der Hochwürdigste Herr Kardinal und Erzbischof von München und Freising, Metropolit von Bayern, hat das Gesuch des Obersthofmarschalls um Dispens vom Abstinenzgebot für die Königliche Hoftafel, anläßlich des Besuches des zweiten Sekretärs des Zentralkomitees der Kommunistischen Partei Chinas, am Freitag der kommenden Woche abgelehnt. Der Oberzeremonienmeister Graf Fürstenfeld zeigt sich darüber sehr bestürzt und – da eine Verschiebung der Galatafel zu Ehren des chinesischen Staatsmannes und Politikers nicht mehr möglich sein wird – erschreckt von den dann zu servierenden Fastenspeisen. Wenngleich man Chiemseerenken, Donauwaller, oberfränkische Karpfen, einen Hecht aus dem Lech und Forellen aus einem niederbayerischen Bauernbächlein anbieten wird, werden doch die obligaten bayerischen Mehl-und Fastenspeisen dem Gast aus China

womöglich sehr fremd sein. Man denke zwar an die Lieblings-speise Seiner Majestät, Dampfnudeln mit Zwetschgenbrühe, jedoch sehe man sich wegen der wieder einmal völlig uner-warteten Härte des Kardinal außerstande, Kronenfleisch mit Kren, Tafelspitz, Schweinebraten mit Knödel und ähnliches auftragen zu können. Ja, man werde den hohen Gast an der Königlichen Ehrentafel nicht einmal Königlich Bayerische Weißwürste versuchen lassen können.

Der Obersthofmarschall überlegt bereits, ob man die Kö-nigliche Hoftafel an diesem Freitage nicht im Schloß zu Neuschwanstein abhalten könne, da Seine Exzellenz, der Hochwürdigste Herr Bischof von Augsburg, wie Weihbischof Schmidt mitteilte, der Königlichen Hoftafel auf dem Schlosse Ludwigs II. sehr wohl und von Herzen gern die notwendige Dispens vom Abstinenzgebote geben würde.

Nach längeren Hin- und Herverhandlungen zwischen dem Oberhofmarschallamt und dem Erzbischöflichen Ordinariate kam es dann doch zu einer Einigung. Der Kardinal dispensier-te zum Teil und genehmigte eine Fleischspeise. Der Zeremo-nienmeister ist mit dieser Lösung, wie er gestern dem König-lich Bayerischen Fernsehen in einem Interview mitteilte, gar nicht glücklich. Er verlangte zumindest noch die Zulassung der Weißwürste. Der Kardinal erklärte in einem energischen Statement, daß die Abstinenz- und Fastengebote nun im Zuge der vierten nachkonziliaren Epoche mit aller Feste und Ener-gie gehalten werden müssen. Der wahre Christ zeigte sich dar-in, daß er am Freitag kein Fleisch esse, erklärte der Kardinal in strenger Unerbittlichkeit. Auch Könige und Kommunisten aus China seien von diesem Gebote nicht zu dispensieren. In der großen Roundtable-Diskussion »Europa und die Welt« wird sich das Königlich Bayerische Fernsehen morgen mit dem Streit um die Dispens von dem Abstinenzgebote für die Kö-nigliche Hoftafel befassen. Unter den Gesprächspartnern wer-den wir den Königlichen Oberzeremonienmeister Graf Für-stenfeld und Seine Eminenz, den Hochwürdigsten Kardinal, erleben können. Ferner wirken mit die Dekane der theologi-schen, medizinischen, philosophischen und tierärztlichen Fa-

kultäten und, für die Gewerkschaften, der Vorsitzende der Königlichen Gewerkschaft ÖTV, Seine Exzellenz der Graf von Dachau. Der Königlich Bayerische Außenminister wird ein Schlußwort sprechen.

Man glaube nicht, das sei ein bedeutungsloses Thema! Dispense sind es wert, so ernst genommen zu werden wie Staatsbesuche und Paraden. Und wer sich nicht an das Fastengebot hält, stirbt früher.

»Rom, den 18. April 1913. Euer Exzellenz, hochgeborener Herr Graf! – Auf Euerer Exzellenz höchstgefällige Anfrage, deren Beantwortung sich zu meinem lebhaften Bedauern durch das Nachsenden nach Rom um zwei Tage verzögert, beehre ich mich ergebenst zu erwidern, daß für die Teilnahme an den während des Allerhöchsten Aufenthaltes in der Pfalz in Aussicht genommenen Tafeln sowie für das Dienstpersonal von dem Abstinenzgebot, das an den Quatembertagen die Mischung von Fleisch- und Fischspeisen verbietet, für den Umkreis meiner Diözese dispensiert ist.

Indem ich die Versicherung ausgezeichnetster Hochachtung wiederhole, habe ich die Ehre zu geharren Euerer Exzellenz ganz ergebenster Michael von Faulhaber, Bischof von Speyer. An die Adresse des hochgeborenen Herrn Grafen von Seinsheim, Obersthofmeister Seiner Majestät des Königs von Bayern.«

In der königlich-bayerischen Zeit war die Zeremonie der Königlich-bayerischen Fußwaschung die aufregendste Zeremonie der ganzen Karwoche. Seine Majestät haben sie allerhöchsteigenhändig vorgenommen an zwölf armen Greisen, ausgewählt vom Hofmarschallamt aus allen Regierungsbezirken Bayerns und vorgenommen von Seiner Majestät am Gründonnerstag. Die zwölf würdigen Apostel-Fußwascher-Großväter wurden in St. Peter in wallende rote Gewänder gekleidet und von zwölf ausgesuchten Mädchen, die ebenfalls neu eingekleidet wurden, geführt. Und zwar nach dem Amt durch die Diener- und Residenzstraße in den Hartschiersaal, dort gab es ein königliches Frühstück. Anschließend ging der Zug – wieder unter Vorantritt der Königlichen Hartschiere –

in den Herkulessaal, wo vor einem aufgebauten Altar auf zwölf Podesten zwölf prächtige Stühle standen. Auf ihnen nahmen die Opas Platz, und die Mädchen entblößten ihnen die zwölf rechten Füße. Dann wurde das Evangelium gesungen. Hernach goß Seine Majestät über die zwölf rechten Füße der Greise etwas warmes Wasser. Der Kronprinz wischte mit einem Handtuch darüber, und dann kam die Hauptsache. Der König nahm von dem goldenen Tablett, das der Finanzminister ihm jeweils hinhielt, zwölfmal einen neuen Lederbeutel mit je zwanzig Zweimarkstücken herunter und hing einen davon dem Greis um den Hals. – Auch die zwölf Mädchen bekamen je eine solche Börse. – Das diplomatische Corps war anwesend und der ganze Hof. Und auch das Publikum durfte in den Saal – gleichmäßig ruhig durch die Hartschier-Kordons passierend.

Auch schon in der Dienerstraße standen zahlreiche Neugierige. 1918 wurde die Fußwaschung zum letzten Mal vorgenommen. 1919 peitschten am Gründonnerstag Kugeln durch München. Eben am 14. April war von der Roten Armee der Sieg von Dachau errungen worden. – Trotzdem fanden sich – der uralten angeborenen Zeremonienfreudigkeit folgend – etliche hundert Personen ein und warteten auf die zwölf Greise und die zwölf Mädchen. Und ein gewisser Huber Martl, ein alter Münchner Bräuknecht, verlangte die Fußwaschung von den die Wartenden vertreibenden Gendarmen. Mit den Worten: »Vorigs Jahr hat mas der Hofmarschall versprocha, daß i heuer drankimm!«

Der Bayern Herz seufzt nach einem schönen König, nach der Festlichkeit königlicher Zeremonien, nach dem Symbol der Krone, des Reichsschwertes und des so milden Szepters! Gott sei Dank gab es noch Völkersymbole im 20. Jahrhundert, Hammer und Sichel, die sehr in Ehren gehalten wurden. Wenn sie mittlerweile wieder verschwunden sind, bleibt allein der Dollar. Oder der Euro?

Pater Floridus und das Fastenopfer

Das ist ein Trost für uns alle, daß auch ein heiligmäßiger Mensch ein kleines Laster haben kann. Ich erinnere nur an den Heiligsprechungsprozeß des seligen Bischofs Wittmann von Regensburg, der seinerzeit nicht weiterkam, weil der *advocatus diaboli,* der Anwalt des Teufels, sich bei so einem Prozeß mit Emsigkeit bemüht, Schwächen und Fehler des Kandidaten aufzutischen. Er hatte herausgefunden, daß der gottseilge Bischof Wittmann jeden Samstag im Kathrinenspital eine Maß Bier getrunken hatte – wofür die Italiener kein Verständnis zeigten. Dabei mag es in Italien gewiß Heilige geben, die mehr als einen Liter Wein pro Woche genossen haben.

Die Enthaltsamkeit ist eine relative Tugend.

Pater Floridus, ein fröhlicher Kapuziner an einem altbayerischen Wallfahrtsort und ein gesuchter und milder Beichtvater dazu, hatte ebenfalls einen schwachen Punkt, obwohl er sonst wirklich ein kleiner Heiliger war. Als gebürtiger Waitler schätzte er keinen irdischen Genuß höher als den Schnupftabak. Im Schnupfen hatte er dabei eine solche Übung und Behendigkeit entwickelt, daß die Handhabung der Tabatiere, die er im linken Ärmel seiner Kutte mit der Rechten stets griffbereit hielt, und die Kunst des Prisennehmens mit zwei Fingern bei ihm zu einer sauberen und vollkommenen Geste wurde. Kaum hatte er geschnupft, waren seine Hände schon wieder in den Ärmeln seiner Kutte verschwunden und er hatte die liebenswürdige, mönchisch demütige Haltung.

Ich hab' bei ihm einmal ministriert. Er hat sogar während der heiligen Messe geschnupft. Ein bißchen nur und sehr geschwind. Und er hat sich darob sicher auch einen Vorwurf gemacht. – Bei der Landbevölkerung war er überaus beliebt,

besonders als Beichtvater haben ihn die alten Bauern gepriesen. Sein Beichtstuhl stand ganz hinten, gleich neben der Eingangstür. Und wenn man seinen Beichtstuhl betrat und anfing »Meine letzte Beichte war ...« – da öffnete er das vergitterte Sündenfensterl, streckte einem die Schnupftabakdose entgegen und sagte: »Da nehmas a Pris! – Schnupf mar amal, nachand pack ma's!« –

In der Fastenzeit will der Mensch ein Opfer bringen. Man muß sich ja nicht gleich ganz abtöten, aber ein kleines Opfer ist schließlich auch schon für den Leib eine Wohltat. Und noch dazu, wenn man ein Kapuziner ist.

Unser Pater Floridus hatte sich also vorgenommen, daß er von Aschermittwoch bis zum Karsamstag abends nach der Auferstehung keine einzige Prise schnupfen will. Er sperrte seine Tabatiere in den Schrank und versteckte den Schlüssel dazu. Die ersten Tage kam es ihn hart an, aber er war noch fröhlich, denn wer da fastet, heißt es, der soll ein besonders fröhliches Gesicht zeigen. Die zweite Woche begann er schon ernster zu werden, die dritte war er manchmal schon so grantig, daß er sich sagte: »P. Floridus, vielleicht ist es dem lieben Gott lieber, du schnupfst einmal, als daß du eine so mißmutige Stimmung verbreitest!« Aber er widerstand noch.

In den kommenden Tagen passierte es dann. Er holte den Schlüssel, sperrte den Schrank auf und nahm eine Prise – eine kleine nur, aber schwach geworden ist halt schwach geworden. – Daß so etwas sich nicht wiederholte, kam er in dem folgenden Jahr auf die Idee, die Tabatiere nicht mehr in seinem Schrank aufzubewahren, sondern dieselbe im Klostergarten zu vergraben.

So hielt er es nun alle Jahre seines Lebens: Am Aschermittwoch in der Früh begrub er mit seiner Schnupftabakdose jedes Jahr seinen alten Menschen und am Karsamstag nach der feierlichen Auferstehung des Herrn schaufelte er sie frohlockend in österlicher Freude wieder aus.

Im Lauf der Jahre haben das seine Mitbrüder erfahren. Sie haben gelächelt und an dem Tun des Pater Floridus ihre Freude gehabt. Schon im dritten Jahre seiner felsenfesten Abstinenz

haben sie ihn in einer lustigen Prozession in den Klostergarten hinaus mit geschultertem Spaten begleitet, haben am Aschermittwoch alle miteinander noch eine Prise genommen und den Schmai dann begraben. *Requiescat in ieiunio!*

Aber am Karsamstag, nach der Auferstehung, bei hereinfallender Osternacht, da haben sie eine fröhliche Resurrektions-Prise genommen und waren lustig. – So wurde aus der Prise Schnupftabak ein *risus paschalis*, ein Ostergelächter. – Machen Sie's nach mit den Zigaretten! – »Es ist grad ums Vornehmen zu tun. Bittschön, da nehmas a Pris, nachand pack ma's!«

Der Palmesel

Hosanna filio David: Benedictus qui venit in nomine Domini!
– Dein König kommt – *sedens super asinam* – Er sitzt auf
einem Esel!

Am Palmsonntag können viele Leut ihren Namenstag feiern, ganz gleich, ob ihr Namensheiliger auf den Tag fällt oder
nicht. Man braucht nur als letzter der Familie das Bett zu verlassen, schon ist man der Palmesel. Verspottet wird man dabei.
Aber eine Schande ist es nicht, denn der Palmesel darf auch
den Palmbaum oder – buschen tragen, und das ist eine Ehre.

Wie der Pontius Pilatus ins *Credo* gekommen – unverdient
und unverhofft – so ist auch der Esel in der Heilsgeschichte zu
großen Ehren aufgestiegen. Kein Oldenburger, kein Rottaler
Kutschpferd, kein Haflinger und kein Holledauer Schimmel
ist dazu ausersehen worden, nur der dumme Esel. – Zu Weihnachten hat er schon an der Krippe stehen dürfen und am
Palmsonntag, da konnte er gar den Heiland auf seinem
Rücken tragen, wie er feierlich in Jerusalem eingezogen ist,
umjubelt von dem Hosiannageschrei der Kinder Israels, der
Pueri Hebraeorum. –

Nur keinen Neid aufkommen lassen, ihr stolzen Rösser!
Des Esels Name ist ja doch ein Schimpf- und Spottname geblieben die Jahrhunderte über. Aber am Palmsonntag darf er
mitagieren.

In vielen Diözesen Europas ist es früher der Brauch gewesen, daß bei der Palmprozession ein Palmesel mitgeführt worden ist. Jahrhunderte über ist das sogar ein lebender Esel gewesen. Der Brauch ist nicht in Bayern erfunden worden –
wahrscheinlich in Italien –, wenngleich er sich bei uns lange
gehalten hat. Er ist schon in frühchristlicher Zeit bezeugt, in

Jerusalem um das Jahr 400 und in Augsburg um 890. Damals ritt der Bischof auf dem Esel in seine Kathedrale ein. Aber wie es halt mit den Eseln so ist: Auf einmal werden sie bockig und setzkopfig, tun keinen Schritt mehr, ja benehmen sich sogar ungeziemend. O du störrisches »Roß Gottes«! Das war der neue Spitzname für den ohnehin schon dummen Esel. – »Roß Gottes«, ein Spottname und doch voller Ehren. Die Folgen blieben nicht aus. Schon im hohen Mittelalter wurde der echte Esel durch einen geschnitzten ersetzt.

So ein Schnitzesel wird von den Ministranten auf einem Rädergestell herumgezogen. Auch der heilige Reiter, der Heiland auf dem hölzernen Eslein, ist nun eine holzgeschnitzte Figur. In der Säkularisation hat die aufgeklärte Geistlichkeit den Brauch verboten. Man hat sich dabei auf Auswüchse berufen, wie z.B. in Landshut, wo der Mesner von St. Martin mit seinem schönen Palmeselein ein jedes Wirtshaus heimgesucht hat, begleitet von durstigen, übermütigen Ministranten. Manchmal gar von einem Kaplan! Daß sie dabei nicht selten einen »Fetzenrausch« zusammengebracht haben, läßt sich denken.

Heut gibt es nur noch wenige Pfarreien, wo sie einen Palmesel haben. – So in Kösslarn im Rottal. 1913 wäre der Kösslarner Palmesel beinahe zum Absterben verurteilt worden. Einmal war das Fahrgestell kaputt und zum anderen hatte sich der lateinische Text, den die Ministranten bei ihrem Umzug vor jedem Hause aufsagen, im Laufe der Generationen bis zur Unkenntlichkeit verändert, so daß dem damaligen Pfarrer nicht mehr viel an dem Brauch gelegen war. Statt *Pueri Hebraeorum portantes ramos olivarum* – die Kinder der Hebräer trugen Ölzweige in den Händen und zogen dem Herrn entgegen, sagten sie: »Orare priorum sanctus rampus doliver.«

Trotzdem aber hingen diese Ministranten so sehr an ihrem Palmeselumzug, daß sie den Pfarrer immer wieder bestürmten und ihm einfach keine Ruhe ließen. Ihre Ausdauer war schließlich erfolgreich. Der Palmesel wurde renoviert, das Fahrgestell erneuert und der Text der Palmsonntag-Antiphon neu einstudiert. Ja, der Pfarrer, der sehr musikalisch war, war

nun selber begeistert bei der Sache und schrieb den Ministranten sogar eine eigene Choralmelodie auf ihren Palmsonntagsvers. Lange zogen die Kösslarner Buben singend von Haus zu Haus. Heute ist diese Melodie wieder vergessen und die Ministranten rasseln wieder den lateinischen Vers herunter, daß es eine Freude ist: »Pueri Hebraeorum portantes ramos olivarum obviaverunt Domino ...«

Der Kösslarner Oberstudiendirektor Robert Erbertseder dichtete: »Er ziehet um das Gotteshaus und zieht ein lichter Reiter, geschmückt mit einem Frühlingsstrauß, auch in den hellen Markt hinaus und zu den Höfen weiter.«

Diese Antiphon *Pueri Hebraeorum* bei der Palmprozession wird, auch nördlich der Alpen, bereits seit tausend Jahren gesungen. Nachweislich zum Beispiel um das Jahr 1100 in Bambergs Kirchen. Das konnte Dr. Otto Meyer, Professor für Mittelalterliche Geschichte und Landesgeschichte an der Universität Würzburg, durch die unermüdlichen Erforschungen uralter Handschriften in alten Einbanddeckeln feststellen. Speziell hat Otto Meyer die Palmprozession vom Michelsberg nach St. Getreu erforscht.

Er vergleicht seine Prozessionsschilderungen des Priorates auf dem Michelsberg mit dem *Pontificale* des heiligen Otto, »das zwar der gleichen Zeit, aber römischen Ordnungen folgt.« Die Orationen, Psalmen und Lesungen im lateinischen Messale sind also viel älter und ehrwürdiger als die Liturgiereformer angenommen haben.

Die Orationen der Palmenweihe hätten ursprünglich stärkere Exorzismen aufgewiesen, findet Otto Meyer. Und er nennt alle die Antiphone und Orationen, die wir am Palmsonntag seit dem Konzil von Trient nicht mehr zu hören bekommen, wie das *Fulgentibus Palmis* – mit Palmen taten sie sich hervor. Aber das *Turba multum* könne man heute noch im Messale lesen: »Eine große Menge, die zum Feste gekommen war, jubelte dem Herrn engegen – Turba multa, quae convenerat ad festum clamabat Domino.«

Otto Meyer zählt nun die Gesänge und Antiphonen der Palmprozession alle auf, die er im Otto-Pontificale bezie-

hungsweise in seinem neuen Fund »die mittelalterliche Palmprozession vom Priorat Michelsberg nach St. Getreu« ausfindig machen konnte: Das *ante sex dies* und das *cum audisset populus – Procedamus in pace* – laßt uns ziehen im Frieden!

Meyer hat auf dem alten Blatt auch noch den alten Hymnus *Gloria, laus et honor* entziffern können und nennt auch den Namen des Dichters: Es ist ein Hymnus des Theodulf von Orleans aus dem 9. Jahrhundert.

Unsere Palmprozession hat sich im Gottesacker rund um die Kirche gezogen. Das war ein die Seelen erhebendes Bild: Ein wogender Wald von geschulterten Palmbäumen und Palmbuschen zog hinter dem Pfarrer und uns Ministranten um das Gotteshaus. An der hinteren Kirchentüre angekommen, schlüpften Mesner und Chorregent geschwind hinein und der Pfarrer stand vor der geschlossenen Kirchentür. Der das Kreuz vortragende Oberministrant gab dem Herrn Pfarrer dieses Kreuz. Und der stieß mit dem Kreuzschaft dreimal gegen die verschlossene Tür. »Gloria, laus et honor tibi sit, Rex Christe Redemptor«, wird dazu gesungen.

Nach dem dritten Schlag öffnete sich die Kirchentür. »Christus öffnet den Himmel für die Gerechten.« ... Der Herr Pfarrer und wir Ministranten ziehen als erste ein. »Ingrediente Domino in sanctam civitatem, Hebraeorum pueri – der Herr ist in die Stadt eingezogen, und die Kinder der Hebräer verkünden die Auferstehung des Lebens an – cum ramis palmarum – mit Palmzweigen in den Händen ...« Es folgte die Palmsonntagsmesse. Die Ministranten zogen dann mit dem Palmesel von Haus zu Haus. In Bamberg ist die Zeremonie vor der verschlossenen Tür erst im 12. Jahrhundert bezeugt, sagt der Professor. Die Palmprozession dafür schon zur Zeit Kaisers Heinrichs des Heiligen.

Wenn sie nicht so wichtig wären, die geweihten Palmzweige, hätte man mit dem festlichen Brauch der *Pueri Hebraeorum*, zweitausend Jahre bald, kein solches Aufhebens gemacht.

Palmzweige sind Segenszweige und deuten die Auferstehung. Doch folgt erst das bittere Leiden der Karwoche. Jesus

sagte zu seinen Jüngern: »Geht in die Stadt zu einem gewissen Manne und sagt ihm: Der Meister läßt sagen: Meine Zeit ist nahe – *Tempus meum prope est* – bei dir will ich mit meinen Jüngern das Osterlamm essen.« – Am Palmsonntag wird die Passion nach Matthäus gelesen.

Ohne Blut kein Fleisch

Sie essen Steaks und Schweinsbraten, Rahmgoulasch mit hausgemachten Spätzle, Nierenbraten und Kälbernes mit guten Saucen, finden aber das unblutige Opfermahl, das Jesus am Gründonnertag beim letzten Abendmahl eingesetzt hat, »unappetitlich«. Auch in der Erinnerung sagt zum Beispiel Prof. Dr. Winfried Blasig in seinem neuesten Buch »Abendmahl im Jahre 2000«: Dies Blutwort sei eine Manipulation »angesichts des Ekels vor dem Blutgenuß im Judentum«. Auch andere Religionswissenschaftler meinen, daß nichts Kannibalisches mehr in uns, trotz der kriegerischen Grausamkeiten, lebendig ist. In einem eigenen »Ödipuskapitel« erklärt Blasig mit Eugen Drewermann, warum der Sohn Gottes auch sterben muß: »Wenn die Ehre des Vaters wieder hergestellt werden soll.«

Wäre man doch beim Lateinischen geblieben und hätte die Wandlungsworte der Priester (mit dem Rücken zum Volk am Hochaltar) geschwind und leise gesprochen! »Also hätte schnell aufgewandelt«, dann hätte es diese Diskussion um den Opfertod des Herrn – unblutigerweise erneuert – niemals gegeben. Die langsamen und überandächtigen Zelebranten am Volksaltar haben die Zweifel erst aufkommen lassen beim: »Nehmet und trinket daraus: Das ist der Kelch des Neuen und Ewigen Bundes, mein Blut, das für euch und für alle vergossen wird zur Vergebung der Sünden. Tut dies zu meinem Gedächtnis.«

Noch lauter und eindringlicher sprechen die hochwürdigen Herren Zelebranten diese doch geheimnisvollen Worte bei der »Konzelebration«. Geheimnisse sollen aber geheimnisvoll gesprochen, besser geflüstert werden. Und eher in der gebückten Verborgenheit zum Hochaltar hin. Sichtbar und verborgen mystisch zugleich! Geschwind und lateinisch.

Durch das Schott-Meßbuch kennen diese Worte die Gläubigen ohnehin. »Hic est enim calix sanguinis mei, novi et aeterni testamenti: mysterium fidei: qui pro vobis et pro multis effundetur in remissionem peccatorum.«

Und die vorausgegangene Hostie – und *postquam* jetzt den Kelch – zwar hoch hinaufheben, aber ja nicht zu lange. Die Ministranten sollen lieber öfter und kräftiger klingeln und das barocke Meßgewand bei dem häufigen Kniebeugen fein aufheben, der Mesner möge die Turmglocken lauthin schallen lassen. Wenn ein großer Festtag ist, dazu gar die Salutkanone feuern. Bei den früheren Militärgottesdiensten – auch bei jenen der Veteranen – haben dabei nicht nur die Fahnen um den Altar sich gesenkt, es haben die vor den Stühlen stehenden Trommler auch noch den Reverenztriller getrommelt. Da haben alle Gläubigen das Kreuz geschlagen und dazu kräftig an ihre Brust geklopft. Und die Offiziere haben ihre Degen gezogen.

O mein, so eine Aufwandlung ist ergreifend und schön gewesen. Ein jeder hat gewußt: Der Herr ist jetzt wieder gekreuzigt worden, in der Hostie und im Weinkelch. Pst! Ein »frisches« Allerheiligstes ist abermals auf dem Altar. Nicht nur im Tabernakel. – Bei noblen heiligen Beimessen gleichzeitig auf den Seitenaltären.

Aber zum Abspeisen ist man nicht gegangen. Die Ehrfurcht war zu groß gewesen, meine hochwürdigsten Herrn Konzilsväter. Viel zu groß! Wir haben früher einen Unterschied gemacht zwischen dem »höchsten Gut« und der alltäglich-gewöhnlichen Speise. *Mors est malis, vita bonis* – Bösen wird er Tod und Hölle, Guten ihres Lebens Quelle. Wir haben vor dem Konzil den Herrn halt »geistig« oder »geistlich« empfangen.

Die Zeiten kehren nicht wieder. Jetzt plagen uns mit den Massenkommunionen beim schlichten »Erinnerungsmahl« die vielen Zweifel. Und die psychologischen Exegeten wollen genau wissen, wie es wirklich zugegangen ist beim »Letzten Abendmahle«. Historisch! Christologisch! Der Brauchtumskatholik« zweifelt nicht. Er glaubt.

Als Münchner fragt man sich selbstverständlich: Wäre der Herr ein Bayer gewesen, hätte er womöglich den Aposteln Bier

statt Wein vorgesetzt. Zu Jesu Zeiten haben sie in Palästina tatsächlich mehr Bier als Wein getrunken, hat ein englischer Archäologe durch Auffindung von Malzgefäßen und Malzresten zu beweisen versucht.

Der bekannte Münchner Maler Ruppert Stöckl hat einen sehr schönen Abendmahl-Jesus gemalt. Einen ergreifend schönen sogar. Im Hintergrund unser Gebirg und ein weißer Himmel. Und dieser Jesus serviert schäumende, gläserne Maßkrüge, Semmeln und Weißwürst! Allerdings steht auch ein goldener Meßkelch davor.

Ecce panis Angelorum factus cibus viatorum – seht das Engelsbrot, geworden zur Speise auf unserer Pilgerreise ...

Allerweil die Philologen!

»Dies ist mein Leib – dies wird mein Leib – dies bedeutet meinen Leib«. Einstweilen darf man die Copula *esse* (sein) verschieden übersetzen. *Hoc est enim corpus meum.* Man könnte est auch weglassen.

»Sein tuats was!« Möchte man da mit der alten Wetzlin ausrufen. Schon auf dem Konzil gegen die Arianer – 325 in Nicaea – haben die Gelehrten »über fast nichts« gestritten, hat der das Konzil anordnende Kaiser Konstantin zu seinem Sekretär und Biographen Eusebius gesagt. Denn der Sohn sei Mensch geworden und hat in Maria als Menschensohn seinen Anfang genommen. Als zweite Person des Dreieinigen Gottes war und ist er selbstverständlich zeitlos ewig – *per omnia saecula saeculorum.*

So haben es die Arianer auch gemeint, sind dann durch den diskutierfreudigen jungen Anastasius, den Sekretär des Bischofs von Alexandrien, in eine Ketzerecke getrieben worden, als ob sie die Unendlichkeit auch der zweiten Person der Dreieinigkeit bestritten hätten, zumindest »gewissemaßen anfechten« würden. Die übertriebenen, dialektischen Disputationen der gelehrten Theologen haben die Arianer dazu getrieben, mehr als ursprünglich beabsichtigt zwischen Gottmensch und Gottperson zu unterscheiden. Dispute bringen die Leut' nicht zusammen, sie machen sie radikaler.

Nicht anders war's in Konstantinopel und Chalcedon, ja auf allen Konzilien. Die Gelehrten haben »gerungen«. Und

»dem heiligen Geist hat es gefallen«, diese und nicht jene Definition als neues Dogma felsenfest, also »petrinisch« in der Lehre der katholischen Kirche zu verankern. Es sei die Wahrheit.

Glauben muß es dann immer der gesunde Menschenverstand der einfachen Masse der Gläubigen. So war es im Zeitalter Papst Gregor VII., als es um Vor-und Alleinherrschaft des Papstes gegangen ist – und auch um Simonie und Zölibat. So war es in den Glaubenskriegen der Reformation und so ist es möglicherweise auch mit »der Verlebendigung und dem Lebendigmachen« der gelehrten Geheimnisse der reformierten Liturgie in der Muttersprache. Dabei rangeln im Hintergrund die Inhaber der Macht nach mehr Besitz und weltlichem Einfluß. *In realibus magnus, in spiritualibus nullus!*

»Domine, tu lavas mihi pedes? – Herr, du wäschst mir die Füße?« Der Herr wäscht auch dem Judas die Füße. In den Kathedralen wäscht heut noch der Bischof zwölf alten Herrn die Füße. Manchenorts sollen unter den Zwölfen sich auch schon Damen befinden! Indem die Progressisten meinen, unter den Aposteln wären auch »Apostelinnen« gewesen! – Judas, der Erzschelm, war gottlob ein Mannsbild. Jesus hat auch ihm die Füße gewaschen, obwohl er gewußt hat, daß er ihn verraten werde. »Hat er es doch nicht gewußt?« fragen heutige Christologen.

Und das ist merkwürdig: Jesus hat den Judas auch noch »abgespeist«. Obwohl er gewußt hat, daß er ihn um 30 Silberlinge verraten würde. Um dreißig Silberlinge? Damals viel Geld. Unter Christen darf seitdem keine Ware dreißig Mark, 30 Schilling, 30 Pfund oder Dollar kosten.

Um dreißigtausend oder dreißig Millionen gibt es auch nichts.

Da war einmal ein schwedischer Feldherr in einem bayerischen Kloster im Einlager gelegen. Bei der Tafel hat er dem Abt voll Übermut ein Rätsel aufgegeben. Könne es der gnädige Herr lösen, würde er morgen mit seinen Truppen abziehen. Wo nicht, »nehme ich den ganzen Konvent mit und verlange für jeden Mönch dreißig Silberlinge Lösegeld, zahlbar in

rheinischen Gulden oder Golddukaten.« Das Rätsel lautete:
»Abt, nennt mir die Summe, die ich, ein tapferer und glücklicher Feldherr, Euerem Kurfürsten wert wäre! Nennt sie
mir binnen vierundzwanzig Stunden oder es ergeht Ihnen
schlecht.«

Der Vater Abt denkt nicht lange nach, sondern sagt frisch
heraus: »Neunundzwanzig Silberlinge, gestrenger Herr Feld-
hauptmann, seid ihr wert. Denn für unseren Heiland haben
die hohen Priester dreißig bezahlt. Ihr wollt doch um einen
weniger wert sein!«

Die Antwort hat den Kommandanten beeindruckt. Er ließ
gleich zum Aufbruch blasen und marschierte ohne Geiselnah-
me ab.

Kein Knecht hat einen Jahreslohn von 30 Mark genommen,
kein Advokat oder Arzt ein Honorar von dreißig Scudi oder
Thalern. Ein Doktor in Zürich, der einmal genau dreißig Franken verlangt hätte, sei nach dreißig Tagen an derselben Krankheit verstorben wie sein Patient.

Die Sitzungsgelder für Bezirkstagsabgeordnete wurden einmal auf genau 30 Mark festgelegt. Die geheimen Absprachen
standen den nächsten Tag in der Zeitung. Die Redaktionen
haben ihre Kanäle.

Judas Ischariot treibt sich gern herum in den politischen
Ausschüssen. Sogar in den Ministerratssitzungen! Er kennt die
Diskont- und die Zinserhöhungen, den Goldpreis und die
Börsenkurse im Voraus. Er läßt sich die Füße waschen und
reibt sich selber die Hände. *Manus manum lavat.* Eine Hand
wäscht die andere. Judas ist der Patron der Geheimdienste und
vieler tausend Banken und Versicherungen. Selbstverständlich
protegiert er auch die »ehrlich-freien« Massenmedien. Übrigens hat sich Judas – trotz seines Geldes – das Leben genommen. Er hat sich selbst erhängt. Eine Hoffnung? Nicht nur das
Geld regiert die Welt.

So könnte man weiterpredigen, wie weiland in Wien Abraham a Sancta Clara über Judas, den Erzschelm, gepredigt hat.
Gott sei Dank ist der Gründonnerstag nicht nur dem Judas-
kuß gewidmet.

Der Gründonnerstag macht uns unendlich traurig. Jesus hat nach dem Abendmahl auf dem Ölberg Blut geschwitzt. Mit der Verlassenheit und der Todesangst Christi fangen die Leiden des Herrn an. »Meine Seele ist betrübt bis in den Tod.« Gehört die Todesangst doch vor allem zu den »Urängsten.«

Die Psychologen und Psychotherapeuten beschäftigen sich viel mit den »Urängsten der Menscheit«. Doch diese Angst hat ein jeder. Sie gehört zum Leben wie das Sterben.

Zu Beginn dieses rumorenden 20. Jahrhundert haben die Katholiken jeden Donnerstagnachmittag noch das »Todesangst Christi-Läuten« gekannt. Auf daß ein jeder an seine eigene »Todesangst« denke und sie mit dem Leiden des Herrn vereine. Wahrscheinlich hat das mehr geholfen als eine Therapie gegen die Urängste im Menschen. Diese Urängste heißen: Erstens Alimentationsangst (die Angst vor dem Verhungern. Oder daß einem das Geld ausgeht – durch Inflation und Steuererhöhungen etc.) Dann zweitens die Aggressionsangst, Angst vor der Gewalttätigkeit der Mitmenschen und mehr noch vor der eigenen Zornigkeit. (Also weg mit dem Messer und keine Waffe im Haus!) Es folgt drittens die Disgregationsangst: Angst vor dem Ausgestoßensein aus der Gemeinschaft). Letzlich dann die Todesangst persönlich. (Ich weiß nicht wann und nicht wo und nicht wie!)

Jeder hat seine eigene Angst. Angst vor dem Krebs, Angst vor einem Nebenbuhler, Angst vor der Treuelosigkeit, Angst vor dem Finanzamt, Angst vor dem Altersheim. Darum: Seid lustig, Leut, die Traurigen müssen auch sterben!

Gegen alle Existenzängste helfen weder die soziale Gesellschaft mit einer gesunden Wirtschaft noch die versprochene Vollbeschäftigung. Nicht einmal zusammengeraffte oder geerbte – beziehungsweise erheiratete – Millionen helfen.

Ich kannte einen an seiner Sparsamkeit zugrundegehenden Millionär. Er hat seinen Geiz maßlos übertrieben und schließlich seine Wohnung aufgegeben, ist unter die Obdachlosen gekommen, hat kaum gegessen und getrunken. Mangels eines Erben fielen seine vier Hausstöcke an die Stadt.

Gegen alle diese Ängste helfen – so haben unsere Vorfahren geglaubt – Ölberg-und Kreuzwegandachten, Rosenkranzgebete; helfen Arbeit und eine schwermütige Musik. Bei den leichteren Fällen – und schön langsam – können dann sogar fröhliche Weisen dich wieder gesünder und lustiger stimmen.

O mein! Sein tuats was! Es is ja grad, daß die Zeit vergeht! Das sind wahre Gründonnerstags-Seufzer.

Die beste Musik, die einem viele Ängste nehmen kann, das wäre eine schöne Kirchenmusik, das wären Mozart- und Haydnmessen. Sie waren es einmal gewesen in unseren katholischen Kirchen. In jeder Bauernpfarrei hatten sie Sängerinnen und Sänger, Geiger und Bläser. Bis in die sechziger Jahre!

Mit der Aufgabe des Lateinischen sind sogar die Choralämter verschwunden. Es wurden die »Deutschen Gemeinschaftsmessen« Brauch. Schon in den fünfziger Jahren, da die Gemeinschaft im Schwinden war.

Warum der »Speispfinstag« auch der Gründonnerstag heißt? Weil die Meßgewänder schon vor 1000 Jahren grün gewesen sind. Darum müsse der Mensch am Gründonnerstag etwas Grünes essen: Feldsalat oder Brunnenkresse. Aber auch einen bitterscharfen Kren, einen Meerettich, weil der Kren einen an das bittere Leiden erinnern kann. Wenigstens der Gusto soll sich an das Blutschwitzen und an die Todesangst erinnern können.

Die Traurigkeit der Karwoche verspürt ein jedes Gemüt: Lust's auf, ihr Gesunden, die ihr in der Kraft der Jugend strotzet: Morgen schreiben wir den Karfreitag! »Quem quaeritis? – Responderunt ei: Jesum Nazarenum. Dicit eis Jesus: Ego sum – Jesus trat ihnen entgegen und sprach: Wen suchet ihr? Sie antworteten: Jesus von Nazareth. Jesus erwiderte ihnen: Ich bin es.«

Dieses *Quem quaeritis?* und *Ego sum* hat ein jeder Katholik auf der ganzen Welt verstanden. Ich selbst habe meinen Bruder, den späteren Bauern, beim Haferbauen hinter der Egge hergehend, singen hören, ganz im Tonfall unseres Pfarrers: »Quem quaeritis?«

Die Natur spürt die Karwoche. Die Bäume kriegen ihre Blätter. Die Trauerweiden sind schon grün. Und doch er-

schreckt uns der Auswärts in der Karwoche etliche drei Tage lang, zwischen Ölberg und Calvari.

Selbst das Wiehern der Pferde klingt anders. Freudig und dennoch verhalten. *Quem quaeritis?*

Die Frauen werken im Haus, besonders die Bäuerinnen färben die Ostereier, die es jetzt überall zu kaufen gibt. In jeder Bauernwirtschaft steht schon seit *Estomihi* ein Körbl Ostereier auf dem Tisch neben dem Brotkörberl.

Es sind nur drei Kartage. Sie vergehen aber nicht so schnell. Die Autobahnen sind übervoll. Die Leut fahren dem Frühling entgegen. *Quem quaeritis?* Es dauern diese Leidenstage länger als andere Ferientage. Es geschieht (geschah) zu viel zwischen Abendmahl, Fußwaschung, Gethsemane, Gefangennahme, Geiselsäule, Dornenkrönung, Aburteilung, Kreuzweg, Calvaria, Abnahme vom Kreuz, Grablegung und Auferstehung. Für drei Tage ist das zu viel.

Den meisten geht's heut wie der Dielerin von Diel, einer abgelegenen Bäuerin hinterm Holz. Sie stand draußen in ihrem Obstgarten vor dem Hackstock beim Wiedhacken, beim Reisigmachen. Da kommt der Oberholzer von Hinterdiel daher. Er trägt sein bestes schwarzes Hochzeitsgewand. Er hat einen schwarzen Selbstbinder um den Hals und den rechten Arm mit einem breiten Trauerflor umwunden.

Wundert sich die Dielerin und fragt: »Ja, Nachbar, woaus denn? Wer is denn verstorbn?« Da antwortet der Oberholzer unwillig: »Wer wird denn schon gstorbn sein? Unser Herr halt!«

Die Wiedhackerin schaut auf und meint gedankenlos: »Was'd net sagst? In dem abglegna Nest hinterm Holz wird i schon gar nix inne.«

Das war heut eine andere Messe wie sonst. Der Pfarrer hat das weiße Meßgewand angelegt, und wir haben bereits die »Klappern« hergerichtet. Jetzt hat nämlich mit den Ministrantenglöckerln niemand mehr klingeln dürfen. Nach der Meß' sind die Altäre entblößt worden. Erst der Hochaltar, dann auch noch die Seitenaltäre. Der Pfarrer hat die weißen Altartücher abgenommen, daß man die Altartischplatten gesehen hat. Da-

zu hat der Herr Chorregent mit zwei, drei ausgewählten Sängern die Antiphon gesungen »Dividerunt sibi vestimenta mea – sie haben meine Kleider ausgeteilt und über mein Gewand das Los geworfen.« Schon im 12. Jahrhundert ist diese Antiphon in einem Bamberger Antiphonar nachgewiesen.

Zuvor schon haben wir das Allerheiligste und alle Hostien in die Armenseelenkapelle hinübergetragen. Zu dieser kurzen Prozession haben wir bereits die »Klappern« geschlagen. Holzhämmerlein schlugen auf eine Holzplatte, das gab einen gar ernsten Krach. Und war traurigmusikalisch, denn meine Klappe klang eine kleine Terz höher als die Klappe meines Mit-Ministranten. Nachträglich Respekt vor dem Zimmermann von vor zweihundert Jahren!

Es ist eine traurige Trockenheit von diesem Holzgeklapper ausgegangen. Diese bittere Traurigkeit aus Holz stammte noch aus der Zeit, da es keine Trommeln gegeben. Die Trommeln hatten den Zweck, das Geschrei der Gefolterten zu übertönen.

Während wir mit dem Pfarrer die geweihten Hostien in die Armenseelenkapelle getragen haben, hat Jesus Blut geschwitzt in seiner Todesangst und sind die Soldaten mit Laternen und Fackeln dahergekommen. »Den ich küssen werde, der ist es«, sagte Judas zu den Soldaten, die ihn festnehmen sollten. Judasküsse gibt es in allen Preislagen. Die eine wird poussiert, die andere geküßt, die dritte getätschelt, die vierte gehätschelt, meint Abraham a Sancta Clara in seiner Predigtschrift »Judas, der Erzschelm«. Er führt alle Verräter, Potentaten und Geheime auf. Der lügenhafte Teufel ist nach ihm der geschickteste Taktiker. Und was sei schon Taktik anderes als Lüge.

Karfreitagsgedanken am Gründonnerstag! Und die große Ratschn erst, die hölzerne Klappertruhe! Sie geht einem durch und durch, denn das Geschepper erinnert einen an hundert Todestruhen.

Zwei Mann haben die große Karfreitags-Ratschn drehen müssen. Die Holzstifte an der dicken Holzachse haben die dreißig Hämmer gehoben und auf die Holztruhe schlagen lassen. Diese Resonanz gab ein Prasseln und Rattern, tönend

durch das ganze Dorf und noch eine halbe Stunde weiter über die Felder. Denn die *Passio Domini nostri Jesu Christi* wurde immer grausamer.

Die Hauptsache vom Gründonnerstag ist die heilige Eucharistie. Das größte Geheimnis unserer Religion: In der Hostie ist der Leib des Herrn. Das sei das Wichtigste, hat man vor dem zweiten Vatikanischen Konzil gepredigt. Tausend Jahre vorher haben die Priester über das Allerheiligste Altarsakrament mit allen Zungen zu uns und unseren Vorfahren gesprochen, haben viele Wunder erzählt.

Daß aus einer Hostie in Heilig Blut das wirkliche Blut Jesu herabgetröpfelt sei. Daß eine gestohlene Hostie nicht mit sechs Pferden hat weiter transportiert werden können. Daß eine gestohlene Monstranz aus dem Diebessack herausgefahren sei und eine Stunde lang in der Luft geschwebt habe. Allein in deutschen Landen seien über zweihundertundfünfzig solche Hostienwunder vorgekommen. Wer mag da noch zweifeln?

In Bayern gibt es einundvierzig Hostienwunder und Hostienwallfahrten. In Andechs und Deggendorf, in Beilngries und Betbrunn, in Naabsieghofen und Eschenfelden, in Altenerding und Sankt Salvator. In Regensburg, Nördlingen und Spalt, in Mainburg, Binswangen, Gundelfingen und Lauingen. Hostienwunder, Hostienraub und Hostienfrevel.

Barocke Prediger zählen meist gleich drei Dutzend solche Hostienwunder in einer einzigen Predigt auf. Und sie rufen nach jedem Hostienblut aus: »Wers jetzen noch nicht glaubt, ist ungläubiger als der Heilige Thomas.«

Nicht nur die Priester in der Barockzeit haben so gepredigt. Jahrhunderte vor Trient und bis ins 20. Jahrhundert hinein hat man von tausend Kanzeln es so gehört.

»Von Deggendorf laßt uns geraden Wegs gehen nach Tirol. Alldorten zu Saalfelden zeigt man eine allerheiligste Hostie, welche allbereits noch rot ist.«

In Mirakelbüchern diverser Wallfahrten liest sich das so: Denn ein Edelmann in seinem aufgedunsenen Hochmut wollte nit haben wie die Gemein' eine kleine Hostie, sondern hat

vom Pfarrer verlanget, mit der großen auf dem Altar abgespeist zu werden. Der eingeschüchterte Herr willfahrt dem Freiherrn und reicht ihm den Heiligen Leichnam in der großen Hostiengestalt. Da aber versinket der stolze Edelmann bis in die Knie in den Kirchenboden, kann sich auch am Altar nit festhalten, dermaßen alles, was er angreift wachsweich wird und nachgibt. – Daß also der Edelmann geschwind die Straf Gottes erkennt, seinen Frevel bereut und der Priester die Heilige Hostie wieder von ihm zurückzieht. Diese Hostie wird zu Saalfelden in Tirol bis auf den heutigen Tag (bis 1809) mit höchster Andacht aufgehoben. So sag ich euch, Geliebte im Herrn: Es ist der wahre Leib Christi unter der Gestalt des Brotes, ob die Hostie groß oder klein! *Sub fragmento quantum toto tegitur!* – Auch in den Teilen ist der ganze Herr.

Fronleichnamsgedanken? Das heiligste Sakrament des Altares ist am Gründonnerstag eingesetzt worden. Weshalb die Alten diesen Tag ganz richtig »Abspeis-Pfinstag« nannten.

Wir heutigen Christen, voraus die der »die Kirche sind wir-Bewegung«, halten das Allerheiligste nicht mehr so verehrenswürdig, daß sie die alten Predigtmärlein glauben könnten. Im Gegenteil, sie sehen in den Heiligen Blutwundern und Hostienschändungen nur üble Judenprogrome.

Es ist tatsächlich auch jetzt bekannt, daß die schaurig erzählten Hostienschändungen, diese »eucharistischen Verbrechen« in vielen Städten den Juden in die Schuhe geschoben worden sind. Ja, zum Zwecke einer Judenverfolgung eigens erfunden worden sind. Weil die christlichen Bürger dieser Städte bei den jüdischen Bankiers über die Maßen verschuldet gewesen sind. Die Bankgeschäfte durften damals nur von den Juden betrieben werden.

Auch in Landshut beispielsweise war man schwer verschuldet. Die stolzen gotischen Häuser und Sankt Martin mit dem höchsten Backsteinturm ließen sich nicht ohne Kredite hinstellen. Die Bürger und ihr Herzog Ludwig sannen auf Abhilfe. Und hatten die Idee einer Judenvertreibung in allen niederbayerischen Landen. Juden, die sich taufen ließen, verloren 1455 »nur« die Hälfte ihrer Gelder an den Herzog, durften

auch im Lande bleiben. Juden, die sich nicht taufen ließen, verloren ihr gesamtes Vermögen und mußten außer Landes ziehen.

Grausamkeiten sind bei dieser herzoglich angeordneten niederbayerischen Judenvertreibung nur an wenigen Orten passiert. Seitdem hieß Herzog Ludwig »der Reiche« und ließ sich mit »Majestät« anreden. Der Name reichte noch für seinen Sohn Georg »den Reichen«. Nach dessen Tod ohne Sohn – einen ließ die Hebamme zu Boden fallen – kam es zum »Niederbayerischen Erbfolgekrieg«, der für das Land fürchterlich gewesen war. Und Niederbayern, Bayern-Landshut, mußten 1505 »oberbayerisch« werden. Kufstein, Kitzbühel, Rattenberg und das Zillertal kamen zu Tirol. So teuer ließ sich Kaiser Maximilian seine Waffenhilfe von den oberbayerischen Wittelsbachern bezahlen. So hat sich das Unrecht der Judenverfolgung gelohnt.

Nicht alle Hostienschändungen gehen aber auf Judenprogrome zurück. Von den einundvierzig in Bayern nachgewiesenen »nur« ein Drittel. Die anderen sind von Plünderungen »ungläubiger« Soldaten, von Monstranz- und Kelchdieben, von Tabernakelräubern und aber auch von einfältigen Bäuerinnen und nachlässigen Pfarrern ausgeführt worden. Zumal in den Zeiten der reformatorischen Streitigkeiten: »Dies ist, dies wird, dies bedeutet meinen Leib.«

Unsere katholischen Prediger schmückten diese Hostienschändungen mirakelhaft aus, sprechen von Erscheinungen und Heilig Blut-Spuren. Die eucharistische Verehrung hatte wieder ein kräftiges Exempel, eine vorweisbare Wirklichkeit. – »Wer annoch zweifelt, der ist verteifelt!«

Ein oberösterreichisches Bäuerlein wollte sich in seinen offenen Fuß eine heilige Hostie hineinheilen lassen! Ein anderer nähte sie in seine Joppen, damit ihn das Glück im Kartenspiele niemals verlassen möge! Den beiden ist es schlecht ergangen. Dieser verspielte Haus und Hof und jener verlor sein ganzes Bein.

Und wie erst ist es jener Bäuerin ergangen, die auch zur Osterzeit kommuniziert hat, wie es sich gehört, aber die

Hostie gleich aus ihrem Mund genommen und in ein Tüchlein gewickelt hat? Damit ihre Kuh mehr Milch geben und ihre Hühner besser legen sollten! Wie sie heimgeht, da wird aus der Heiligen Hostie auf einmal ein Kindl in ihrem Tüchl. Sie erschrickt, kniet nieder und sieht das Kindl himmelwärts fliegen. Es ist der Leib des Herrn in der Hostie verborgen. »Wer das bestreit', bei dem fehlts weit. Amen.«

So haben sie gepredigt, die alten Hochwürden. Nicht nur die Kapuziner und Jesuiten. Auch die Bauernpfarrer.

Von den schönen Monstranzen und kostbaren Kelchen brauchen wir gar nicht anfangen mit dem Aufzählen. Unsere Goldschmiedemeister haben über ein Jahrtausend hinweg die großartigsten Kunstwerke geschmiedet zu Ehren der Heiligen Eucharistie. Und es sind viele unter diesen Kostbarkeiten, die kunstvoller und prächtiger sind als die Kirchen und Dome, in deren Tabernakel sie aufbewahrt werden. Zum Beispiel die Ingolstädter Türkenmonstranz.

Die Sakramentshäuschen und Tabernakel hätten wieder eine eigene Kunstgeschichte. Des Aufzählens wäre kein Ende. Die liebende Verehrung vor dem Allerheiligsten war über eineinhalb Jahrtausend hinweg unendlich fein und zart und scheu und voll der demütigsten Anbetung. »Wir beten an dich wahres Himmelsbrot ...«

Heut dürfen Laienhände die Kommunion austeilen. – Und die Tradition von mehr als 1850 Jahren ist vergangen.

Über die alten Hostienwunder schüttelt man nur noch die Köpf. – *Tantum ergo sacramentum – veneremur cernui!* – Laßt uns tiefgebeugt verehren dies so große Sakrament!

Mit der Abschaffung des Lateinischen ist die Verehrung der Heiligen Eucharistie mitverschwunden. Es gibt halt doch einen Zusammenhang zwischen *Verbum caro factum est* und der heiligen Hostie.

Natürlich kann der moderne Kopf zweifeln und die alten Hostienwunder zu Heilig Blut skeptisch hinnehmen, in Mirakelbüchern nachlesen oder bei einer Wallfahrt erzählt bekommen.

Wenn der Glaube aber wieder lebendig werden soll in unserer Brust, müssen wir das »höchste Gut« mehr verehren und

uns nach den alten heiligen Zeremonien sehnen. Auch nach dem Lateinischen! Hören wir ein *Pange lingua gloriosi,* ein *Tantum ergo Sacramentum veneremur cernui* oder ein unendlich zartes Orgelpräludium über den schönen Text: »Wir beten an, Dich wahres Himmelsbrot: Heilig, heilig, heilig!«

Das Allerheiligste Sakrament des Altares ist halt ein Geheimnis. W. A. Mozart war ein besonderer Verehrer des Allerheiligsten. Er hat anbetende Messen und Litaneien komponiert. Während der Einstudierung seines »Idomeneo« hat er in München viele Schritte unternommen – bis zum Bischof nach Freising – um das »Vierzigstündige Gebet« zur Verehrung des Allerheiligsten in den Liebfrauendom zu bringen. *Ave verum!* Oder hören Sie die *Litaniae de venerabili altaris Sacramento!* Wo der Tenor herzergreifend singt: »Panis vivus, qui de coelis descendisti – lebendes Brot, das vom Himmel herabgekommen ist.« Und: »Mensa purissima Angelorum – du reine Engelsspeise.« Und dann diese Anrufung der heiligen Eucharistie, denkwürdig und frohlockend geheimnisvoll: »Vinum germinans virgines – du Weinstock, keimend Jungfrauen!«

Diese »Litaniae de venerabili altaris sacramento« (KV. 243 vom Jahre 1776) des zwanzigjährigen Mozart gehört schon zu seiner allerfrömmsten Kirchenmusik.

Wer so etwas hört, kann in seinem Herzen keinen Zweifel mehr haben. 1771 hat der Vierzehnjährige schon einmal eine Sakramentslitanei komponiert. KV 125. Ein Jahr später vertonte er die Karsamstags-Antiphon: »Regina coeli laetare, alleluja. Quia quem meruisti portare, alleluja. Resurrexit sicut dixit, Alleluja – Himmelskönigin, freu dich, denn der, den du getragen hast, ist auferstanden, wie er vorausgesagt hat, Alleluja!«

Und man muß diese Karsamstags-Antiphon bis nach Pfingsten singen! (Sie ist ebenfalls schon im 11. Jahrhundert nachgewiesen). Das Kind in Maria ist auch das Allerheiligste Sakrament, kann sich einer vorstellen, der sich mit dem Abendmahl am Gründonnerstag härter tut. So daß einer Christus in sich trägt – nach der Kommunion –, wie Maria den Herrn getragen hat. Die Erstkommunikantinnen haben sich

früher da gut hineindenken können. – Später auch die Buben: Maria trägt eine Monstranz mit dem Allerheiligsten.

Es bleibt unser Geheimnis. Und über Geheimnisse reden wir nicht. Die verehren wir, beschließen sie in unserer Brust und beten sie an. *Regina coeli laetare, alleluja!* Und dies *Regina coeli* hat der kaum fünfzehnjährige Wolfgang im April 1772 »für die Haydin geschrieben«, erfahren wir in einem Brief von Vater Leopold. Für die Frau von Johann Michael Haydn in Salzburg.

Jünglinge am Feuerofen

Daß am hochheiligen Karsamstag am geweihten Feuer gerauft wurde, gehört nicht zur Karsamstagsliturgie. Es ist halt
passiert. Jeder wollte etwas von den eben gesegneten und noch
glühenden Holzkohlen ergattern. Denn gerade für diese
»Köhler« spendeten die Bäuerinnen auf den Nachbarhöfen die
meisten Ostereier. Manchmal bekam man dazu auch noch eine
Mark! Der Kampf um diese Kohlenreste des heiligen Feuers vor
der Kirche läßt sich denken. In anderen Häusern schätzten sie
wieder mehr das Flämmchen der Kerze in der Laterne.

Angegangen ist es mit dem Feuerschlagen des Mesners. Alle
Lichter waren ausgelöscht. Es war sieben Uhr in der Früh. In einen großen alten Blechhafen oder in eine unten geöffnete Tonne
schüttete der Mesner einen großen Sack voll Holzkohlen. Dann
entzündete er unten, in der ofentürlartigen Öffnung das trocke-
ne Stroh, auf dem etliche Späne geschichtet waren. Er entzündete aber dieses erste Osterfeuer mit seinem Feuerzeug. Obschon
gleich darauf der Pfarrer mit uns Ministranten herzugetreten ist
und gebetet hat: »Gott, heilige dieses Feuer, das wir durch Schlagen des Kieselsteines, diesem Steine entlockt haben: productum
e silice!« – Ich habe damals schon immer gedacht, wie kann der
Mesner dieses erste heilige Feuer mit seinem Ordinari-Feuer-
zeug anzünden? Papperlapapp, Feuerstein ist Feuerstein.

Während der Geistliche Herr Rat nun die vier Orationen
über das allmählich prasselnde Feuer sprach und auch die fünf
Weihrauchkörner für die Osterkerze segnete, hielten bereits
etliche Großväter, aber auch schon bravere Buben ihre mitgebrachten Palmbaumstümpfe in die Glut. Noch ging alles ruhig
und gesittet zu. Zumal das heilige Feuer den mitgebrachten
Palmbaum nur leicht ansengen sollte.

Das heilige Feuer sollte die Weihe in den Palmstumpf, der bereits als Palmkreuzl hergerichtet war, einbrennen. Nicht beschädigen! Da diese Palmkreuze am Ostermontag beim Felderumgang der Familie in den größten Weizenacker gesteckt werden mußten. Uralte Osterfrömmigkeit, kein heidnischer Fruchtbarkeitszauber!

Kaum waren Pfarrer, Mesner und Ministranten weggezogen, um in der dunklen Kirche das *Lumen Christi* anzustimmen, ging es am heiligen Köhlerofen immer ungenierter zu. Dreißig »Palmesel« hielten ihre Segensbäume ins Feuer.

Keiner lang. Nur eine halbe Minute vielleicht. Ein Ave lang. Aber als die Flammen nicht mehr prasselten, ja erloschen, griffen die Mutigeren mit ihren mitgebrachten Feuerzangen und direkten Schürhaken nach den heißbegehrten »Köhlern«. Andere – unter ihnen auch Mädchen mit Kerzen in ihren Laternen – wollten diese an der Flamme entzünden. Das Gedränge wurde immer stärker. Der Isidor drückte den Lorenz zur Seite. Die glühenden Kohlen waren jetzt ziemlich heiß. Die Gesichter der Buben brannten. Die Stöcke oder »Scheiter« bekamen in Sekunden die heilige Weihe eingebrannt. Jetzt durfte nichts passieren.

In dem Gedränge um den Feuerofen aber stieß der Lorenz den Isidor, der eh schon seine mitgebrachte kleine Millipitschen halb voller Köhler hatte, noch näher an den heißen Ofen, daß er beinahe hineingefallen wäre, wenn ihn der Schmiedvater nicht gerade noch zurückgerissen hätte. Auch der Franz hatte sich durch den »Renner« des Lorenz die Finger etwas verbrannt. Es wurde auch laut geschimpft dabei und gar geflucht.

Das hörten der Mesner und der Chorregent. Sie unterbrachen die Gebete, eilten schnell aus der Kirche und machten am heiligen Feuer wieder Ordnung. Die Rädelsführer mußten sich mit ihrer Beute zufrieden geben. Den Braven gehörte jetzt der glühende Ofen.

Mittlerweile hatte der Herr Pfarrer das dreimalige »Lumen Christi« angestimmt. Der Chorregent hatte jedesmal darauf »Deo gratias« gesungen. Bis alle drei Kerzen auf dem Triangel brannten. Darauf schloß sich die Weihe der Osterkerze an und

unser Chorregent mußte das berühmte »Exsultet Angelica turba caelorum« anstimmen. Es folgten verschiedene Orationen und die Präfation.

Die fünf Weihrauchkörner, die vorhin schon geweiht waren, preßte unser Hochwürden in die dicke Osterkerze. Sie wurde auf ihren Ständer gesteckt und angezündet. Dabei wird der fleißigen Bienen gedacht, die das Wachs dieser Kerze erzeugt hatten. Der Mesner zündete daraufhin mehrere Lichter an. Auch die elektrischen Lampen.

Und dann kamen gut eine halbe Stunde lang die langweiligen zwölf Lesungen. Aber mein, was sein muaß, muaß sein! Jedes Jahr am Karsamstag zwölf Lesungen! – Als Lateinstudenterl und Seminarist durfte ich da auch schon mitlesen. Bei der zwölften Lesung, wo der König Nabuchodonosor die drei Jünglinge in den besonders glühend gemachten heißen und riesig weiten Ölofen werfen hat lassen, mußte ich an die brennenden Palmbäume draußen vor der Tür denken, indem ich früher auch schon wiederholt dabei gewesen war beim Weiheeinbrennen in dem Palmbaum und das Rankeln um die Köhler kenne.

Aber noch mehr lachen hab ich müssen, weil in dieser Lesung der Name des Königs »Nabuchodonosor« gleich dreizehnmal vorgekommen ist. Alle seine Völker verbeugten sich vor der Säule, die der König Nabuchodonosor errichtet hatte. Nur die drei jüdischen Jünglinge nicht. »Da wurde Nabuchondonosor von Wut erfüllt und ließ die drei in den Feuerofen werfen, wo die abkommandierten Leibwächter schon beim Hineinwerfen durch die Hitze der Flammen umkamen, aber die drei Jünglinge gingen in den Flammen umher und lobten Gott und priesen den Herrn.«

Endlich habe ich auch diese zwölfte Lesung zu Ende gebracht. Darauf kam die Weihe des Osterwassers. Wo sich der Pfarrer über die Wasserbottiche beugte, dreimal ins Wasser hineinhauchte und dann die Osterkerze dreimal hineintauchte, dabei sang er mit heller Stimme: »Descendat in hanc plenitudinem fontis virtus Spiritus Sancti.« Diese Choralmelodie hat sich in vielen Herzen festgehalten. Das *Descendat*

und das *plenitudinem fontis* vor dem Osterwasserzuber hat sich jedes Pfarrkind bildlich vorstellen können. Man stand ja schon bereit mit den Flaschen und Kannen, um nach der Weihe des Wassers etwas von der Fülle dieses Weihbrunnes, in die der Heilige Geist eben herabgestiegen war, zu schöpfen und heimzutragen. Auch der Osterweihbrunn war geschätzt, aber doch nicht so wie das Dreikönigswasser.

Und weil gleich nach diesem *Descendat in hanc plenitudinem fontis* der Herr Pfarrer mit der Osterkerze ein griechisches Psi gezeichnet hat – Psi heißt soviel wie Seele –, hat das Osterwasser gegen alle Krankheiten der Seele geholfen. Denn der Geist weht überall, auch im Weihbrunn.

Adveniat-Misereor, mehr weiß die katholische Welt nicht mehr seit der Abschaffung des Lateinischen. Mindestens zwei Dutzend wichtiger Zeremonien sind mit der Abschaffung des Lateinischen verkommen. »Ja, ja, weils in der Kircha nimmer stimmt, stimmts in der Welt aa nimmer«, seufzte der alte Brandlhubervater. Wie recht hat er gehabt!

Gleich drauf – am Karsamstag vormittag – begann früher das Osteramt. Der Pfarrer stimmte das Gloria an, und alle Glocken durften wieder läuten. »Vespere autem sabbati, venit Maria Magdalena et altera Maria videre sepulcrum.« Und dann heißt es unglaublich festlich: »Non est hic, surrexit enim sicut dixit.« Und am Ende der Messe singt der Geistliche Herr Rat bereits das alte »ite missa est« mit dem »alleluja«!

In den meisten Kirchen wurde diese vorverlegte Ostermesse am Karsamstagvormittag am Seitenaltar gesungen, denn am Hochaltar war ja noch das Ostergrab. Die Leute gingen während des Amtes zum Kreuzbussen und der Herr Pfarrer mußte hernach gleich in den Beichtstuhl eilen. Die meisten Pfarrkinder wollten am Karsamstag noch ihre Osterbeichte einbringen. Zwei Aushilfsgeistliche saßen in den hinteren Beichtstühlen. (Und ich hab einmal gehört, wie ein Pater vom nahen Kloster, am Karsamstag abend – wir waren noch beim Ostergrabaufräumen – seinen Beichtstuhl verlassen hat und dazu gemurmelt hat: »So, jetzt hab ich den Kopf voller Sünd und den Bauch voller Wind.«)

Beim Osterbeicht einbringen gab es den »Beichtzettel«, eine Art Quittung über die abgelegte Beicht. Jede Hausfrau und Bäuerin verlangte von ihren beichtpflichtigen Familienangehörigen, von ihren Ehehalten, den Beichtzettel. Hatte sie alle beisammen, brachte sie die Zettel in den Pfarrhof. Ein junger Knecht mit dem Namen Martin hat sich lange geweigert, weil er keine »richtige Sünd« zu beichten habe. Indem ihm noch kein Dirndl das Fenster aufgemacht hätte oder bei ihm stehen geblieben wäre. Die gute Bäuerin, noch eine stramme Person in den besten Jahren, hatte ein Mordskreuz mit diesem beichtunlustigen Martin.

Immer lag er ihr in den Ohren: »Weißt Bäuerin, wenn ich eine einzige richtige Unkeuschheit bloß zum beichtn hätt, wie der Toni, dann tät ich gern beichten. Sogar bei unserm Herrn Pfarrer. Aber gar so unschuldig genier ich mich.«

Es wurde ihr das ungute Gejammere endlich zu dumm, und sie befahl dem Knechtl, ihr beim Eierabtragn zu helfen. Sie stiegen in den hinteren Heustock. Weil manche Hühner ihre Eier oft recht abseitig verlegen. Besonders wenn sie brüten wollen. Der folgsame Martin mußte ihr folgen. Sie rutschte vom Heustock, fiel ihm in die Arme, und einige Minuten später hatte der Martin einen Grund zur Osterbeicht. Der Herr Pfarrer bekam alle Beichtzettel ihres Hauses.

Viele Beichtzettelgeschichten sind im Umlauf, obschon das Beichten zusammen mit dem Lateinischen schier abgekommen ist. Und es hat einem so wohl getan, dieses, »Deinde ego te absolvo a peccatis tuis...« Da hat jedes Beichtkind direkt körperlich gespürt, wie die Sündentafel abgewischt worden ist. Vom heiligen Schutzengel abgewischt. Auf Befehl des Beichtvaters: »Deinde ego te absolvo...« Erleichtert ist man aus dem Beichtstuhl geschlüpft und hat kräftig durchgeatmet. Dieses »Deinde ego te absolvo« war schon wirksamer, als zehn psychotherapeutische Sitzungen es heute sind. Und die »drei Vaterunser samt Ave« als Buße hat man in einem Knien heruntergebetet. *Adveniat-Misereor!*

Das zweite Vaticanum hat die Beichte mit dem Lateinischen verkommen lassen.

Aber, daß ich verzähl: Da hat einmal ein verruchter Ehemann seiner Ehefrau auch einen Beichtzettel geben wollen. Ohne selbst zu beichten. Er hat sich den Zettel von einem Ministranten »besorgen« lassen. 1936 für zwei Mark! – Der Ministrant hat die Geschichte dann auch gebeichtet und wurde zur Buß' von der Schar der Ministranten für vier Wochen ausgestoßen. Da rächte sich der Bub und erzählte die Beichtzettelgeschichte auch noch der Ehefrau des Anstifters. Jetzt war der Tumult im Hause des Mannes noch größer. Seine Ehe wurde schließlich geschieden. Im Krieg ist der Mann gefallen und die Witwe hat wieder geheiratet. Jetzt einen Konfessionslosen. Der Ministrant aber wurde ein erfolgreicher Geschäftsmann und Bauunternehmer. Weil er halt seinen Beichtzetteldiebstahl bitter bereut hatte. Und auf die Reue kommt es an beim Beichten. Der feste Vorsatz »nicht wieder zu sündigen« kommt erst an letzter Stelle.

Nachmittag um fünf Uhr wurde endlich die Auferstehungsandacht gefeiert. Der Pfarrer sang mit Begeisterung: »Christus ist erstanden.« Hinterm Altar mit dem Ostergrab hievte der Mesner den Auferstandenen mit der Siegesfahne über den Tod auf das höchste Postament des Hochaltares. Und der Chor sang das schöne vierstimmige Lied: »Der Heiland ist erstanden, befreit von Todesbanden!«

Nach der Auferstehungsandacht begannen wir mit dem Aufräumen des Ostergrabes. Für die Burschen und Dirndln aber brach eine Freinacht an, die Osterfreinacht!

Jetzt war alles erlaubt. Die verschlossenen Kammerfenster öffneten sich. Die Burschen trugen ihre Eier ab. Die Osterfreud, das Ostergelächter nahm seinen Anfang.

Risus paschalis

Kein' Freud ist aequalis
Dem risus paschalis,
Dem Ostergelächter.
Es schlummern die Wächter.
Schon backen die Bäcker,

Es krachen die Äcker:
Die Sonne aufgeht
Und Jesus ersteht.
Juch' Alleluja!

D' Apostel, sie rennen,
Jetzt gackern die Hennen,
Die Singerl ausschlüpfen,
Die Schafböcklein hüpfen,
'S ist Ostertag früh.
Frauen melken die Küh,
Machen sich auf den Weg –
Und der Stein, der ist weg!
Juch' Alleluja!

Ein Engel in weiß
Singt die glorreiche Weis:
Er ist nicht mehr da,
Juch' Alleluja!

Und juchzend weint er.
Der Maria erscheint er,
Nennt sie gar beim Namen:
Schreck – Seligkeit – Amen.
Juch' Alleluja!

Jetz' wird Oar schiebn und peckt,
Nesterl gsuacht und gschleckt,
Gfensterlt, busselt, gliebt,
Daß den Leiterbaum biegt.
Jetz' kälberts und füllets,
Jetz' katzelts und wüllets,
Steigt der April oanm ins Hirn.
Gar die braviste Dirn
Fallt ihrm Buabn um an Hals.
Auf d'Welt möchte iatz alls.
Juch' Alleluja!

Das Ostergrab

Die Fenster der Kirche waren mit schwarzen Tüchern verhangen. Eine tiefe Traurigkeit breitete sich aus. Vom Hochaltar war nichts zu sehen. Denn auf seinen Stufen vor der Mensa stand das »Heilige Grab«. In diesem großen und geschmückten Kastengrab lag offen der Leichnam Jesu. Eine meist menschengroße, holzgeschnitzte Figur. Deutlich zu sehen war die Herzenswunde.

Um dieses Ostergrab herum hingen viele leuchtende Glaskugeln in allen Farben. Ein Meer von Blumen zierte die Ruhestätte des hochheiligen Ostergrabes. Als Ministrant ist man am Gründonnerstag nachmittag beim Aufbauen dieses Grabes dabei gewesen, hat dem Mesner, den Schreinern und den Kirchenputzerinnen helfen dürfen.

Manchenorts hatten sie ein noch schöneres Grab, war vor den leuchtenden Kugeln gar ein Springbrunnen zu sehen. Und über dem Grab noch eine sich drehende Sonnenscheibe. Die großartigsten Ostergräber präsentierten die Abteien der Benediktiner und die Chorherrnstifte.

In Höglwörth im Chiemgau stellen sie jetzt ihr prächtiges Ostergrab aus der Barockzeit wieder auf. Jedes dritte Jahr. Da kommen Autoschlangen aus ganz Bayern. Die Leut stellen sich gern eine halbe Stunde an, um einen Blick auf diese noble Traurigkeit in der heiligen Karwoche werfen zu können. Niemand kehrt ein. Es herrscht Sabbatruhe. Diese hat man bis nach dem Dreißigjährigen Krieg in der ganzen Christenheit geachtet.

Die »Karfreitagsmesse« war keine Messe. Nur der Geistliche hat die tags vorher mitaufgewandelte Hostie genossen. Es wurde mit verteilten Rollen die Passion nach Johannes vorgelesen. Und bei der Stelle: »... Sie füllten einen Schwamm mit

Essig, steckten ihn auf einen Ysopstengel und hielten ihn an seinen Mund. Als Jesus den Essig genommen hatte, sprach er: Es ist vollbracht. Dann neigte er sein Haupt und gab seinen Geist auf«, da knieten alle nieder und verweilten ein gutes Vaterunser lang schweigend.

Nach der Passion und den Fürbitten ist es zu einem besonderen Akt gekommen: Zur Kreuzenthüllung und Kreuzverehrung. Jetzt wurde es auch wieder lateinisch, ja gar griechisch!

Der Mesner reichte unserem Hern Pfarrer, der an dem den Altar ersetzenden Tische stand, das große und seit dem Passionssonntag verhüllte Kruzifix.

Unser Herr Geistlicher Rat nahm das Kruzifix und sang: »Ecce lignum Crucis ...« Dann sagte er mit leiser Stimme zu uns Ministranten: »Niderknian«, und sang dann weiter: »Venite adoremus!« Jetzt durften wir wieder aufstehen.

Dann enthüllte er das Kreuz: erst das Haupt, dann an den Händen und endlich streifte er das violette Tuch ganz ab. Und jedesmal sang er dazu: »Ecce lignum Crucis ...« Und wir knieten nieder. Dann sprach er weiter: »Venite adoremus«, und wir erhoben uns wieder. Jetzt erst legte er das große Kreuz auf die Kissen, die am Fußboden lagen.

Wir alle fieberten dem Karfreitagshöhepunkt entgegen, der Kreuzverehrung. Der Mesner half dem Pfarrer die Schuhe ausziehen. Wir, der Herr Chorregent und der Mesner taten es auch. Auf Strümpfen gingen wir den Mittelgang zurück und folgten dem Herrn Pfarrer, der sich dem Kreuze näherte und dabei dreimal in die Knie ging. Auch wir mußten uns dreimal niederknien, ehe wir das zu verehrende Kruzifix erreichten. Wir machten es alle dem Herrn Pfarrer nach und küßten kniend dem Herrn die angenagelten Füße. Dann die angenagelten Hände. Dann sangen Pfarrer und Chrorregent die Heilandsklage, wo es auf griechisch heißt: »Agios o Theos, Sanctus Deus!«

Wir alle haben gewußt, daß die ganze Kirche auf unsere Strümpfe schaute. Wehe, wenn da eine Zehe oder eine Ferse herausgespitzt hätte! Zu Mittag hat es zum Karfreitag nichts zu essen gegeben. Höchstens ein Stück Brot und Wasser nach Herzenslust.

Nach unserer offiziellen Kreuzverehrung sind alle Mitglieder unserer Pfarrei zum »Kreuzbussen« vorgegangen. Auch die verwegensten jungen Burschen! Und die hübschesten Mädchen. Es war ergreifend. Du hast deinen Vater das Kreuz küssen sehen und deine Mutter auch. Die alten Leut haben sich schwer getan mit dem Bücken. Aber sie sind zum »Bussen« gegangen. Oft gleich zweimal am Karfreitag. *Crucem tuam adoramus Domine!*

Weil schon nach uns Ministranten viele Leut kniend zum »Kreuzbussen« vorgegangen sind, hat der Chor den schon seit dem Jahre 600 überall in der Christenheit gesungenen Hymnus: »Crux fidelis inter omnes Arbor una nobilis, du glückseliges Kreuz, einzig edler Baum unter allen Bäumen« vorgetragen. In diesem Karfreitagshymnus kommt auch schon das *Pange lingua gloriosi* vor.

Am Karfreitag darf keine Musik erklingen, dürfen keine Glocken läuten, nur die Kar-Ratschn scheppern. Vor tausend Jahren wußten es alle, was »kar« heißt. Es ist althochdeutsch und bedeutet: Trauer, noch besser Totenklage am Grab.

Und darum gab es am Nachmittag die Trauervesper. Wo hernach an manchen Orten, wo sie eine gute Blechmusik hatten, eine Trauermusik, die sogenannte »Grabmusik«, zu Gehör gebracht werden durfte. Viele bedeutende Komponisten haben so eine Grabmusik komponiert. Der ganz junge Mozart hat in Salzburg – noch nicht zehnjährig – eine erschütternde Grabmusik komponiert. Mit großem Orchester! Während der Arbeit hat Fürsterzbischof Sigismund von Schrattenbach »den kleinen Mozartl« zu sich in die Residenz geholt. Diese Trauermusik fürs heilige Ostergrab kann sich heute noch hören lassen.

Das Abendessen am Karfreitag ist ähnlich karg wie zu Mittag. Hungrig schläft man ein. Aber man ist ergriffen von unserm Herrn am Kreuz und im heiligen Grab. Durch sein heiliges Kreuz hat er die ganze Welt erlöst.

»Wer regiert aber jetzt die Welt, wenn unser Herr im Grab liegt, Mama?« – »Da brauchst keine Angst haben! Der Papst in Rom ist sein Stellvertreter auf Erden, und dann ist ja der himmlische Vater auch noch da. – Und der Heilige Geist!«

Osterjubel

»Dem Osterlamm opfert ihr Christen den Lobgesang – victimae paschali laudes!« So beginnt die Sequenz des Oster-sonntags. Sie ist ein Vorbild für alle gesungenen Sequenzen in den festlichen Texten des alten Meßbuches. Und im österlichen Graduale heißt es: »Haec dies, quam fecit Dominus. Exsulte-mus et laetemur in ea! – Das ist ein Tag, den hat der Herrgott gemacht, Alleluja, sag ich, heut wird gelacht!«

Der Ostersonntag und auch noch der Ostermontag, das sind Tage, die das ganze Jahr in die Höhe heben. Selbst der Re-gen tut dem Ostertag keine Gewalt an. Frühling ist es, aufwärts geht es wieder.

Die gelehrten Kalendermacher kennen über dreißig Termi-ne für den Ostersonntag. Jahrhunderte haben sie gezankt um den richtigen Ostertag. Seit dem Konzil von Nicaea steht es fest: Ostern fällt jedes Jahr auf den Sonntag nach dem ersten Vollmond nach dem Frühlings-Aequinoctium, am 21. März. Steht der Ostertag fest, lassen sich Himmelfahrt und Pfingsten leicht berechnen.

Sie können es wörtlich nehmen, dieses »Ostern«, und eine Osterfahrt gen Osten unternehmen. So einen österlichen Genuß können Sie sich in Bayern erlauben: ostwärts fahren, donauabwärts, an Deggendorf und Niederaltaich vorbei, wo Europas größter Strom sich den Hügeln nähert, dann kom-men Sie nach Osterhofen. Der Hof im Osten. So leicht ist nicht jeder Ortsname zu deuten, denn Osten und Ostern stammen beide von der germanisch-keltisch-lateinischen Frühlings-göttin *Austro* her. Und die Austro hat ihren Namen von der Aurora, der Morgenröte. Die Aurora hat eine indische Vorläu-ferin mit dem ähnlich klingenden Namen »Usra«.

Osterhofen, der Hof im Osten, die Pfalz gen Morgen. Das war kein gewöhnlicher Hof, sondern ein Hof des Königs gewesen, ein *Palatium Regis*. Algilolfinger und Karolinger haben hier zeitweilig residiert. Herzog Odilo soll hier begraben sein.

Die Wasser der Donau ziehen dem Lichte entgegen, dem Morgen. Sie eilen einander entgegen, vereinigen sich am frühen Morgen. Frühnebel hängt über den Auen.

Das Ziel unserer Osterfahrt ist das zur Gemeinde Osterhofen gehörende Altenmarkt. Ein Dorf auf einem sanften Hügel. Aus der *Vita* des heiligen Severin schon fast bekannt. Eine der prächtigsten Asamkirchen erwartet uns. Im Kloster ringsum früher Prämonstratenser, heute Englische Fräulein.

Der Hochaltar ist ein gewaltiges Ziborium. Man glaubt sich in St. Peter in Rom. Triumphale Stuckmarmorgruppen sind Glaube und Hoffnung. Adorationsengel schwingen das Weihrauchfaß. Riesige Girlanden spannen sich von Säule zu Säule. Die Evangelistensymbole Engel, Stier, Adler und Löwe schwimmen in einer Woge von Gold. Ihre mächtigen Flügel berühren sich. Im Zentrum dieser Glorie steht das sieghafte Osterlamm, die Ursache des Osterjubels. Nirgendwo in der Welt habe ich das Symbol des Auferstandenen kräftiger verspürt. Man fährt nicht umsonst nach Osterhofen. Das Lamm erlöste die ganze Herde. *Agnus redemit oves!*

Die alten Kirchenchöre haben während der Opferung mit Bravour am heutigen Tage gesungen: »Der Stein ist weg, das Grab ist leer. Der Tod hat keinen Stachel mehr, der Heiland ist ersta-anden.«

So ein vielstimmiges Chorlied behält man lange im Ohr. Auch die schwachen Solistinnen sind heute stark.

Bei den Juden heißt das Osterfest Paschafest. Sie essen an diesem Festtag das Osterlamm zur Erinnerung an den Auszug aus Ägypten, wo sie seinerzeit vom Pharao unterdrückt worden waren.

Das weiß man alles, es ist einem seit der Religionsstunde bekannt. Und doch legt die gefärbten Ostereier bei uns der Osterhas. Und das biskuitene Osterlamm aus der Konditorei bringen God und Göd ihren Patenkindern, wie es der Brauch ist.

In der Osternacht wurden in manchen Häusern noch viele Ostereier gefärbt. Drei Häfen voller Eierfarb standen am Herd. Falls den Mädchen und Burschen die Eier nicht reichten, konnte man am Ostermontag noch geschwind nachfärben.

Jetzt am Ostertag nach der Auferstehung kommt der Vater erst spät vom Wirtshaus. Und obwohl er sieben Halbe Bier getrunken hat, dürstet es ihn schon wieder. Weil er die Tage davor etwas grippisch gewesen, glaubt er, seine Hausfrau hätte ihm einen Hafen Tee hergerichtet und vorsorglich für ihn am Herd stehen lassen. Er nimmt einen kräftigen Schluck, denkt sich dabei: Der Tee schmeckt heut aber abscheulich! Er hat aber doch den Hafen ausgetrunken. Die Geschichte wurde Jahre über erzählt. Noch als alter Mann wurde ihm in der Osterzeit gern nachgerufen: »Frohe Ostern, Miche! Und trink fein koan Oarfarb net!«

Auch weniger lustige Ostergeschichten sind passiert. Wie zum Beispiel auf dem Huberhof, gerade eine Stunde vor der Auferstehung, da der Bauer seine übermütigen Rösser von der Weide holen will. Eine Stute schlägt aus und trifft den Huber so unglücklich auf die Brust, daß er hinfällt und bald drauf stirbt. »An Huaber hats Roß derschlagn«, heißt die Unglücksbotschaft.

Vor lauter Weinen und Jammern wollte die Bäuerin nicht in die Auferstehung gehen. Der Kooperator, der dem Huberbauern die letzte Ölung gebracht hatte, hat das nicht angehen lassen. »Mit mir gehen'S jetzt«, hat er gesagt. »Die Auferstehungsfeierlichkeit ist jetzt das Wichtigste für Sie. Es gibt auf der ganzen Welt keinen anderen Trost...«, wie halt ein junger Geistlicher redet.

Die Annemarie ist weinend mitgegangen. Der Herr Pfarrer hat gerade das Unglück der Gemeinde verkündet und ein Vaterunser vorgebetet. Noch während die übervolle Pfarrkirche das Vaterunser für den verstorbenen Huberbauern nachbetet, hat der Mesner ihm den Rauchmantel umgelegt, ist dann hinter den Altar gegangen und hat den Auferstandenen mit der Siegesfahne auf die Höchste Erhebung des barocken Tabernakels gestellt. Der Herr Pfarrer hat dazu dreimal gesun-

gen – und jedesmal mit höherer Stimme - »Der Heiland ist erstanden!« Worauf der Kirchenchor mit Pauken und Trompeten sein uraltes Osterlied angestimmt hat, rhythmisch, melodisch und voller Schwung:

»Der Heiland ist erstanden, der Heiland ist erstanden! Befreit von Todesbanden, befreit von Todesba-a-anden!« – Auf diesen Jubel folgte das Damensolo der trauernden Frauen am Grab: »Der Tod hat keinen Stachel mehr. Der Stein ist weg, das Grab ist leer.« Und darauf kam – wie eine Jodlerfuge – das Alleluja von allen. »Allelui-lui-uja! Allelu-uja. Allelu-u-ja!«

Der Festagsjubel war so gewaltig und trostreich, daß die Huberbäuerin Annemarie kurze Zeit das Weinen aufgehört hat. Sie hat nur noch geseufzt: »O mein, singts nur! Mich kann nix mehr tröstn. Grad noch die Auferstehung. Und die erst am Jüngsten Tag.«

Für die Burschn und Dirndln war jetzt, vom Karsamstagabend nach der Auferstehung bis Ostersonntag früh vor Tageseinbruch, eine Freinacht. Hätten die Liturgiereformer in Rom gewußt, was so eine Freinacht bedeutet, hätten sie den freinächtlichen Osterjubel nicht angetastet und die Auferstehung am Karsamstag um halb sechs belassen.

Die Osternacht war einmal eine Freinacht gewesen. Gerade wegen der Freud über den Auferstandenen. Jetzt fingen die so lange zurückgehaltenen Liebesnächte wieder an. Schließlich ist der Gekreuzigte aus Liebe zu uns auferstanden.

Selbstverständlich ist die heilige Osternacht eine stille und friedliche Freinacht gewesen. Es ist nicht gerauft worden, niemand hat geschrien. Jeder hat die inwendige Freude der heiligen Nacht gespürt. Vor den Kammerfenstern der Mädchen war die ganze Nacht ein freudiger Betrieb. Die Burschen haben ihre Ostereier abgeholt.

Hergegeben hat jedes Mädchen jedem anklopfenden Burschen ein Ei. Auch einem, den sie nicht mögen hat. Der hat halt dann ein blaues oder ein gelbes spendiert bekommen. Ein rotes aber hat der Gerechte heimgetragen, der Herzbub, der ihr am liebsten war. Ist eine lustige Dirn kuraschiert und auf-

geweckt gewesen, hat sie einem frechen Burschen gleich gar ein angebrütetes oder ein »stinkiges« Ei geschenkt.

Manch schneidiger Loder hat in der Osternacht gleich ein Körberl voll roter Ostereier zusammengetragen. Da hat dann seine Mutter geschaut, und der Vater war nicht weniger stolz: »Gell, gell, der Lausbub geratet seinem Vater nach.«

Manche Mädchen haben voller Stolz gesagt: »I hab in der Osternacht sieben Oar braucht.« Manche Eltern haben Sprüche gemacht: »Unser Resi hat achtzehn Oar braucht. Fast sind's uns ausgangen.«

Die Burschen haben sich die Eier schmecken lassen. Ostereier sind besonders kräftig. Sie sind eine österliche Liebesgabe. Dazu hat man am Ostersonntag nach der Kirch auch noch ein geweihtes Ei essen müssen. Das hat einen zusätzlich gefeit gegen jede Krankheit.

Wer mit seinen Ostereiern nicht auskommt, kann sich beim »Oarbecken« noch etliche dazugewinnen. Oder verlieren. Die Festigkeit der Eierschalen ist das Entscheidende.

Peckst du mit deinem Ei auf ein gegnerisches Ei und durch deinen Peckerer bekommt dessen Eierschale einen Sprung – und sei er noch so klein – schon gehört das Ei dir. Dein Gegner oder österlicher Freund muß ein neues Ei aus seinem Körberl nehmen. Bleiben diesmal beide Eier unversehrt, sucht man sich einen anderen Gegner oder peckt noch einmal. Und diesmal darf dein Gegner auf dein Ei pecken. Wer zu oft siegt und gleich ein ganzes Körberl voll Ostereier sich »erpeckt«, der wird verdächtigt. Am End ist sein Ei aus Gips? Zur Strafe verliert er alle seine Eier.

Das Eierpecken deutet auf ein lebensnahes Probierspiel hin. Der Brave hält die zahlreichen »Peckerer«, die jedem das Leben verpaßt, geduldig aus. Der brave, fromme Mann erträgt manchen Peckerer. Er sagt sich: Ein Ei und das Glück bleiben selten ganz in einem Stück.

Noch übermütiger ist das »Eierschieben.« Dazu braucht man zwei Rechen, die man auf einen abschüssigen Wiesenhang nebeneinanderlegt, daß die Rechenkämme ineinandergerückt sind und die beiden Stiele eine ideale Rutschbahn für

die Eier hergeben. Diese »Oarscheibn« soll nicht zu steil sein, denn die Eier sollen wenigstens über den Rechen wohlbehalten herunterrollen können. – Also, über die beiden Rechenstiele schiebt man ein Ei herunter. Vorsichtig kugelt es am Ende der Rechen in die Wiese, wo es in einer Mulde zum Stehen kommt. Da rollt auch schon das nächste Ei die Rechenrutsch herunter und kugelt in die Wiese hinein und – prallt sanft auf eines der dort bereits liegenden Eier. Hat eines der berührten Eier einen Sprung, ist es gewonnen, ist es »derschieben« worden. Und ein so gewonnenes Ei darf sofort in das eigene Körbchen gelegt werden. Hat bei dem Zusammenstoß allerdings das eigene Ei einen Peckerer bekommen, gehört es dem Besitzer des berührten Eies. Sind beide Eier draufgegangen, was vorkommen kann, behält jeder sein eigenes.

Was wäre Ostern ohne das Osterei! Legt es der Osterhase ins Nest? Das Osterei jedenfalls ist kein heidnisches Symbol, sondern ein christliches. Schon seit 1600 Jahren hat man die Ostereier geweiht, kennt man die *benedictio ovorum*.

»Christis ipse enim verus est Agnus, qui tollit peccata mundi – Christus ist in Wahrheit das Lamm, das hinwegnimmt die Sünden der Welt«, heißt es in der Osterpräfation.

Dagegen kommt der heidnische Osterhase nicht auf. Was ist auch der schönste Has gegen ein unschuldiges Lamperl? Gegen ein Osterlamperl aus Biskuit, vom Bäcker oder gar vom Konditor gebacken und mit Puderzucker fein überstreut? Das stolze Siegesfähnchen der Erlösung im Rücken. Und so ein Osterlamm kommt im Körberl für die Speiseweih oben auf.

Die neumodischen Osterhasen verdrängen die unschuldigen Osterlämmer. Die Unschuld ist halt nichts mehr wert. Darum gilt auch das Symbol nichts mehr. –

> *Bist frisch gschert mitm Kampe,*
> *Bist a kloans Osterlampe!*
> *Magst no net abgstocha werdn,*
> *Lieber auf d'Wiesn triebn werdn.*
> *'s Fressen lerna und 's Wiederkain,*
> *Aa's Umanandaspringa tuat di freun!*

Wia lang no, bald kommst in d'Woill
Und werst nomal gschert – hint im Stoil.
Und nachand bist an alts Schaf.
Jetzt leg di nieder und schlaf!
Der Schäferbua hat di frisch gschert – mitm Kampe,
Heit bist no a kloans Osterlampe!

Zur Osterfreude, zum *risus paschalis,* dem Ostergelächter, kommt das Ostermärl in der Osterpredigt. Das »Ostermärl« spielt gar in der Deutschen Literaturgeschichte eine Rolle. Schnurren, Märchen und phantastische Erzählungen haben uns die barocken Prediger im Ostermärl überliefert. Besonders die Ostermontags-Predigt hatte mit einem kräftigen Geschichtlein aufwarten müssen. Erst dann waren die Leut glücklich unterhalten. Und die Männer gingen nach »Emmaus«. Sie machten einen Spaziergang in ein entfernteres Gasthaus. Sie gingen nicht »Nebenhinaus«, sie gingen nach Emmaus.

Wie es im Ostermontagsevangelium heißt: »Herr, bleib bei uns, denn der Tag hat sich schon geneigt.« Über einigen Wirtshäusern ist in einer Lüftlmalerei die »Emmausszene« Jesu mit den beiden Jüngern dargestellt.

Es wird berichtet, daß die Leut in der Emmaus-Einkehr sich noch oft über das Predigtmärl ihres Pfarrers unterhalten haben. Ein nachhaltiger *risus paschalis.* »Unser Pfarrer«, sagte da ein Emmausgeher, »hat heut von einem Bauern erzählt, der Eier gelegt haben soll wie eine Henn.« – Ein anderer weiß von einer Schusterin, die beim Wäschewaschen in die Donau gefallen ist. Das ganze Dorf suchte mit Stangen nach der Schusterin. Nur der Schuster ging stromaufwärts. Zur Rede gestellt, gab er die Auskunft: »Ihr habt meine Margretl nicht gekannt, ihr sucht natürlich stromabwärts. Aber ich war mit ihr 17 Jahre verheiratet, ich weiß, daß sie immer gegen den Strom geschwommen ist.«

Ein Münchner Pater hat 1750 dieses Ostermärl seinen Zuhörern vorgesetzt: »Euer Lieb und Andacht! Jetzt wollts ein Ostermärl hören. Da ist's , ich erzähl Euch eins: Es gingen eins-

malen, eben am heutigen Fest, verschiedene Bauren nachmittags, wie dann viel anheut, wann das Wetter sich günstig zeiget, vermeinen, sie müssen spazieren, das ist, wie sie sagen, nacher Emmausgehen, einer bekannten Wallfahrt zu, kehreten aber, nachdem sie ihre Andacht verrichtet, in dem Wirtshaus ein, um einen frischen Trunk zu schöpfen und sodann mit besseren Kräften den Rückweg nach Haus zu nehmen. Da sie also bei dem Tisch saßen, fangte einer an: Oh, unser Herr Dechant hat heut wohl ein holdseliges Ostermärlein erzählet. – Mein, was für eines, fragte der nächste. – Er erzählte, Gott Jupiter habe aus lauter Schelmerei ein Gastmahl angestellet, die Götter und Göttinnen durch den Boten der Götter, Mercurium, einladen lassen zu einem Osterfladen, in der Stille aber ihm befohlen, er sollte bei den Göttinnen Meldung tun, Jupiter habe sich entschlossen, seine Frau, die Göttin Juno, abzusetzen und eine andere zu wählen, die tapfer schwätzen könne, Juno seie ihm gar zu hochtrabend und gebe wenig gute Worte aus. Da sei Mercurius herumgeflogen zu Venus, Minerva, Flora, Pomona, Ceres, Diana, Pales, Thetys und habe sein Sach vortrefflich angebracht. Eine jede wollte anstatt der Juno die vornehmste Göttin werden. Sie stellten sich alle ein und brachten Geschenke mit für den zukünftigen Gemahl. Flora brachte die schönsten Blumen von der Welt, Pomona Früchte, Ceres Brot, Thetys Fisch, Diana Wildbret; Bacchus aber führte ganze Fässer Wein mit sich: welsche, französische, spanische, ungarische. Die Tafel fangte an, da sagte Jupiter, er wollte für ein Tischgespräch eine Frag setzen, was für eine Ehefrau als die beste zu erwählen sei. Da ging es den Göttinnen in das Herz: Pallas gab den Vorzug einer Gelehrten, Ceres einer Arbeitsamen, Venus wollte kurzum eine Schöne vorziehen. Ceres hingegen wendete ein, was nutzet die Schönheit eines Weibes, wann sie zu Haus nichts tun will als etwa nur schwätzen, plaudern und feiern. Vornehme Frauen, widersetzte Venus, sollten nichts tun, sie haben ihre Mägd darum; Bauerntrampel, wie du, Ceres, eine bist, dem Acker und Feld angewohnt, mögen arbeiten. – Wie, ich, ein Bauerntrampel? Du Strohjungfer, du verschreite! – Da wurden dann die Götter auch ganz unwirsch,

insonders, weilen sie anstatt des Schwätzens sich auf das Saufen geleget. Mars wollte schon den Degen zucken und Fried machen. Das beste war, daß Mercurius mit denen gewohnlichen Zeitungsblättlein angekommen und Martem abgefordert, es seie großes Kriegsfeuer auf Erden entstanden, worauf die Tafel abgebrochen worden. Jupiter aber bekennet, er wolle bei der Juno verbleiben, als welche sich noch sehr still gehalten. Nichts seie besser als ein Weib, so schweigen kann, deren finde man aber wenig. – Ja, brummelte Venus zuletzt nach, wann die Weiber geschwätzig seind, so seind die Männer versoffen. Was ist besser? Wann einer all Tag nacher Emmaus gehet? Denkts nach, ihr Weiber! Was ist besser?«

Er war halt auch ein Mannsbild, dieser Pater Ignaz! Aber ein lustiges. Und die Lustbarkeit ist wichtig in einem Ostermärl. Kurios ist es, daß die alten Heidengötter zu einem christlichen Ostermahl zusammenkommen.

Der Weiße Sonntag

»...Nisi mittam manum meam in latus ejus non credam – wenn ich nicht meine Hand in Seine Seitenwunde legen kann, glaube ich nicht.« So sagte der ungläubige Thomas den Aposteln, die Jesus gesehen haben wollten. Acht Tage später erschien der Herr wieder den versammelten Jüngern und sagte zu Thomas: »Infer digitum tuum huc – lege deinen Finger hierher!«

Der Viehhändler Golpauli ist nicht weniger ungläubig gewesen als seinerzeit der Apostel Thomas. »Wenn ein Stier geschlachtet ist steht er nicht mehr auf. Für mich ist das alles ein Schwindel. Aber mit dem größten Schwindel haben sie allerweil schon das größte Geschäft gemacht. Ich zahl' meine Kirchensteuer, daß ich einmal feierlich eingegraben werden kann und das muß langen.«

Am Weißen Sonntag wäre aus diesem Atheisten doch beinahe ein gläubiger Thomas geworden. Sein Bub, der Peterl, hatte Erstkommunion. »Mein Herr und mein Gott – Dominus meus, et Deus meus«, hat es in seinem innersten Viehhandlerherzen wenigstens gebetet. Darum paßt das Evangelium vom ungläubigen Thamerl gut auf diesen Tag der Erstkommunion. Es ist ein Tag, der einem durch und durch geht. Und das schon tagelang.

Am Weißen Sonntag in der Früh ist die Mutter aufgeregt, der Bub ist blaß und stad und tut so brav und feierlich, daß man meinen möchte, ein Primiziant ist im Haus. Bei den Dirndln ist's noch viel schlimmer. Da ist es ein Herrichten und Probieren, ein Aus- und Anziehen und Frisieren, als gelte es, eine Hochzeiterin auszuheiraten! Obschon moderne Seelsorger ihre Erstkommunikanten alle gleich anziehen. Denn vor Gott sind sie alle gleich. Wie im Leben dann auch?

Auch die charakterfestesten Väter kriegen heut ein weiches Herz. Sogar der Golpauli, bekannt bei drei Pfarreien als ein Mann, dem nichts imponiert außer der Handlschaft und dem Profit. Er kann heute seiner Rührung nicht mehr Herr werden. Er spricht das hernach im Wirtshaus bei den Weißwürsten offen aus: »Auf Ehr' und Seligkeit: Na, lang hats mir nix ton heut, lang hab ich mich zruckhalten; obwohl, daß der Einzug der unschuldigen Kleinen mich schon ein bißchen gepackt hat. Das war auch ein Bild: voraus der Herr Pfarrer mit seinen Ministranten, dann die schneeweißen Dirndl, alle voller Unschuld und hinterdrein, wie kleine Hochzeiter die Buabn. Einer braver wie der andere und mein Peterl ist auch dabei! Mein Fleisch und mein Bluat. Er sieht mir ja gleich. Aber dös hat mir alls no' nix getan. Ich war bloß a bißerl gerührt. Erstkommunion hat er. Übermorgen ist alles vergessen.

Auch wie die Orgel zu spielen angefangen hat und die Kinder altarwärts zogn san in ihre geschmückten Bänk' und ihre Kerzen aufgsteckt haben. Mein Peterl a bsonders dicke, versteht sich. Nix. Ich bin dagstandn wiar a Baum.

Dann beim Taufgelöbnis, wie sie mit ihren unschuldigen zarten Stimmen, dem Herrn Pfarrer allerweil nachgsagt haben: Wir widersagen. Sie, die Kloan, dem Teifi! Ha! Da hats mein Alte bereit gstößn, sie hat trenzt. Das hat mir allerweil noch nichts getan – innerlich drin. Indem ich so manchen frommen Herrn kenn', wo dem Teufel nicht widersagt und ein sündteures Geld fordert bei der Handlschaft. Die meisten Leut sind ja ausgschämt!

Die Liadl haben mir aa nix ton. Mir haben seinerzeit andere gsunga. Wie ich glaub, herzergreifendere. Wie z.B. dieses: ›O heilige Seelenspeise auf dieser Pilgerreise, O Manna Himmelsbrot ...‹ Oder so ähnlich. Es ist mir die ganze Zeit schon im Kopf umgangen. Nix! Übermorgen ist alles vergessen und vorbei!

Ich bin ein harter und konsequenter Mann. Nichts hat mich gerührt. Erst wie der Peterl, mein Bua, altarwärts ganga ist, zum Hochwürdigsten Herrn, wie er zum ›Speisn‹ hin ist und die Heilige Hostie in Empfang genommen hat – wenn aar

auf die Hand, bar auf die Hand – da hat's mich grissen. Und ich schäme mich nicht, Tante Betty und Onkel Max, da hat's mich grissen und die Wasserburger sind mir in die Augen. Und i hab's rinna lassn vor lauter Freud! –

Aber warum bar auf die Hand? Den allmächtigen Gott? Wo mir jedem Bauern einen Scheck geben? – Bar auf die Hand nimmt der Peterl seinen Heiland? Glaubts mir's, dös hätt mi bald ein wenig geärgert.«

»Ja, ja«, antwortete der Onkel Max, ein Lehrer, »wäre es nicht eine wegweisende Neuheit in der uralten Liturgie, wenn wir den Erstkommunikanten bereits die Hostie, die das Allerheiligste Sakrament des Altares enthält, unseren Herrgott in sich hat, wenn wir diese Hostie, den Kindern wieder auf die Zunge legen würden. Aus den Händen eines Priesters natürlich! – Und wenn weniger zur Speisung gingen! Weil unsereiner nicht immer gerüstet ist für den Empfang des Allerhöchsten.«

Vielleicht redet Onkel Max dem Golpauli auch nur zum Gefallen? Er setzte vor dem Nachtisch, die Debatte beschließend, noch hinzu: »Auch altes Herkommen kann eine zukunftweisende Neuheit sein. Wie mein Lieblingsspruch es ausdrückt: Im Rückschritt, vorwärts marsch!«

Himmelfahrt

Wenn der Auffahrtstag ins Land geht, dann werden die Wiesen allmählich bunt, und man kann vom Kleeacker schon wieder die Futterei heimfahren. Die Schlüsselblumen vergehen und tausend andere Blümerl verzaubern die einfachsten Bauernwiesen zu Teppichen von orientalischer Pracht.

Unser Herr ist selber hinaufgefahren in den Himmel, aus eigener Kraft. Darum heißt dieses Fest auch *ascensio,* Hinauffahrt. Im Gegensatz zur *assumptio Mariae,* welche die Englein ins Werk setzten, indem sie die Mutter Gottes hinaufgetragen oder -gefahren haben.

Daß einer nicht an die *assumptio Mariae* glaubt, trifft man öfters an. Daß aber einer die Himmelfahrt Christi bezweifelt, ist eine Kuriosität. Der Rabeiner-Sepp, ein abgelegener Bergbauer, ist ein solches Kuriosum. »D'Muatter Gottes is freilich aufi in Himme', grad a so wia's aufgmaln is in meiner Kapelln, aber unser Herr is net aufi, weil er in der Welt bliebn is, dös woaß i gwiß.«

Der verrückte Irrlehrer, den kein Pfarrer und kein Pater belehren konnte, blieb unbehelligt. Er war sonst ein ordentlicher Bergbauer und fiel nirgends auf. Er ging in seine Kirche, wie es der Brauch war, ließ seine Kinder taufen und in die Schule gehen. Nur mit dem Religionslehrer kam er jährlich mindestens einmal in Konflikt, denn er widersprach der Unterrichtung seiner Kinder wie ein hartnäckiger Ketzer. »Melde dich in der Religionsstund, Anni, und sag es dem Herrn Pfarrer, daß unser Herr zwar auferstanden ist, aber nicht in den Himmel hinaufgefahren ist. Erstens, weil Er sonst gar nicht hätte auferstehen brauchen, wenn Er hernach nicht dableibt. Zweitens, weil Jesus es überhaupt nicht mit dem Fahren und Fliegen gehabt

hat. Und drittens, weil Er noch in der Welt ist und man ihm auf einmal begegnen kann, ohne daß man es weiß. Auch dem Herrn Pfarrer kann er begegnen. Er würde Ihn freilich bestimmt nicht erkennen.«

Solcher Widerspruch brachte immer wieder Unruhe in den Pfarrhof, und mit den Jahren fiel es allen auf: »Am Himmelfahrtstag geht der Rabeiner-Sepp nicht in die Kirche.«

Er saß während des Pfarrgottesdienstes, an dem er seine Familie nur ungern teilnehmen ließ, oben auf seiner Rabeiner-Bergwiese, gleich unter dem Rabeiner-Kopf und äugte durch sein Fernglas ins Tal hinunter. Besonders hielt er die Pfarrkirche im Visier. Und jedesmal verkündete er hinterdrein: »I hab schon recht, Er is wieder net aufigfahrn, Er is allerweil noch auf der Welt.«

Die geistlichen Herren gaben ihm schließlich recht und ließen ihn bei seiner harmlosen Ketzerei. Theologiestudenten stritten mit dem Sepp oft die halben Ferien lang. Aber keiner konnte ihm seinen Auffahrtsunglauben nehmen. Und sollte er seine abtrünnige Theologie begründen, gebrauchte er keine ungeschickten Argumente. »Er is deswegen auf dera Welt dabliebn, damit sich die Herren Beamten und Minister net alles erlauben derfan. Und nachand wega die Kriag, moanst? – Ja, grad aa wega die Kriag. Wenn Er net da waar auf dera Welt, nachand waar ja allerweil Kriag. Und Flüchtling hätt' ma no mehrer.«

Kurz vor dem letzten Weltkrieg ist der Rabeiner-Sepp verstorben. Und das ausgerechnet am Christi Himmelfahrtstag gegen Abend. Wie ihn der Herr Pfarrer an dem Tag, nachmittags, mit der Letzten Ölung versehen hatte, gestand ihm der Sepp: »Herr Pfarrer, i muaß Eahna was sagn. Eahna sag i's, Er is aufgfahrn. I hab's selber gsehgn mit meinm Perspektive. Mitten unterm Pfarrgottesdienst is Er aufi. Durch die schwarz Wolkn durchi und in Himmi nein.«

»Es ist halt auch ein Sonderling, ein profitlicher Mensch«, meinte der Pfarrer dazu und hielt ihm eine schöne Grabpredigt, eine über die Himmelfahrt.

Der Geist weht, wo er will.
Versuch einer Pfingstpredigt

Veni, Sancte Spiritus, et emitte caelitus lucis tuae raduim –
komm Heiliger Geist und sende uns das himmlische Licht deiner Strahlen! Diese Pfingstsequenz ist schön und tröstend.

Drei heilige Zeiten hat das Jahr: Weihnachten, Ostern und
Pfingsten. Und diese drei heiligen Zeiten sind in ihrem Range
gleich. Grad den einen Unterschied gibt es: Das hochheilige
Pfingstfest ist nichts zum Greifen, es ist etwas Geistiges. Heut
gibt's nix und heut kommt nix: Kein Christkindl und kein
Osterhas, heut kommt nur der Heilige Geist.

Aber nicht traurig sein, Leut! Der Heilige Geist ist auch was.
Ganz besonders ist er der beste Tröster, den es gibt. Und einen
Trost braucht ein jeder, einen *Consolator optimus!* –

Auch für solche Leut, die kein geistiges Geschäft haben,
die keine Professoren und keine Doktores sind, auch für die
hat er was, der Heilige Geist. Weshalb vor seiner Unfaßbar-
keit, Weisheit, Stärke und Allgewalt sogar die gerissensten
Geschäftsleute einigen Respekt haben. Gott sei Dank! Denn
mit einem gängigen Pfingstartikel ist noch keiner auf den
Markt gekommen, kein Kaufhauskonzern und kein Ver-
kaufspsychologe. Mit was denn auch? – Mit einem Pfingst-
öchserl vielleicht? Mit einer Schokoladentaube? Oder mit
schokoladenen Heilig-Geist-Taubeneiern? Oder mit leb-
kuchenen Nürnberger Geisttrichtern? Das hat sich noch
keiner ausgedacht, das hat sich noch keiner getraut, denn die
Sünden wider den Heiligen Geist gelten als die größten
Sünden. Darum hat das Pfingstfest seine alte Lieblichkeit
besser bewahren können als Weihnachten oder Ostern. –
»Pfingsten, das liebe Fest war gekommen, es grünten und
blühten Feld und Wald!« (Goethe)

125

Auch wenn es manchmal einen Duscherer tut. Das Jahr geht endlich in den Sommer. Die Korn kommen in die Blüh und das erste Heu liegt auf der Wiese: Pfingsten ist's – und der Geist des Herrn erfüllt den Erdkreis!

Jetzt ist die Zeit, wo die Exzellenzen und Bischöfe auf die Firmungsreise gehen. Das ist eine Aufregung! Besonders für die Herren Honoratioren, für den Herrn Pfarrer und den Herrn Bürgermeister, der vielleicht eine Begrüßungsansprache halten muß, wenn die Exzellenz abgeholt wird.

Da sind schon komische Stückl passiert. In Reamading weiß ich, wie der Bischof gekommen ist, hat der neue Bürgermeister schon acht Tage lang nicht mehr schlafen können. Allerweil wieder hat er seine Begrüßungsrede aufgesagt, im Roßstall und beim Eingrasen, beim Brotzeitmachen und im Wirtshaus, in der Schlafkammer und im Wald. Und allerweil länger und festlicher ist er geworden. »Exzellenz, Hochwürdigster Herr Bischof! Geschmücket sind unsere Häuser. Und auch der Neuwirt« – heutauf, das sag ich lieber net, »hat seine Fahn heraußen.« Er hat studiert und studiert. Die Rede ist immer großartiger geworden und der Bürgermeister grantiger.

Endlich kommt der Tag. Der Bürgermeister ist krank. Er kann nicht. Die Triumphbögen prangen, die Kutsche und Ehrenkutsche sind mit Girlanden umwunden, die Rösser haben eingeflochtene Schwänz, die Hufe sind geschmiert, alles steht da, alles wartet. – Auch die Feuerwehr steht stramm. Die Blechmusik spielt einen schneidigen Marsch. Jetzt müßte es passieren. Der Herr Bürgermeister der Marktgemeinde, begleitet vom Gemeinderat, hebt an und hebt an und schluckt und schluckt. Er wird so weiß wie ein weiblicher Firmling. Wie die Not am größten, entringen sich endlich seinen Lippen die heute noch geflügelten Worte: »Grüß di God, Bischof! I bin schon gfirmt.«

In jeder Bauernstadt, in jedem Marktflecken kehren sie ein, die hochwürdigsten Herren und teilen das Sakrament des Geistes aus und seine sieben Gaben. Wer weiß denn noch, wie sie heißen alle sieben? – Kaum noch ein Firmling heutzutag! Kaum einer... kaum ein Pf... Ach was, ich sag es lieber nicht!

Sieben Gaben sind es! Aber bis auf diese Siebenzahl kann nicht jeder Professor mehr zählen. Siebtens die Gottesfurcht, heißt ein Roman vom Josef Martin Bauer. Und sechstens? – Bei unserem Herrn Pfarrer haben wir sie auch rückwärts können müssen, die sieben kostbaren Gaben des Heiligen Geistes. Also, siebtens die Gottesfurcht, sechstens die Frömmigkeit, fünftens die Wissenschaft, viertens die Stärke, drittens die Gabe des Rates, zweitens die Gabe des Verstandes und erstens die Gabe der Weisheit.

Diese sieben Gaben bekommt man gratis bei der Firmung.

Erschütternd, da der Bischof über die Firmlinge die Hände ausbreitet und die sieben Gaben des Heiligen Geistes herabfleht: »Emitte in eos septiformen Spiritum tuum sanctum Paraclitum de caelis. – Gieße über sie deinen Heiligen Geist mit seinen sieben Gaben aus, den Trösterbeistand aus den himmlischen Höhen!«

Der Chor und alle anwesenden Priester antworten: »Amen!«

Unmittelbar anschließend rief der firmende Bischof oder Abt diese sieben Gaben – je zwei in einer Anrufung, am Schlusse aber die Gottesfurcht allein – wie beschwörend auf:

»Spiritum sapientiae et intellectus.« – Amen ruft der Chor.

»Spiritum consilii et fortitudinis.« Ein abermaliges Amen verstärkt den Anruf.

»Spiritum scientiae et pietatis.« – Und wieder singen alle Amen.

Heut spricht der Bischof ein Gebet in deutscher Sprache, das zwar die Gaben aufzählt, aber verschweigt, daß es sieben sind. Mir ist aber gerade die Siebenzahl wichtig. Die Siebenzahl definiert höchst wissenschaftlich das Pneuma von Anaxagoras, Plato, Thomas, über Kant und Hegel bis Klages und weiter genau sieben Wesenselemente all dessen, was die Philosophen ungefähr Geist, Erkenntnis, Verstand, Seele, Ratio, Intellekt, Sehnsucht oder Über-Ich nennen. Sogar im Instinkt der Tiere weht der Heilige Geist.

Den heutigen Liturgikern ist die Siebenzahl zu magisch. Mit Magie, Mystik und Zauberei will aber im 20. und 21. Jahr-

hundert in der Kirche niemand mehr was zu tun haben. Davon profitieren die neuen Esoteriker.

Manche Leut haben nicht einmal die Gabe, einen guten Rat anzunehmen. Obschon sie ein Kardinal gefirmt hat und obwohl sie einen reichen Firmpaten gehabt haben. Umso leichter sind sie von der Werbung verführbar. Weisheit, Verstand, Stärke und Frömmigkeit verkaufen sich schwerer als Automobile oder tiefgefrorene Teigwaren.

Daran haben weder die Apostel noch die ersten großen Konzilien gedacht. Also muß sich der Heilige Geist selber helfen. Er muß wehen, wie und wo es ihm gefällt. Von diesem Wehen spürt man am meisten noch bei der Firmung in einer kleinen Stadt. Wo die Firmpaten und -Patinnen mit ihren Firmlingen nach dem hochgeistigen Sakrament die Wirtshäuser bevölkern und die eben Gefirmten alle daumenlang auf die neue Firmungsuhr schauen und auf den Firmungsausflug nach dem Chiemsee warten oder nach Neuschwanstein. Heute gibt es Auswüchse. Ein God fragte seinen Firmling, was er sich für eine Uhr wünsche. Da meinte dessen Mutter, nein, eine Uhr könnten wir nicht mehr gebrauchen, der Bub hätte deren schon zwei. Was denn dann? – Sag's, Bub! – Und der Firmling sagte es seinem Paten. Kleinlaut und zögernd zwar, aber immerhin: »Daß ich halt später was hätt davon, meint die Mama, einen Baugrund.«

Das schönste Erlebnis ist halt doch, daß in die kleine Stadt der Bischof kommt. Der obere und der untere Markt ist beflaggt. Als Durchfahrender bleibt man verwundert stehen und fragt einen Vorübereilenden, was denn hier heut los sei. »Ja, heut firmt man z'Anzing.« Aus zwölf Gasthöfen dröhnt das Anzapfen bis in den Abend hinein, denn die Firmpaten haben auch ihre Freude an den sieben Gaben des Heiligen Geistes »und wenn wir sie ein wenig anfeuchten«, hat mein Firmgöd gemeint, »dann gedeihen sie besser im Gehirn.«

Von einem Firmungsausflug wollte er nichts mehr wissen. Den könne man allerweil nachholen. Außerdem könne er heut nicht mehr Autofahrn, ja nicht einmal mit der Eisenbahn.

So große Firmungsräusche kennt man heute nicht mehr. Mit der Siebenzahl der heiligen Geistgaben tafeln die Firmlinge mit ihren Godeln und Gödeln trockener und bescheidener. Kein Vergleich mehr zu Karl Valentins »Der Firmling«.

Bei der Firmung sind damals die Firmungs-Backenstreiche verabreicht worden. *Pax tecum,* der Friede sei mit dir. Was aber passiert am Pfingstsonntag? Oder Montag?

Man kennt seit alten Zeiten den »Pfingstochsen«. Ein buntscheckiger Sonderling? Kein Aprilochs und kein Maiaff'.

Eigentlich kommt der Pfingstochse vom Ochsenrennen, das früher gern am Pfingstmontag abgehalten worden ist. Lustig ist so ein Ochsenrennen! In Aising bei Rosenheim beispielsweise oder in Oberhummel bei Freising gibt es berühmte Ochsenrennen.

Von Haus aus war es nicht einmal ein Ochsenrennen, vielmehr galt die Observanz, daß man am Pfingstmontag mit dem Viehweiden angefangen hat. An dem Tag durften die Rindviecher zum erstenmal wieder auf die Weide. Das war natürlich eine Mordsfreud für die Viecher, auch für die Ochsen. Die kamen auf die letzt dran zum Austreiben. Vielleicht aus Spaß? Und darum nannte man sie Pfingstochsen. Bald hat man sie prächtig geschmückt, auffallend, bunt und hat eine besondere Gaudi mit den weidenden Ochsen veranstaltet. So sind Ochsenrennen entstanden und der letzte ist meistens am schönsten geschmückt worden. Der hat das Dreizehntel gekriegt. Etwas Geistiges ist der Pfingtsochs nicht. – Es gibt auch Pfingstlümmel.

Das Gegenteil von den Pfingstochsen sind die Gescheiten, die Hochgelehrten, die Herren Professoren und Doktoren! Wenn einer Professor Dr. Sowieso heißt, dann ist das einer, der zu viel bekommen hat von den Pfingstgaben des Heiligen Geistes. Nicht von allen, bloß von der Gabe der Wissenschaft und vielleicht des Verstandes.

Professor Dr. Maier. Das hat halt einen Klang. Aber die Hofbäuerin von Köllnbach hat diesen Ausspruch getan: »Was habts denn allerweil mit enkane Professa und Dökta? Es hoaßt ja aa net: Herr Professor Dr. Jesus Christus!«

Dieser Ausspruch hat etwas zu bedeuten. Nicht auszudenken, wenn es hieße: »Seine Eminenz, Professor Dr. Jesus, hat in seiner Bergpredigt ein Acht-Punkte-Programm empfohlen!«

Gott sei Dank, so heißt es nicht. Das ist für unsere normalen Heilig-Geist-Verbraucher und Firmlinge ein Trost.

Von den Pfingstochsen erfahren wir allerdings kaum, was der Heilige Geist ist. Das Pneuma, der Logos, die ordnende Weltkraft. Oder ist es unsere Begeisterungsfähigkeit für das Schöne? Ein Materialist hat keine Freude am Übersinnlichen. Ihm fehlen die Gaben der Weisheit, des Verstandes. Nicht nur die des Rates, der Wissenschaft, Frömmigkeit und Gottesfurcht.

Der Herr Hubert Lidl hat sieben Hausstöcke von seinem Vater geerbt. Nach zwanzig Jahren eisigen Sparens hat er jetzt siebenundzwanzig Hausstöcke, kann so viele Neubauabschreibungen geltend machen, daß er keine Mark Einkommensteuer bezahlt. Und selber wohnt er nur in einer Eineinhalbzimmerwohnung. Dreimal war er verlobt. Eine jede Braut ist ihm wegen seiner großen Sparsamkeit davon. Dann hat er eine böse, ältere genommen, die ähnlich denkt wie er und auch drei Hausstöcke besitzt. Kinder haben sie keine. Nur Nichten und Neffen. Sie gönnen sich nichts. Ihr ganzes Trachten heißt Steuern sparen und das Einkommen vermehren. Sie sind zwar gefirmt, aber von den Sieben Gaben des göttlichen Pneumas haben sie nie Gebrauch gemacht. Auch im Krankenstande werden sie nicht einsichtig. »Wir sind keine Philosophen und keine Theologen. Wir kennen nur die Wirklichkeit. Und unser größter Feind ist das Finanzamt.«

Um zu ahnen, was der Heilige Geist bedeutet, brauchen wir keinen Deutschen Idealismus und keinen Neopositivismus. Es genügen die Sieben Gaben des heiligen Geistes, um Bescheid zu wissen. Sechstens die Frömmigkeit und siebtens die Gottesfurcht. Die Gaben der Weisheit und des Verstandes haben das Pneumatische in sich, die Sprache, die Wissenschaft und die Kunst.

Die Pfingstochsen sollen leben und die Brettlochsen daneben! Für eine Bekehrung ist es nie zu spät. Denn der Geist weht, wo er will, vielleicht einmal auch in der Seele eines gerade sterbenden Geizkragens?

In der Großzügigkeit gegenüber den Künstlern hat er einmal stürmisch geweht. Das nannte man Liberalität.

Glauben Sie nicht den materiellen Geschichtsinterpreten, die vergangene Zeiten schlecht machen, weil es noch keine Blinddarmoperationen gegeben hat. Weil das Penicillin noch nicht entdeckt war im 18. Jahrhundert. Weil es noch keine Autoschlangen gegeben, keine Eisenbahnen, keine Hygiene und kein elektrisches Licht, keine Weltkriege, Flugzeugbomber und Raketen, keine Atombomben, keine bakteriologischen Waffen und keine drahtlosen Handtelefone, kein Internet und keine der anderen so kostbaren Erfindungen der Gelehrten und deren Institute, für die wir Steuerzahler Milliarden aufbringen müssen – zur Ehre der Stärke? Weitab von der Weisheit und Stärke des Heiligen Geistes. Von der totalen Fernsehgesellschaft Tag und Nacht ganz zu schweigen. Die materiellen Inovationen sind zu viel geworden.

Damals, im 17. und 18. Jahrhundert hat ein anderer Geist geweht in den europäischen Ländern. Du siehst sein Wirken in den Pillastern und Bögen, in den Altären, Plastiken und Fresken, in den Portalen und Epitaphien. Dieser liebe, gute Geist tröstet unsere Seelen heute noch. Er tröstet reiche und arme Seelen, gläubige und ungläubige.

O lux beatissima, reple cordis intima – o du Licht der seligen Lust dringe ein in unser Herz!

Der Heilige Geist hat den Wessobrunner Stuck auf die Decken und Bögen hingehaucht. Er hat den Baumeistern die Barockkuppeln eingegeben, die französischen Kathedralen, die römischen Herrlichkeiten. Auch unsere bayerischen Hallenkirchen. Zu Ehren vieler Heiliger. Und zu Ehren der allerseligsten Jungfrau, der Mutter des Herrn.

Der Geist der Frömmigkeit und der Gottesfurcht hat den ganz großen und begnadeten Malern die Pinsel geführt zu den gewaltigen Deckenfresken und zu den herzigen Rocaillen. Zu den Altarblättern und Heiligenbildern. Der Feuergeist der göttlichen Liebe hat die Schnitzmesser von Günther, Deutschmann, Straub und noch hundert anderer direkt und mit lustiger Sicherheit geführt, daß die übermütigsten Englein wie

Baumnymphlein aus dem guten Holz herausgeflogen sind. Das war ein Geist! Und er hat geweht im Bayernland. Davon leben heute noch zehntausend Kunsthändler und Antiquitätenschwindler.

Schwärmende Kunsthistoriker schreiben jedes Jahr für Millionen Bücher darüber. Und die Fremdenverkehrsindustrie hat mehr von einer prächtigen Barockkirche als von den Förderungsmaßnahmen dreier Parlamentariergenerationen zusammen! Ach was! Der Geist hat einmal stärker geweht in unseren Landen. Damals, als in Würzburg und Bamberg noch die Schönborn regiert haben und ein Friedrich von Seinsheim! Als in Salzburg noch der gottselige und einfältige Fürsterzbischof Sigismund von Schrattenbach, ein Mann von unsagbarer Leutseligkeit und Bonhommie, mit seiner stets fröhlichen Originalität den milden Krummstab schwang. Das waren noch Kirchenfürsten! Ohne Schrattenbach hätt's keinen Mozart gegeben! Ich hab es bewiesen in meinem historischen Spielfilm »Sigismund, ein Gönner Mozarts«.

Was dagegen ist da eine fade Gemeinschaftmesse? »Emitte Spiritum tuum et creabuntur! – Herr, sende aus deinen Geist und alles wird neu geschaffen werden!« Das Lateinische, auch wenn wir nicht alles verstehn, wir hören es gern.

Wenn sich die Universität Ingolstadt auch erst um 1738 offiziell zum kopernikanischen Sonnensystem bekannt hat, Latein und Griechisch, die Jurisprudenz, die Medizin und Chirurgie mit der Klistiererei und den vielen Purgationen und Aderläß, sowie eine enorme Wissenschaft von den Heilkräutern hat man doch studieren können in Ingolstadt.

Gewiß, hier und da ist auch etwas passiert, weil die Studenten immer schon Lumpen waren. – Einmal hat in Ingolstadt ein Student die Frau eines Professors entführt und ist mit ihr ins Ausland – nach Eichstätt – durchgebrannt.

Aber in Landshut ist es wieder herzinnig und romantisch geworden, das Studieren. Bettina von Arnim und Professor Savigny haben damals mit Professor Sailer, dem späteren Bischof, die Aufklärung bekämpft. Herrgott, war's damals schön, Student zu sein! Das war eine Burschenherrlichkeit! –

Auch der Geist der Wissenschaften hat in Bayern regiert und ist heimisch geworden – heimisch seit 1500 Jahren.

Wie unsere Universität noch in Landshut war – damals ist das Studentenleben noch intim gewesen. Intim zu den Professoren und zu der Hausmutter. Es war in Erlangen und in Würzburg nicht anders. Toleranter und aufgeklärter sind sie in Würzburg schon gewesen. Die Schönborn haben auch evangelische Professoren zugelassen – und Fürstbischof Adam Friedrich von Seinsheim hat sogar an einer lutherischen Universität zwei Semester lang studiert. So »tolerant« ist man damals gewesen in Franken.

In Erlangen weiß man es ohnehin! Und in Landshut also hat der Kronprinz Ludwig studiert – mitten unter Bauern- und Bürgersöhnen.

Johann Nepomuk Ringseis, später sein Leibarzt, ein Oberpfälzer Wirtssohn, hat Medizin studiert. Und Graf Pocci, der spätere Kasperltheatergraf und Oberstzeremonienmeister, hat Staatswissenschaften betrieben. Pocci hat bei einer Landshuter Buchhändlerin ein Zimmer gehabt, wo eine junge Tochter dagewesen ist – und aber auch noch ein schöneres Stubenmädchen. Da hat er damals das Lied komponiert, das da heißt: »Wenn ich ein Vöglein wär' und auch zwei Flügel hätt'...«

Typisch für die friedliche und intime Kleinstadtatmosphäre einer Pflanzstätte. Der *alma mater.*

Die Ausstrahlung des Heiligen Geistes umfaßt den ganzen Erdkreis. Die Natur ist mitinbegriffen, die ganze Schöpfung! »Tu septiformis munere – du siebenfältiger Schatz«, singt ein uralter Dichter im berühmten Pfingsthymnus.

Mit den sieben Gaben muß es also schon seine Richtigkeit haben. Die heutigen Theologen legen keinen Wert mehr auf die Siebenzahl; sie ist ihnen zu magisch. Ich habe mir in den siebziger Jahren drei verschiedene Katechismen gekauft, in keinem sind die sieben Gaben aufgezählt gewesen.

Drei Seiten lang wird die Unfehlbarkeit des Papstes behandelt. Als wenn es das bräuchte! Das ist ein Dogma und wir glauben es ohnehin.

Jahrelang habe ich auch keine schöne Pfingstpredigt gehört: Es wird allerweil politisiert an dem Tag. Derweil hätt' der Heilige Geist, der ja ganz speziell der Tröstergeist heißt, *qui paraclitus diceris,* viel Trostreiches zu geben. Wieder haben das die alten Barockprediger gekonnt! Was ist eine Religion, die nicht trösten kann, wert?

Vor fast dreihundert Jahren hat im Kloster Gars am Inn der Augustinereremit Pater Augustinus Ertl aus München in seiner Festpredigt sich die Frage gestellt: Warum denn der großmächtige Heilige Geist, die dritte Person Gottes am Pfingssontag ausgerechnet in Zungengestalt erschienen ist, wo er doch meistens durch eine Taube symbolisiert wird. Und er gibt diese Antwort:

»Es erschien der Heilige Geist in Zungengestalt, dann er wollte denen Aposteln weisen, daß er ankomme, unsere menschliche Seelenwunden zu heilen. Was ist heilsamer als ein Hundszungen? Wann ein Hund einem beschädigten Menschen seine Wunden lecket, werden selbe bald ausheilen und haben sogar die Hund dem armen Lazaro mit ihrer Zungen seine Geschwür und offene Schäden gelecket und geheilet – *canes veniebant et lingebant ulcera eius.*

Tut das die viehische Hundszungen, wieviel mehrers hat Gott der Heilige Geist mit seiner anheut erscheinenden Zungengestalt sowohl denen Aposteln als uns allen sündigen Menschenkindern die innere Seelenwunden geheilet? Sana, quod est saucium, singet die katholische Kirche in ihrer heutigen Sequenz, heile und mache gesund, was krank und schadhaft ist. Oder es erschien der Heilige Geist in Zungengestalt, dann er wollte allen Unform und Ungestalt von denen noch unvollkommenen Aposteln und andern Sünden hinwegnehmen und uns sametlich zu wohlgestalteten Kindern Gottes machen. Wann die Bärin ihre Jungen wirft, so ist ihre Geburt nur ein grobes Stuck Fleisch, so weder einem Bären noch andern Tier gleichsieht. Worauf kommet der alte Bär, putzet und lecket so lange an diesem unformlichen Stuck Fleisch, bis endlich der Kopf, die Pratzen und Füß herfürkommen und ein junges Bärlein daraus wird.

Was waren die noch unvollkommene und ungeschicket Apostel, was waren wir alle sündige Menschen vor der Ankunft des Heiligen Geistes als ein unformliche Mißgeburt, mit allen Sündenmängeln umgeben? Kaum aber ist anheut die göttliche Zunge des Heiligen Geistes über uns kommen, kaum hat uns die Gnad des Heiligen Geistes berührt, da haben sowohl die Apostel als wir sündigen Menschen die rechte und schöne Tugendgestalt, Form und Weis der frommen auserwählten Kindern Gottes überkommen. Der Heilige Geist hat mit seiner reformierenden Gnadenzungen alle Häßlichkeit, Grobheit und Unwissenheit von unsern Verstand, Herz und Seelen hinweggenommen und aufgehebt. Und das seie von dem Puncto gesagt, warum Gott der Heilige Geist in Zungengestalt ob den Jüngern erschienen seie.«

Eine barocke Theologie, die heute bloß noch belächelt wird. Es fehlt vielen Fundamentaltheologen der *Spiritus sapientiae et intellectus*. Von dem *Spiritus scientiae et pietatis* zu schweigen.

Man nimmt ja kaum mehr – und das dreht den heutigen Katholiken das Genick gänzlich um – man nimmt kaum mehr die Predigt der Künstler, der dienenden Künstler, in denen der Heilige Geist deutlich spürbar mitgearbeitet hat – man nimmt kaum mehr diese gottbegnadeten Künstler ernst. Die prächtigen Messen, die wir haben! Die Mozart-, Haydn-, Schubert- und Bruckner-Messen. Die oft erstaunlich guten Pfarreiorchestermusikanten hat man von den Emporen gejagt und verhöhnt, und verspottet hat man die zur Ehre Gottes musizierenden Chorregenten! Die letzten fünfzig Jahre über. – Und warum? – Wegen der deutschen Liturgie etwa? Nur wegen der modernen Liturgie? – Die Ursache sitzt tiefer und hat die satanische Wurzel der Eifersucht. Die Zelebranten vorne am Altar waren eifersüchtig auf die herrlichen und von Gott eingegebenen Messen unserer großen Kirchenkomponisten.

Denn an so einem Festtag – dreispännig wurde zelebriert und die Krönungsmesse von Mozart oder irgendeine mozartische *Missa brevis* wurde aufgeführt mit Pauken und Trompeten, mit Geigen und Bratschen, mit Celli und Orgel, mit Soli-

stinnen und mit einem wohleinstudierten gemischten Chor. – Es hat so herrlich geklungen, daß sogar die Rokokoputten sich zum Engelreigen emporgeschwungen haben! Und dann die große Stille bei der Wandlung!

Plötzlich, nur die schwere Glocke. Und das kleine Ministrantenglöckchen bei der Elevation.

Herrgott, war das ein Augenblick! Da hat sich auch das Knie eines sich seiner Frömmigkeit schämenden Weltmannes gebeugt. – Wenn also so eine solenne Messe gefeiert wurde, dann haben hernach die Leut alle – auch die Pfarrhaushälterinnen anfangs – geschwärmt: »Ah! Dös war schön heut! Ah! So was hat man z'Rinning schon lang nimmer ghört! Ah! – Die Geigen, die Trompeten, hast'n g'hört, an Schmied? Und von der Maria dieses Sopransolo! Ah!«

Von der Predigt hat kaum jemand gesprochen, erst recht nicht von den Zelebranten vorn am Altar. Das war ja selbstverständlich. Die waren ja mit inbegriffen. Die waren ja die Repräsentanten dieser Herrlichkeit. Aber das haben sie nicht mehr gespannt. Die Kleriker – schon am Ende des vergangenen Jahrhunderts ist es zu spüren – die Kleriker hat da der Neid und die Eifersucht gepackt. – Und sie haben von »liturgischen Erneuerungen« gesprochen. Jeder alte Kirchenmusikus gibt mir recht. – Die Eifersucht hat die neue Liturgie hervorgebracht. Und was ist die Eifersucht? Etwas Urböses. Und vom Heiligen Geist stammt sie nicht. Manch einer hält eben den eigenen Vogel für die Taube des heiligen Geistes.

Denn der Heilige Geist, der Tröster und Hervorbringer der Herrlichkeiten, redet in der Zunge der Liebe. – Herrgott, laßt sie doch singen und jubilieren! Da oben auf dem Chor – *ad majorem Dei gloriam*. Sie singen ja Gott zur Ehre und anläßlich der Zelebration eines hochfeierlichen Lobamtes. – Vielleicht waren nur die eifersüchtig unter den Pfarrern, die nicht singen konnten, die unmusikalischen? Wir können den Heiligen Geist nur bitten, daß er unsere Oberhirten wieder zurückbekehrt zur alten, schönen und festlichen Messe in lateinischer Sprache.

Der heilige Klemens Maria Hofbauer ist zum Betteln gegangen, damit er auch an einem gewöhnlichen Werktag ein

Dutzend Geiger hat bezahlen können, honorieren für sein Amt. Und gute Geiger mußten es sein – kein Kratzer und Patzer! Das wär ein Heiliger für uns.

»Consolator optime dulcis hospes animae, dulce refrigerium! – Tröster du in jedem Leid, Erfrischung voller Lieblichkeit, lieber Gott meiner Seele!« –

Hat Mozart nicht so komponiert, tröstend? Die Kirchenmusik ist das Schönste überhaupt! – Hier spürt man das Wehen des Heiligen Geistes am deutlichsten. Millionen von Schallplatten spielen allwöchentlich in Millionen Wohnungen seine Messen, seitdem man sie in der Kirche nicht mehr zu hören kriegt.

Das ist eine Spiritualität. Ach, ich hab so Sehnsucht nach dem achtzehnten Jahrhundert!

Da ist einmal ein alter Austragsvater im Sterben gelegen und hat nochmal mit dem hochwürdigen Herrn Pfarrer geredet, einem guten alten Bauernpfarrer, wie sie's heut nimmer gleich gibt: »Herr Pfarrer«, sagt er, »vorm Vater, vorm Herrgott hab ich net gar zu viel Angst. A bisserl freichlich, aber dös ertrag ich noch. Vorm Sohn, vorm Herrn Jesus auch nicht. Mit dem steh ich mich net schlecht. Aber vorm Heiligen Geist! – Da woaß ich gar net, wie ich mich verhalten soll. Ich bin kein Professor und ich bin kein Doktor. Nix Geistigs kann ich durchaus nix!«

»Ah geh'«, sagt drauf da der Pfarrer, »wer wird sich denn vorm Heiligen Geist fürchten? Du hast doch früherszeiten allerweil so gern Zither spieln können, schaug das Zitherspieln, das hat dir der Heilige Geist gelernt. Ja, ja, weil der Heilige Geist, der mag besonders gern die Musik. Auch die Volksmusik.«

O lux beatissima, reple cordis intima! – O Licht der seligsten Lust, dring in deiner Gläubigen Brust – bis tief ins Herz hinein!

Auch die Dichter dürfen heut Festtag feiern. Vielleicht sogar die Komödienschreiber? Denn es hat der fromme und gescheite Pater Ferdinand Hueber von den Münchner Jesuiten, vordem in Ingolstadt und Dillingen, seine »flores poetici dramatici«, seine lustigen Einakterstückl zum Heiligen Geist geschrieben. Um

1750 etwa. So was hat es nur in München gegeben! Prächtige und saftige Theaterstückln. In jedem Einakter geht es um ein Attribut des Heiligen Geistes. In einer Komödie geht es zum Beispiel um Krieg und Frieden. Die Feldherren treten alle auf, der Caesar und der Alexander, der Epaminondas und der Hannibal – und ein jeder macht martialische Sprüch. Auch Gott Mars natürlich. Aber auch die Friedensgöttin erscheint mit ihren Adlaten, mit der Jurisprudenz, einem verhutzelten Professor, mit Künstlern und Wissenschaftlern und Gschaftlhubern auch, die alle nur sie zum Blühen bringen kann.

Auf die letzt krachts und donnerts wieder, und der Mars Christianus erscheint und begeistert alle mit seiner Friedenssehnsucht! *Veni creator spiritus! Et renovabis faciem terrae!* Die Orgel fällt ein, das Stück endet in einer Heilig-Geist-Andacht.

Wer hätte sich das sonst denn schon getraut? Einakter, lustige Komödienstückl zu verfassen und das zu Ehren und zum Verständnis des Heiligen Geistes? In ganz Europa wurden die *flores poetici dramatici* gespielt, sie waren Bestellerstückl. Das muß beinahe schon eine Valentinnatur gewesen sein, dieser Pater Ferdinand.

Auch in den Stücken von Karl Valentin weht der Heilige Geist. Weniger der Geist der Wissenschaften und des Verstandes, aber bestimmt der Geist der Weisheit und des Rates und der Geist der Furcht des Herrn. – Man denke nur an Valentins Verkehrsreglement: montags die Fußgänger, dienstags die Radfahrer, mittwochs die Personenautos, und so weiter. Ja, ja, der Geist weht, wo er will – auch in Bayern! Wirkt er nicht auch für die Bräumeister?

Die brauchen auch den Heiligen Geist, damit sie nicht – wie die wonaders – eine Biersorte braun, eine einzige Biersorte, die dann den Hamburgern und den Berlinern grad so schmecken soll wie den Münchnern und Straubingern. Nein! Wir haben individuelle Geschmäcker. Eine Vielfalt, eine Buntheit des Geschmackes! Wir trinken Dunkles und Märzen, Josefi und Maibock. Auch das ist eine Gabe des Heiligen Geistes: Die Fülle, die Überschwenglichkeit, die Auswahl.

Die Monotonie und Fusion ist Satansgeist. Wo bleiben die Kartellämter? Der Heilige Geist ist auch für die Souveränität der Provinzen Europas. Es gibt kein Land der Welt, das so viele Brauereien hat wie Bayern. Siebenhundert immer noch, wo viertausend schon zugesperrt haben. In anderen, weit größeren Ländern gibt es vielleicht fünfzig Brauerein, meistens aber bloß zehn, oder gar nur fünf!

Der Geist Gottes schwebte über den Wassern! Die Vielfalt ist schön und unterhaltsam. *Infirma nostri corporis!* Stärk unsres Leibes Gebrechlichkeit! Der Geist ist unverwüstlich. Und er weht, wo er will. Man braucht nur zu ihm beten.

Was hat dann der gewöhnliche Mensch, der Habenichts und armselige Racker, von seinem Leben gehabt? – Doch eines ist jedem gegeben und muß er auch bekennen: »Mir ward menschlicher Besitztümer keines. Nicht Ahnen, nicht Gold, nicht Äcker.«

Es ist ihm die Sprache gegeben, nur die Sprache:

»Die Worte sind mir Grund und Boden, der mir Brot, vielleicht gar Ehre ertragen soll. Nur für des Vaterlandes Worte kann ich wirken. Der Heilige Geist steh' mir bei. (Daß ich kein dogmatisches Stroh dresche!)«

Das hat der junge Andreas Schmeller seinem Tagebuch anvertraut. Und er hat in seinem großen Bayerischen Wörterbuch dann viele schöne alte Sprüch' überliefert. Auch den: »A guate Seel' brauch an guatn Geist«. *Consolator optime* – allerbester Trost. Und Trost braucht ein jeder:

> *Ehwenn ma se' umschaugt,*
> *Ehwenn ma se' b'sinnt,*
> *Vertrenzt ma sein Leb'n,*
> *Als vertragerts der Wind.*

Der Anlaßtag

Pange lingua – Preise, o Zunge! So fangen die ganz großen Dichtungen der Menschheit an: Homer und Vergil, die Ritterepen und nenn mir, du Muse, den Mann! Preis, meine Zunge, das Geheimnis des glorreichen Fronleichnam! – Ein überschwengliches Lobgedicht auf den heutigen Tag ist auch dem größten Theologen des Mittelalters, dem heiligen Thomas von Aquin, gelungen. Und wieder geradeso fängt es an mit dem Anruf des Dichters an die himmlische Sionsmuse: »Lauda, Sion, Salvatorem, lauda ducem et pastorem in hymnis et canticis! – Deinem Heiland, deinem Lehrer, deinem Hirten und Ernährer, Sion, stimm ein Loblied an!«

Man kann nicht groß genug prangen und prunken heut! – Ein neues Gewand hat jede Bäuerin bekommen, jedes Dirndl. Und die Männer neue Flundtücherl. Die Musikanten haben sogar ihre Instrumente blitzblank geputzt. Die Wege sind mit Blumen bestreut, mit Rosen gar, die Häuser geschmückt mit roten Tüchern und goldenen Streifen an jedem Tuch! Die Kirchenfahnen wehen weiß und gelb. Tausend Birkenbäumchen stehen an den Hauswänden. Die Glocken läuten den Umgang ein zum Fronleichnamstag. Die große Fronleichnamsprozession. Darüber kann man stundenlang erzählen. Die Mädchen mit den weißen Kommuniongewändern gehen voraus. Haben wieder ihre weißen Kränze im Haar.

Frührerszeiten – noch bis vor dem Ersten Weltkrieg – haben in Bayern auch noch Männer und Burschen Kränze aufgehabt. Männerkranzl aus Thymian mit blauen Schleifen dran. Die Bamberger Häcker und die Gärtner tragen bei ihren Prozessionen diese Männerkränze heute noch. In Niederbayern hat man sie mancherorts noch in den zwanziger Jahren

getragen, auf die Letzt noch wenigstens die Ministranten. Es mag einmal eine Zeit gegeben haben, da hat ein jeder ein Kranzl getragen in der Prozession. Weil ja der Fronleichnamstag ganz früher einmal der Kranzltag geheißen hat. Und warum Thymiankränze? – Weil der Thymian die bösen Geister verjagt. Heut noch bewahrt ein Birkenzweigerl, das man nach der Prozession abbricht und mitheimbringt, Haus und Hof und Wohnung vor jähem Unglück, vor Blitzschlag und Feuersbrunst. Überall haben sie andere Bräuche gehabt. Die einen schmückten sich mit Weinlaub, die anderen mit jungen Birkenblättern. Dort streuen sie siebenerlei Gräser dem Allerheiligsten auf dem Weg und anderswo neunerlei Frühjahrsblumen. – Aber, was gilt vielen nachkonziliaren Theologen das Allerheiligste Sakrament?

Einst mußten sogar die Böller krachen. Die Musik mußte schöne Prozessionsmärsche blasen, der Kirchenchor ganz spezielle Responsorien singen, die so feierlich geklungen haben, daß man, mehrstimmig und weit auseinander und sich tief verneigend, vor lauter Feierlichkeit direkt hat weinen müssen. *Et cum spiritu tu - o!* – Und vor jedem Altar dann das erste Evangelium! Auch, wenn man nicht Latein konnte: Dieses Matthäus-Evangelium ist einem heute noch in Erinnerung. Dieses fortwährende *autem genuit* mit den alttestamentarischen Patriarchen-Namen! Schön und ganz merkwürdig ergreifend: »Abraham autem genuit Isac, Isac autem genuit Jacob«, »Aram autem genuit Aminadab, Aminadab autem genuit Naasson«, bis zum Josef, dem Manne Mariens! – Der ganze Stammbaum des Herrn wird da feierlich verlesen. Bei den großen militärischen Triumphzeremonien im kaiserlichen Rom wurde den Triumphatoren vom Senat eine ähnliche Würdigung zuteil: die Verlesung der Reihe großer und bedeutender Ahnen!

Was? – Daher stammt er? – So großmächtig stammt er her? – Es ist eine übergroße Geste der Verehrung eines Menschen, wenn in einer Parade, vor versammeltem Volke, eines Mannes ganzer Stammbaum laut und feierlichst vorgelesen wird. Die Prozession oder Parade kommt auf ihrem triumphalen Weg

an die erste Station hin. Die Kommandos des Anhaltens erschallen. Die Kolonnen stehen still. Die Posaunen ertönen. Der Erzpriester segnet das Ahnenbuch, der Diakon beginnt mit erhobener Stimme: »Auf Caesar aber folgte Marc Anton, auf Marc Anton aber Caesar Augustus!« Und wieder singen Chöre und erschallen Posaunen, die Prozession geht weiter.

Da haben wir es schon angedeutet, daß die Fronleichnamsprozession ein triumphales Ereignis ist, und der heutige Tag der Verherrlichung Gottes gilt! Und das in mysteriöser Leibhaftigkeit. Der heutige Triumphator nämlich ist die Hostie, die Eucharistie, die Gegenwart Gottes im Brote. Das dürfte es in der vieltausendjährigen Menschheitsgeschichte noch nie gegeben haben, daß dem Brote ein so großartiger Triumph bereitet worden wäre. So kommt zum Pomp und Prunk des heutigen Tages auch noch das Geheimnis, die Spezialität des Fronleichnams, des Herrenleibes in der Gestalt eines Stück Brotes. *Laudis thema specialis, panis vivus et vitalis.* – Dieses Brot sollst du erheben, welches lebt und gibt das Leben – das man heut den Christen zeigt.

Das ist eine Melodie! Ich kenne keine, die den eucharistischen Gott liebevoller, mit mehr hingebender Zärtlichkeit anbeten würde wie dieses: »Wir beten an dich wahres Himmelsbrot!« Gespielt von Geigen und so fein gesetzt, wie dies der Landauer Arthur Piechler getan hat. Neben dem großen Pomp der triumphierenden Prozession ist das die stille Herzensfrömmigkeit der Anbetung. Und das Laute und das Leise – alles miteinander ist heute Trumpf. Die Blechmusikanten und die kleinen Mädchen mit ihren weißen Kranzln, die Böllerkanonen und die Klosterfrauen, die Fahnenträger und die alten Mütter, ein jeder betet heut das Engelsbrot an, die Speise auf unserer Pilgerschaft: »Ecce panis angelorum – factus cibus viatorum!«

Es steckt schon eine Realität dahinter – hinterm Brot: Weil das Brotverdienen halt trotz der sozialen Reformen und gewerkschaftlichen Errungenschaften eine Mühsal geblieben ist. Indem der Mensch nie zufrieden ist und allerweil mehr mag.

Zum Brot eine Wurst und drauf noch einen Butter, einen Käs und Bier dazu. Ein Auto und einen Fernseher, schöne Kleider und einen Urlaub, »a Musi und a Gspusi«, ein lustiges Leben und alle Tage eine kleine Freude extra. Dadurch wird das Brotverdienen allerweil teurer. Was braucht der Mensch nicht zum täglichen Brot?

In Bayern redet man seit Jahrhunderten vom flüssigen Brot – und meint das Bier. Aber das Bier ist für das heilige Symbol zu alkoholisch.

Nicht auszudenken, wenn man herausbringen könnte, daß die Palästinenser zur Zeit Christi – weniger Wein, dafür aber um so mehr Bier getrunken hätten.

Nicht auszudenken die theologischen Folgen! Zumal ja im Bier das Brot enthalten ist. Vielleicht hätte es dann die Demonstration des unteilbaren und gänzlich vorhandenen Gottes unter einer Gestalt gar nicht gebraucht? *Tantum esse sub fragmento!* Zweifle nicht an Gottes Walten, daß die Teile das enthalten, was das ganze Brot enthält! Vielleicht hätte der Dreißigjährige Krieg nicht stattgefunden? – Brot und Wein – beides in einem ist unser flüssiges Brot!

Und da sind wir schon wieder mitten in der Geschichte der Reformation. Als im Juni 1519 die Leipziger Disputation zwischen Luther und dem bayerischen Professor Dr. Johannes Eck aus Ingolstadt vorbereitet wurde, war gerade in Leipzig die Fronleichnamsprozession abgehalten worden. Dr. Eck schreibt darüber an einen Freund in Ingolstadt. Und zwar recht weltlich. Er war ja ein Startheologe und Disputationsredner in ganz Europa. Ein eleganter, gelehrter Herr! Er schreibt also aus Leipzig: »Habe gestern an der Prozession teilgenommen und alles Volk beobachten können. Die Mädchen hier in Leipzig sind dabei viel schöner als bei uns in Ingolstadt. Aber unser Ingolstädter Bier ist dafür wieder viel besser als das Leipziger ...«

So der große Professor Dr. Eck aus Leipzig im Juni 1519. Trotz seiner Andacht. Dr. Martin Luther, der mächtige Gegner, ist bei dieser Prozession nicht mitgegangen. – Dies ist mein Leib, dies bedeutet meinen Leib? – Dies wird mein Leib? – Alle

drei reformatorischen eucharistischen Interpretationsmöglichkeiten, weswegen sich unsere Vorfahren generationenlang bis zum fürchterlichsten Krieg zerstritten hatten, alle diese drei Sätze stehen auf dem alten Tabernakel der Ottobeurer Stiftskirche friedlich nebeneinander.

Und auf diesem Tabernakel stehen hinter dem Abendmahltisch drei Figuren. Christus in der Mitte mit dem Wandlungsworte: *Dies ist mein Leib.* Zu seiner Linken Martin Luther mit dem Spruchband aus dem Mund: *Dies wird mein Leib!* Und Christi zur Rechten dann der Calvinus mit dem Spruchband: *Dies bedeutet meinen Leib!* Und darunter steht geschrieben – wahrscheinlich auf Anstiftung des toleranten Ottobeurer Abtes der Reformationszeit – und es ist einmalig in der katholischen Welt, es steht in benediktinischer Gelassenheit darunter: *Wer hat recht?*

Das ganze Unglück stammt wieder von den Philologen und haarspalterischen Übersetzern! Die copula *esse,* dieses »ist«, kann man bekanntlich im Lateinischen weglassen – oder man kann es auf deutsch übersetzen, wie man will: mit »ist«, wörtlich, oder mit »wird« und »bedeutet«. All das zusammen kann *esse* heißen. Viel Unglück geht von den Übersetzern aus, von den Auslegern. Man erlebt es in der Gegenwart immer wieder, wenn die deutsche Übersetzung manchmal anders erklärt werden kann wie die russische. Wer hat recht?

Aber selbst wenn das hochheilige Brot der geheimnisvollen Eucharistie des Herrn, den Fronleichnam auch nur bedeutete – oder wenn dieses Brot zum Herrenleib auch nur werden würde, während der Kommunion und der Messe – es wäre gleichwohl zu ehren und ihm ein Triumph darzubringen mit den allerhöchsten Zeremonien. Das kann einer gläubigen Christenheit zu einem heiligen und heilsamen Bedürfnis werden. Unser Ingolstädter Professor ist in Leipzig, am Vorabend der Disputation, im Meßgewande und mit brennender Kerze in der Hand, mitgegangen; sehr fromm und ehrfürchtig gewiß. Und dennoch sind ihm die schönen Leipzigerinnen aufgefallen. Aber ausgleichend ist ihm dazu gleich eingefallen: Mögen ruhig die Mädchen in Leipzig schöner sein, dafür ist in

Ingolstadt unser Bier besser. Diese Anekdote hat eine versöhnende Bedeutung.

Eigentlich müßte ja der Fronleichnamstag auf den Gründonnerstag gelegt werden, denn an diesem Tag hat unser Herr beim Letzten Abendmahl das Heilige Sakrament des Altares gestiftet. Und auch das Bußsakrament hat er an dem nämlichen Tage eingesetzt, den Ablaß oder Antlaß, wie man früher gesagt hat, den Nachlaß der Sünden. Aber weil auf den Gründonnerstag der traurige Karfreitag folgt, könnte der Tag davor niemals ein Festtag werden. So nahe hat man auch als Katholik das Weinen und das Lachen nicht. Zumal ja auf den Karfreitag bald schon wieder der Ostersonntag folgt. Und die Woche dreimal kann kein Mensch die Stimmung wechseln. Da wäre man dann weder traurig noch lustig. Der Kalender des Kirchenjahres hat an alles gedacht. Also hat man die große und triumphale Stiftungsfeier der Eucharistie auf einen anderen Donnerstag gelegt – auf den zweiten Donnerstag nach Pfingsten. Da ist auch das Wetter freundlicher und die Welt ein wenig festlicher. Und daß der Name auch gewiß an den Gründonnerstag und an das Letzte Abendmahl erinnert, hat man den Tag den »Antlaßtag« genannt. Oder auch Fronleichnamstag, Kranzltag und Prangertag.

Das Wichtigste an diesem Tag ist die Prozession. Und die gibt es jetzt schon seit dem Jahre 1246 – also schon gute siebenhundert Jahre. – Angefangen haben damit die im Festefeiern sehr geübten Holländer in Lüttich. Und weil der Erzdiakon der Diözese Lüttich im Jahre 1261 Papst geworden ist – als Urban IV. – ist das neue Fest, das *festum corporis Christi*, 1264 für die gesamte Christenheit vorgeschrieben worden. In den nächsten Jahrzehnten haben es die Päpste immer wieder empfohlen. Um 1400 ist dann das Fronleichnamsfest in der ganzen Christenheit gefeiert worden. In Bayern ist die Prozession bereits im 13. Jahrhundert heimisch geworden. Zuerst in Würzburg. Aus dem Jahre 1298 findet sich dort eine genaue Beschreibung des Prozessionsweges. Dann folgten Bamberg, Eichstätt und Augsburg. Die übrigen bayerischen Diözesen ließen sich noch etwas Zeit. Immerhin konnte im Jahre 1343

in München die erste Fronleichnamsprozession abgehalten werden. Bald darauf auch in Freising und Salzburg. Und ab 1415 zogen die übrigen bayerischen Stadtpfarreien nach. Auch die Märkte hielten bereits im 15. Jahrhundert Fronleichnamprozessionen ab. Jetzt konnten natürlich auch die besseren Bauernpfarreien nicht mehr hintenanstehen.

In den Dörfern konnte der Prangertag selbstverständlich nicht so prächtig ausfallen wie in den besseren Märkten und Städten. In manchen Gegenden dauerte es auch noch gut hundert Jahre, bis der Antlaß-Umgang Brauch wurde. Die Filialkirchen, die erst im 17., 18. und 19. Jahrhundert zu Pfarreien erhoben wurden, hatten vordem keine Prozession. Sie gingen in ihren Hauptorten mit. Heute ist es umgekehrt: Je kleiner die Pfarrei, desto ursprünglicher meist die Prozession.

Im Barock wird es immer prunkvoller. Die Zünfte legen sich schöne Fahnen zu. Schützen, Trommler und Pfeifer müssen mitgehen. Neue prächtige Meßgewänder – eigens für den Umgang am Fronleichnamstag – werden für sündteures Geld angeschafft. Und ganz außergewöhnliche Monstranzen werden gekauft. Einige werden nur aus Holz geschnitzt und vergoldet. Aber die meisten Orte leisteten sich silberne und sogar goldene Prunkmonstranzen! Die Goldschmiede verdienen an der Fertigung dieser Monstranzen viel Geld. – Die berühmteste und kostbarste ließen sich die Ingolstädter Bürger machen: die Monstranz zur Erinnerung an die Seeschlacht von Lepanto. (Viele Konzilsväter verlangten den Verkauf dieser Kostbarkeiten zugunsten der Armen Südamerikas.)

Unsere Vorfahren aber ließen sich die Prozession im Laufe der Jahre immer mehr kosten. Fast in jeder Pfarrei finden sich darüber Aufzeichnungen und Kirchenrechnungen.

Anno 1488 heißt es da zum Beispiel in einer Kösslarner Kirchenrechnung: »Am Gottsleichnamstag den Dienern im Harnisch und den Büchsenschützen die dient haben zu der Prozession zum Frühstück verzehrt 73 Pfennig. Dem Junkmeister und den Schuelern gebn für die Suppn 32 Pfennig.« – Wenn man bedenkt, daß um 1480 ein Regensburger Pfennig – was die damalige Währung in Bayern war – eine ungefähre Kauf-

kraft von heut 10 Mark gehabt hat, haben die Büchsenschützen und Harnischgänger an die 750 Mark gekriegt. Während der Schulmeister mit seinen Sängern und Schülern nur 300 Mark bekommen hat.

Das Schießen war halt anno 1488 noch eine Novität und sündteuer. Besonders das Salutschießen war noch mittels Musketenschützen keine Generation alt und sehr rar. Zur Verschönerung der Fronleichnamsprozession gerade gut genug. »Quantum potes tantum aude! – Preis nach Kräften seine Würde, da kein Lobspruch, keine Zierde, Seiner Größe gleichen kann!«

Allgemein ist das Böllerschießen erst nach dem Dreißigjährigen Krieg geworden. Daß das Krachen überhaupt eine Ehrung sein soll? – Und noch dazu die allerhöchste. Nur dem verstorbenen Krieger steht sie noch zu, wenn sein Sarg in die Grube gesenkt wird. – Dann aber auch dem Hochzeitspaar am Morgen der Trauung. – Zur Geburt eines Prinzen brannte man gleich hundert Schüsse ab. – Aber aufgekommen ist das Böllerschießen zu Ehren des hochheiligen Gottsleichnamstag.

Der Kanonenschuß, der Büchsenschuß erschreckt das furchtsame Gemüt. Unwillkürlich reißt es einen. Habt acht! – Gott selber hat gesprochen mit einem gewaltigen Donnerschlag.

Die Verbindung von Böllerschuß und feierlicher Marschmusik hat denn auch bei uns den erhabenen akustischen Rahmen der Fronleichnamsprozession geprägt. Die Musikanten lassen sich nicht irremachen, wenn es kracht. Sie spielen weiter, schreiten voran, wie auch die Fahnenträger und die Träger der Heiligenfiguren, wie die Prangerinnen, die bekränzten Mädchen und wie vor allem unter dem Himmel der Hochwürdige Herr Pfarrer mit der funkelnden Monstranz. Man nähert sich dem Freialtar, die Kirchenglocken setzen vom Dorf her zum Segen ein. »Hochgelobt und gebenedeit sei das Allerheiligste Sakrament des Altares!« – Und noch ehe die Andächtigen den zweiten Teil dieses Lobausrufes sagen, spielt die Kapelle einen Tusch, die Böller krachen erneut und in sehr rascher Folge – und dann erst beten die Gläubigen weiter: »Von nun an bis in alle Ewigkeit!«

Langsamen Schrittes geht man dahin, feierlich schreitend. Die Saaten treiben, die Wiesen wollen bald gemäht werden. Es prangen die Bäuerinnen mit ihren seidenen Schürzen. Die Fahnen stechen in den Himmel. Laut beten die Bauern, preisen das Brot des Lebens: »Hochgelobt und gebenedeit sei das Allerheiligste Sakrament des Altares!«

Die Himmeltrager darf man nicht übersehen am heutigen Tag! – Das sind die vier bravsten und angesehensten Männer in der ganzen Pfarrei. – Himmitrager wenn einmal einer ist, nachand gehört er zur Haute volée! – Und Himmitrager kann man auch nicht so leicht werden. Das Himmitrager Amt wird vererbt vom Vater auf den Sohn. – »Was heiratet er für eine, der Hans?« – »Eine ganz rare und eine schöne, eine liebe und eine brave. Ihr Vater ist Himmitrager!«

Vier Himmeltrager gibt es. Der mit schweren Goldstickereien geschmückte »Himmel« ist ein kostbares Brokatstück, welches an zwei Stangen befestigt, dann auf vier Tragstangen gehoben wird und so ein Dach vorstellt, ein goldenes kleines Dach aus Tuch, das über dem Allerheiligsten gehalten wird. Man nennt diesen stolzen Baldachin den Himmel. Er stellt das Herzstück der ganzen Prozession dar. Denn unter dem Himmel schreitet der Pfarrer mit der Monstranz. Voraus ziehen die Ministranten, ununterbrochen die Glöckchen schwingend. Auch die übrigen Priester der Pfarrei gehen in kostbaren Meßgewändern mit, Kerzen tragend. – Vor und dann erst unmittelbar hinter dem Himmel gehen dürfen, das sind die größten Ehren, die es überhaupt gibt. Denn hinter dem Himmel schreiten in der königlichen Residenzstadt Seine Majestät, oder heutigentags die Spitzen der Regierung, der Ministerpräsident und sein Kabinett. Auf vielen Landpfarreien der Herr Bürgermeister mit seinen Gemeinderäten.

Die Prozessionen haben ihre seit Jahrhunderten fest gefügte Ordnung. Von vielen Streitereien wird uns in Briefen und Rechnungen berichtet. Die Metzger wollten in Annecy einmal vor den Bäckern gehen. Darüber soll es gar zu einer kräftigen Rauferei gekommen sein, die kaum der heilige Franz von Sales hat schlichten können. Dann wollten die Orden wieder hinter

den Weltgeistlichen kommen. Vor dem Himmel funktioniert die Rangordnung nämlich umgekehrt. Da werden die Plätze vornehmer, je weiter sie rückwärts liegen. Prozessionsordnungen sind daher sehr zahlreich überkommen. Aber sie aufzählen und zitieren wäre unendlich mühevoll, denn nicht selten werden da gleich – auch bei kleineren Orten – vierzig, fünfzig und noch mehr Gruppen aufgezählt. Bruderschaften und Zünfte, Darstellungen aus dem Alten und Neuen Testament.

Diese lebenden Bilder, die wie kleine Theatergruppen im Zuge mitgehen oder mitgefahren werden, manchmal auch getragen, bedeuten das Außergewöhnliche in der Geschichte der Fronleichnamsprozession. Im Barock wird daraus eine aufwendige Großartigkeit, eine eigene Kunstgattung! Unbedingt zu vergleichen mit den übrigen Künsten. An Erfindung wie an Buntheit, an geistiger Sinnenhaftigkeit und frommer Aussagekraft von genialer Originalität. Berühmt ist die Arbeit des Münchner Archivdirektors Alois Mitterwieser über die Geschichte der Fronleichnamsprozession in Bayern. Er hat zahlreiche Archivalien und Prozessionsordnungen zusammengetragen. Einige dieser Prozessionsordnungen führen sogar den Namen *Pompa eucharistica*.

Vierzig bis fünfzig Madonnen werden in der Münchner Barockprozession gebraucht. Ausgesuchte hübsche Mädchen. Dazu eine Menge anderer heiliger Frauen des Alten und Neuen Testamentes. – Tagelang hat man sich vorbereitet, die Gewänder hergerichtet, die Glasperlen aufgenäht und so weiter. Am Fronleichnamstag selber standen die Leut damals oft schon gleich nach Mitternacht auf, damit sie sich ja schön herrichten konnten.

Stadtknechte und Herolde eröffnen den Vorzug, darunter auch ein Riese, der auf einem Berg sitzt. Er soll das Große dieser Prozession ankündigen. Die Stangen und Kerzenträger der Zünfte sind alle weiß gekleidet, bekränzt. Unter den Klerikern, die alle Kerzen tragen, gehen zahlreiche Engel mit. Dann folgen die großen Bruderschaften der Stadt, die Corpus-Christi-Bruderschaft in roten und die Armenseelenbruderschaft in

nägelfarbenen, die Verkündigungsbruderschaft in schwarzen Säcken und Kutten, es folgen die infulierten Geistlichen, die Äbte und Pröpste, dann die fürstlichen Trompeter, Hofpauker, Instrumentalisten, die herzogliche Kantorei, die Engelsknaben mit den Leidenswerkzeugen Christi.

Den Himmel trugen in München sechs adelige Kammerherren, sich abwechselnd mit den vornehmsten Patriziern der Stadt. Hinter dem Himmel schreitet unmittelbar der Herzog mit seinem Hofstaat. Dazwischen folgen immer wieder die Bibeldarstellungen. Die Müller zum Beispiel stellen die Vermählung Mariens vor. Dann folgen Maria und Josef, Maria als Braut gekleidet. Die Hohenpriester mit den Leviten. Mariä Verkündigung stellen wieder die Melber vor. Mariä Heimsuchung die Bolzenmacher, die Geburt Christi die Tuchscherer. Die Szene mit den Heiligen Drei Königen spielen die Kürschner. Des Aufzählens wäre kein Ende. Auch Heilige erscheinen im Zug. Am schneidigsten der heilige Georg, der auf einem feurigen Schimmel reitet. Hinter ihm zieht die Jungfrau Margaret an einem Bande ihren Drachen mit. – Nach der Prozession wird der Ritter Georg dann diesen Drachen, der Feuer speit, mit der eingelegten Lanze erstechen. – Diese Szene hat sich bald selbständig gemacht. In Furth im Wald wird der Drachenstich heute noch vorgeführt.

An die zweihundert unbescholtene und hübsche Mädchen benötigt im 16. Jahrhundert die Münchner Prozession, um alle die Madonnen und heiligen Jungfrauen darstellen zu können. Der Hof gibt große Summen aus zur Anschaffung von Schuhen und Stoffen. Die berühmtesten Madonnen und Jungfrauen wählt die Herzogin unter den Töchtern des Adels selber aus. – Ein armes Kuchelmensch bekommt, da man in Verlegenheit ist, die Chance, in der Fronleichnamsprozession die Rebekka darstellen zu dürfen. Sie gefällt in dieser Rolle einem zufällig in München weilenden stinkreichen Gastwirt aus Bozen so sehr, daß er sie auf der Stelle heiratet. Schon am Freitag nach der Prozession. Und sie ist eine gemachte Frau! –

Immer wieder bedroht ein Regenwetter den kostbaren Umzug. 1584 stoßen gleich zwei Gewitter zusammen. Aber der

Herzog befiehlt doch, man solle es wagen und das Allerheiligste wenigstens bis zur Kirchentüre tragen. Draußen regnet es in Strömen. Die Kirchentür wird geöffnet – Orlando di Lasso stimmt mit seinem gewaltigen Chor das *Gustate et videte* an und schon hört es zu regnen auf und gleich drauf scheint die Sonne. Die Prozession kann stattfinden.

Und doch sind die kleinen Dorfprozessionen auch recht festlich. Und besonders schön ist es, wenn der Bauer mit seiner Bäuerin und den Kindern nach dem Umgang beim Wirt einkehrt. Da gibt es in ganz Bayern die besten Bratwürst.

Das Bier schmeckt einem nach der heißen Prozession besonders gut. – Nicht selten wird man da am hellen Nachmittag schon leicht angespitzt. Und natürlich ereignen sich auch in den Bauernpfarreien lustige Prozessionsgeschichten. Einmal ist einer der Himmeltrager ausgerutscht und hat sich gerade noch am Himmel festhalten können. Dadurch sind aber auch seine Kollegen aus der Andacht gekommen. Lange wird dann so ein Unglücksrabe ausgelacht. – Einen Zorn auf den Salutkanonier hat in Kreiting einmal ein Bursch gehabt. Weil der Schießmeister ihm die Tochter nicht zur Frau hat geben wollen. Was tut der gekränkte Liebhaber? Er findet den Zugang zur Kanone und zum Pulver und weicht dieses gehörig ein. Der Schießmeister soll während der ganzen Prozession geflucht haben.

Von einem anderen Schießmeister wird erzählt, daß man ihm die Kanone am Fronleichnamstag auf sein Hausdach gestellt hat. Und weil man es zu spät gemerkt, hat er nicht schießen können. – Eine entsetzliche Blamage, so was! Die Prozession zieht aus, die Musik spielt und die Gläubigen knien sich schon hin zum ersten Segen – jetzt soll es, jetzt muß es krachen! Aber man hat keine Kanone. Oder es zündet aus anderen Gründen nicht. In so einer Situation hat der verzweifelte Böllerschütz dann zur Schlegelhacke gegriffen und hat damit mit aller Wucht gegen das Scheunentor gedroschen. So etwas kann natürlich den Berchtesgadener Antlaßschützen nicht passieren. Die brennen ihre Doppelstück' ab, daß es nur so schnalzt über Berg und Tal.

Hochgelobt sei das Allerheiligste Sakrament des Altares! Es gibt idyllische Prozessionen in Bayern. Sie haben gar nicht so viel äußeren Prunk nötig, weil ja die Landschaft ihnen schon so sehr prunken hilft. Die Berg und die Seen, die Flüsse und der Wald. Der Wassersegen über der Donau in Niederaltaich z.B. oder das Hostienschutzen in Laufen an der Salzach, wo weißgekleidete Burschen mit einem Tuch vier ungeweihte Hostien, mit Blumen gemengt, in die Salzach schutzen! Auch eine Benediktion des Wassers, des salzschiffenden Flusses ist das. Auf der Fraueninsel im Chiemsee hat man bis vor etlichen Jahren noch eine der meist aufgesuchten Fronleichnamsprozessionen abgehalten. – Wieder an anderen Orten wurde noch in den zwanziger Jahren von den Ministranten ein Lamm mitgeführt. Ein unschuldiges weißes Osterlamm. – Das Symbol des Fronleichnams. Das Lamm Gottes.

Und dann werden die Umgänge am Antlaßtag wieder einfacher. Im Jahre der Säkularisation, der Klosteraufhebungen, weilt zufällig die geistreichste Frau der Romantik in München, die Frau Caroline Schlegel-Schelling. 1806 zieht sie dann ganz nach München. – Aber in jenem turbulenten Jahre 1803 erlebt sie die Fronleichnamsprozession. Die Münchnerinnen, die sie da andächtig mitgehen sieht – »ein Bein und ein Fleisch und Mieder, aber welche! – Scheinen von ihrer Leiblichkeit nichts mehr zu spüren, da der heilige Fronleichnam vorbeizieht!«

Dreißig Jahre später schildert am Ende der Regierungszeit König Ludwig I. der Mediziner Kußmaul den Münchner Antlaßtag. »Am Fronleichnamstag konnten wir im ersten Stock eines Kaffeehauses ein Fenster in Beschlag nehmen, vor dem die Prozession defilierte. Zu uns gesellte sich das zutrauliche Nannerl, die fescheste Kellnerin des Hauses und gab uns manche erwünschte Auskunft. Der Zug war einfach großartig. Der Erzbischof mit der Geistlichkeit, der König mit allen seinen Prinzen, der Hofstaat, Adel und Minister, Militär und Bürger, Männer und Frauen, alt und jung, zogen mit Musik, betend und singend, viele nur plaudernd, vorüber. Auch Ringseis sah ich unter den Professoren der Universität, er durfte nicht fehlen. Ganz am Ende des Zuges kam psalmodierend ein Trupp

Franziskaner. Jetzt paßt's auf! kicherte das Nannerl, seht ihr den Dicken in der Mittn? – Da, der wird gleich heraufschauen und mir zuwinken. – So geschah es. Der Dicke in der Kutte blickte zu Nannerl herauf, winkte und schmunzelte. – Der Tag war heiß und die Andächtigen strömten nach der Prozession durstig in die Bierkeller.... das Volk, der Adel, die Studenten und die Professoren...« Es ging da lustig zu, gedruckte Bocklieder wurden ausgeteilt und gesungen. Eine menschliche Nachfeier der großen Prozession!

Selbst während der beiden Weltkriege fand die Prozession statt. Not lehrt beten. In der Nazizeit gehörte geradezu Mut dazu, an der Fronleichnamsprozession teilzunehmen. Führte sie an dem Gebäude einer Kreisleitung vorbei – oder gar Gauleitung – erlaubten sich die braunen Machthaber da und dort einige Störmanöver. Sie standen in Braunhemden auf dem Gehsteig, die Hände in der Hosentasche, rauchend, schmatzend, sich nicht um das *Sanctissimum* kümmernd.

Es gab Katholiken, die ihre Stellung riskierten, weil sie unverdrossen an der Prozession teilnahmen.

Wie anders schätzte man die Prozession noch im letzten Kriegsjahr 1918! Zum letzten Mal geht der bayerische König hinter dem Himmel. Vor sechs Jahren noch schritt da Seine Königliche Hoheit, der neunzigjährige Prinzregent, tapfer mit. Und auf ihn und den Umgang gab es ein Volkslied.

»Schön ists mit dem Umgang gehen!« – Wo der Vers dann vorkommt: »Und dann kommt der Prinzregent, Prinzregent, Prinzregent! Mit der Kirzn in die Händ – die nimmer brennt!«

Weiß Ferdl hat das Umgangslied lange noch in der republikanischen Zeit gesungen. Denn die königlich bayerische Fronleichnamsprozession in München war halt ein glanzvolles Ereignis gewesen. Trotz der professoralen Abendmahldiskussionen – sie wird es wieder, ist es immer noch. *Sit laus plena, sit sonora* – laut soll unser Lob erschallen! *Sit iucunda, sit decora mentis jubilatio!* – Voll der Liebe und Begeisterung sei unser Herz. Diese Fronleichnams-Sequenz hat Thomas von Aquin gedichtet. Und der Aquinate ist gewiß eine größere Autorität als Hans Küng oder Bischof Camara von Rio.

Der apostolische Segen

Nach der Firmung, wenn das sechsspannige Pontifikalamt zu Ende ist, mit all seiner Herrlichkeit, wo man hätte meinen mögen, man schmecke schon den Himmel, begibt sich der hochwürdigste Herr Bischof, Seine Exzellenz, an die Evangelienseite auf seinen Thron. Die Pfarrer, die Diakone und Sekretäre nehmen ihm die schweren Meßgewänder ab und ziehen ihm schließlich seine bischöflich-rote Galasoutane an, die aber eine Schleppe hat. Jetzt ist er wieder der feuerrote Bischof wie beim Eingang, daß es einem gleich einen Stich gibt, wenn man ihn ansieht.

Die Orgel präludiert und die Firmlinge mit ihren Paten werden langsam ein wenig unruhig. Jetzt kann nichts mehr kommen, jetzt kann er nur noch feierlich ausziehen. Man hat alles gehabt, den Chrisam, den gefürchteten Backenstreich, die sieben Gaben des Heiligen Geistes und die Predigt des Stadtpfarrers, die wunderschöne Orchestermeß, die heilige Kommunion und den Schlußsegen. »Na, na, jetzt kann nix mehr kemma, was wichtig waar.«

Und dennoch kommt noch etwas sehr Wichtiges: Der apostolische Segen. Keine noch so raffinierte Theaterregie hätte jetzt, am Ende der Feierlichkeiten, nach so vielen Höhepunkten, noch einmal eine weitere Steigerung anbringen können. Es war doch schon alles ausgeklungen. O nein, die barocken Festivitäten, die ganz erhabenen und solennen Feierlichkeiten der römischen Kirche wußten immer noch eine kadenzierende Schlußkoda. Aber diese Zeremonien des apostolischen Segens konnten einen noch einmal tief ergreifen.

Dazu bedurfte es einer neuerlichen kleinen Vorbereitung. Ein beleibter Prälat aus dem Gefolge Seiner Exzellenz oder

154

auch bloß der Dekan des Ruralkapitels bestieg die Kanzel. Die Orgel brach jäh ab und der Prälat entrollte eine pergamentene Urkunde und las mit archivalisch-feierlicher Stimme vor: »Seine Heiligkeit, Papst Pius XII., hat unserem Oberhirten, dem Hochwürdigsten Herrn Kardinal und Erzbischof Michael von Faulhaber, das Privilegium erteilt, seinen Diözesanen an besonderen Festtagen den apostolischen Segen zu spenden. Unser Hochwürdigster Herr Erzbischof und Kardinal wird nun hier und heute von diesem päpstlichen Privilegium Gebrauch machen und uns allen den apostolischen Segen geben.« Der Prälat rollte die Urkunde zusammen und kniete nieder. Vorne aber, unter dem Baldachin auf seinem Thron, erhob sich die gleißende Figur des hohen Priesters und stimmte die berühmten Responsorien an – und das mit der säkularen Erhabenheit beinahe eines Cherub: »Sit nomen Domini benedictum.«

Der Chor fiel ein und die Gläubigen lagen alle auf den Knien. »Ex hoc nunc et usque in saeculum!«

So ein päpstlicher Segen war sehr geschätzt. Damit konnte einem so schnell nichts passieren. Und noch am Abend beim Schafkopfen konnte man es hören: »Ah was, da überleg ich net lang, heut hab ich an apostolischen Segen derwischt, ich spiel ein Solo! Herz ist Trumpf!«

Und verspielte der Mann mit drei Buben das Spiel, dann jammerte er: »Ja was waar denn jetzt dös? Hilft denn jetzt an Papst sein Segen aa nix mehr?«

Der Wirt beruhigte den Gast: »Der Segen helfat schon, aber du hast nix derwischt davon, weil der breitbucklige Müllerpeter vor dir gstandn is, der hat'n dir abghaltn. Und an Herzzehner hast aa verpaßt.«

Von Primizen und Primizianten

»Ecce sacerdos magnus! – Seht den Hohenpriester, der in seinen Tagen Gott gefallen hat. Ihm hat er den Segen für alle Völker gegeben!« – Das sind große, gewaltige Worte. Darum wird dieses Lied am 29. Juni gesungen, am Peter-und Pauls-Tag, wo in den bayerischen Kathedralen landauf, landab die Bischöfe die Neupriester ausweihen. Der Tag ist einer von den höchsten im ganzen Jahr. In jedem Dom legt der hochwürdigste Herr Bischof den Weihekandidaten die Hände auf – und das in der allerheiligsten Form. – In allen sieben bayerischen Diözesen, in Regensburg, Passau, Augsburg, Würzburg und in Bamberg und Eichstätt! – Da zehn, dort zwanzig, ja in den größeren Diözesen sind oft gleich vierzig und fünfzig »geweiht« worden. Die Klostergeistlichen nicht gerechnet.

O mein, da fehlts heut weit! – Denn der Herr schickt heutigentags grad noch wenige Arbeiter in seinen Weinberg. In der bayerischen Hauptdiözese München-Freising konnte Kardinal Julius Döpfner Anfang der siebziger Jahre nur noch vier Kandidaten weihen. 1974 waren es gleich gar nur drei gewesen. In Passau standen immerhin noch fünf Neupriester um den Weihealtar! – In Augsburg konnte damals der hochwürdigste Herr Bischof Stimpfle ebenfalls eine ganze Handvoll Kandidaten ordinieren. Drei von ihnen wurden am Vorabend von Peter und Paul, am 28. Juni, in Kempten geweiht und zwei dann im Augsburger Dom am Peterstag selber. In Augsburg ist das jetzt so der Brauch geworden, daß man die »echten« Allgäuer in ihrer eigenen Metropole salbt und mit dem Meßgewand einkleidet, Sankt Mang zu Ehr und den Allgäuern zum Heil.

Auch in dem festlich-lieblichen Würzburg, in der weinegesegneten Hauptstadt Unterfrankens, bekam der hochwürdig-

ste Herr Bischof fünf Helfer für seinen Weinberg. Und im türmereichen Bamberg, der fruchtbaren Häcker- und Gärtnerstadt, dem Sitz des fränkischen Erzbistums, durften immerhin noch sechs junge Theologen Hostienschale und Kelch in Empfang nehmen. – In dem kleinen mittelfränkischen Bistum Eichstätt aber konnte der Nachfolger des heiligen Willibald nur noch einem einzigen Neupriester den Friedenskuß geben.

Überaus kräftig wehte der Heilige Geist in Bayerns würdigster und ältester Hauptstadt, in Regensburg. – Wie in der Aufklärung des vorigen Jahrhunderts der romantisch-fromme Neuanfang durch die heiligmäßigen Bischöfe Wittmann und Michael Sailer, beseligend wohltuend ins Bayernland, ja in die Welt hinausgeleuchtet hat – nicht zuletzt auch kirchenmusikalisch – grad so, möchte man heute ausrufen, grad so kommt das Heil wieder aus Regensburg. Bischof Rudolf Graber konnte jedes Jahr einem Dutzend und mehr die Hand auflegen. Diese Zeremonie des Handauflegens ist in Regensburg besonders ergreifend. Und die Regensburger Domspatzen stimmen achtstimmige Lobeshymnen an, preisen im hohen Dom die Großartigkeit des Priestertums. – »Ecce sacerdos magnus – crescere in plebem suam – der uns zu einem Stammvater des ganzen Volkes geworden ist.«

»Es ist halt net einem jedem gegeben!« – So haben die alten Bauern geseufzt, wenn einer der ihren, der schon zehn und zwölf Jahre lang auf geistlich studiert hat, nun plötzlich abgesprungen ist, weil er es nicht mehr hat dermachen können mit dem Zölibat. Der manchmal auch schon ein junges Studentlein von zwanzig oder zweiundzwanzig Jahren arg plagt. – »Wie Gott will! Da kannst nix macha dagegen! Es is net einem jeden gegeben dös!« – Und es ist dieser Ausspruch – so volkstümlich er auch klingen mag – eine treue Übersetzung jener Bibelstelle: *Multi vacati sunt, pauci electi* – viele sind berufen, wenige aber sind auserwählt!

Weil gegen die Liebe kein Kraut gewachsen ist, und ein junger Mensch schnell Feuer fangen kann. Und dann gibt es einen Kampf. »Sollt ich jetzt Pfarrer werdn, oder sollt ich doch lieber das Annerl heiraten?«

Kein Mensch kann dir dazu oder dagegen raten. – Das mußt du alles selber entscheiden. – Der Beichtvater kanns dir nicht sagen. – »Tu es sacerdos in aeternum«, heißt es: »Du bist Priester in Ewigkeit! Mein Lieber, überlegt gehört das schon!«

Du gehst auf Altötting – allein und zu zweit, auf Maria Hilf und zum gegeißelten Heiland in der Wies – und noch nicht bist du dir im klaren. Das Annerl traut sich gar nicht mehr zu schnaufen neben deiner. – Und sie muß weinen und hat auch ihr Gewissen. Sie möchte nicht schuld sein, wenn der hochwürdigste Herr Bischof einen weniger hat zum Weihen und Handauflegen. Sie möchte dem Herrn keinen Kandidaten nehmen. – Das sind Gewissensbisse und Konflikte für einen jungen Studenten! – Dagegen verblassen die gefährlichsten Examensängste. – Sollt ich ein Pfarrer werden – oder soll ich einmal das Annerl heiraten? Herrgott, ich weiß mir keinen Rat! Und daheim schaut dich deine gute, fromme Mutter an. Sechs Buben hat sie geboren und bei einem einzigen hätte sie sichs doch erhofft, daß er einmal zum Priester geweiht würde! – Jetzt hast du studieren dürfen, hast viel Geld gekostet, Seminargeld, Schulgeld und Büchergeld, Eisenbahngeld zum Hin- und Herfahren in die Ferien ...

Deine Geschwister haben das alles nicht gekostet und sie haben daheim gearbeitet – ein jeder für zwei Knechte. Die Schwestern haben sich schon gefreut auf die Primiz ... Die kleine Lisl hätte einmal deine Primizbraut sein dürfen! – O mein, o mein, hätt' ich nur dös Annerl nie gesehn!

Der Zölibat ist eine Aufgabe für ein Mannsbild! Und eine Ausnahme wird nicht gemacht. – Als Pfarrersköchin möchte das Annerl net und ich hätte mir selbigsmal so was nicht einmal zu denken getraut! Manchmal hört man so Skandalgeschichten erzählen. – Der und der Pfarrer sollte sich da und dort sich eine Blöße gegeben haben? Heutzutag denkt man großzügiger. Aber unsere alten Bauern haben in so einem Fall gern den Ausspruch getan: »Solltns es halt heiraten lassen!« Sogar die frömmsten und sittenstrengsten Bauern haben solche Aussprüche getan, wenn es einmal notwendig geworden ist. Und dann haben sie noch hinzugesetzt – harmlos lächelnd:

»Waar ihnen gar nicht zu gut!« Oder einer hat gesagt: »Nach-and wüßten sie's aa, wia hart einem der Deifi zusetzen kann auf dera Welt!«

Der Teufel braucht vielleicht den Zölibat? Jedenfalls: Der Zölibat durfte bleiben, das Lateinische wurde abgeschafft! Es ist gewiß eine harte Sprache und ist man nicht wenig gefuchst worden früher in den Knabenseminarien zu Freising oder im St. Max in Passau oder in Straubing und Regensburg, in Metten und Bamberg, in Würzburg und in Eichstätt. Als kleiner Bub mit elf oder zwölf Jahren hast du schon um fünf Uhr in der Früh aufstehen müssen und lateinische Wörter lernen dürfen. Jeden Tag, jahraus, jahrein! Ein hartes Geschäft. Und haben sich die Brüder daheim beim Kleemähen auch nicht ärger plagen brauchen. Trotzdem ist die lateinische Sprache nichts gegen den Zölibat. – Aber no, die Priesterweihe ist ein Sakrament. Oder sollte man den Zölibat bestehen lassen und lieber die Kirchensteuer abschaffen? In hundert Jahren noch ein gesalzenes Thema, meint Kardinal Joseph Ratzinger. – Hätte man doch in der Modernisierung der Kirche die Wahl zwischen Zölibat und Latein getroffen! –

Fahren unsere Priester heut nicht mit dem Auto? Überträgt das Fernsehen nicht weltweit den Segen *Urbi et Orbi?* Ein technischer Fortschritt darf doch sein? Und ist der Zölibat auch nicht viel mehr wert als etwas Technisches und Juristisches in unserer Kirche. Hätte unser Pater Spiritual uns gesagt: »Verlieben dürft ihr euch, nur nicht heiraten.« Dann hätte ich mich bestimmt weihen lassen.

So ähnlich hat unser Theologiestudent und Bauernsohn dahinsinnieren müssen. Und dann hat er sich urplötzlich zum Priestersakrament enschlossen. Dem Annerl hat er sehr weh tun müssen.

Zäh und geradeaus, wie seine bäuerlichen Vorfahren seit Jahrhunderten, hat er sich für die Erfüllung seines Lebens entschieden, für den Dienst am Altar. Und er ist von nun an noch ernster geworden. Er bekam die niederen Weihen und bald darauf die höheren. Und jetzt also auf einmal ist er am Ziel! Wenn der Herr Regens im Dom seinen Namen ruft, dann wird

er laut und deutlich sein *Adsum* sprechen: »Hier bin ich, mein Bischof. Ich bin bereit.« Vierzehn Tage später ist daheim die Primiz. Das ist eine Festlichkeit, größer wie eine Fahnenweihe!

Das Getreide wächst daher, das Altheu haben wir schon herin. In der Holledau ringelt sich der Hopfen hinauf.

In Rining haben sie eine Fahnenweihe, in Pleiskirchen ein Stiftungsfest von der Feuerwehr, in Geisbach feiern sie gar ein 1000-Jahr-Jubiläum und in Zell haben sie groß eingeladen zu den diesjährigen Sommerfestpielen. Gewiß lauter erstklassige Festlichkeiten, wo die Leut zusammenlaufen, wo Bier ausgeschenkt wird und der Wirt ein Geschäft macht.

Aber, meine lieben Leut, gar nix ist so ein Stiftungsfest gegen eine Primiz. Zum Primizsegen kommen noch mehr Leut. Weil der Primizsegen, der hat eine Kraft, daß er gleich einen Ablaß verleiht! Die Verwandten bis zu den Vettern und Basln bis zum dritten Grad erwerben einen dreifachen Ablaß mit sieben Quadragen! Darum heißt es ja in dem berühmten Spruch: Um einen Primizsegen soll man sich ein Paar Schuhsohlen durchlaufen. Das heißt, man soll so weit gehen auf eine Primiz, daß die Schuhsohlen sich durchlaufen. Vier und fünf Stunden weit! Und was ein Primizsegen ist, das wird dann doch in Gottes Namen noch jeder heutige Laienapostel wissen oder wenigstens erahnen. Der Pimizsegen, das ist der Segen, den der Neupriester mit seinen in der Priesterweihe frisch gesalbten Händen – und zwar mit Chrisam vom Bischofe gesalbten Händen – ausspendet. Und der Primiziant bedient sich beim Primizsegen auch eines eigenen Zeremoniells: Er breitet die Arme nicht aus, er streckt sie nach vorne, die Handflächen abwärts gehalten, als würde der Segen Gottes durch seine Hände hindurch in den Boden hineinfahren! Die Hände ausgestreckt, spricht er die lateinischen Segensworte durch das Anrufen aller Heiligen: »omnis coelestis atque terrestris benedicat vos ...«, heißt es dann noch handgreiflich segenbeschwörend: »Mit der ganzen himmlischen Segensfülle segne euch der allmächtige Gott.«

So ein Primizsegen – vom hochwürdigen Herrn Primizianten – am Tage seiner Ersten Heiligen Messe, seiner Primiz,

hochfeierlich gespendet in der Heimatpfarrei, das ist ein unbeschreiblich zu Herzen gehender heiliger Akt. – Die Geschwister, die Verwandtschaft, die Nachbarn, die Schulkameraden und -kameradinnen – und auch das Annerl – alle – auch die größten Bäuerinnen und Bauern und Geschäftsleut und Beamten, auch die anwesenden geistlichen Mitbrüder, allesamt, beugen ihre Knie und bekreuzigen sich.

Die Glocken läuten drauf, die Böller krachen und alle anwesenden Priester stimmen unisono und mit kräftigster Feierlichkeit das *Te Deum laudamus* an. (Ergreifend 1951 der Primizsegen der Brüder Ratzinger bei ihrer Doppelprimiz in St. Osswald in Traunstein.) Mit dem Primizsegen kann dir so schnell nichts passieren. Im Gegenteil, von allen Segnungen halten wir in Bayern den Primizsegen für den allerkräftigsten, noch wirkungsvoller als den bischöflichen Segen. Besonders das *atque terrestris* –, die irdische Segensfülle, kann man spüren, und es wachsen noch kräftiger heran die allerbeste Braugerste, das Korn und der Weizen, die Weintrauben, der Hopfen, die Erdäpfel und das Kraut.

Und nach dem *Te Deum* fängt wieder die Musikkapelle an mit einem schneidigen Marsch. Man spielt sich aufs Wirtshaus zu. Denn eine echte bayerische Primiz hat früherszeiten auch eine geistliche Bauernhochzeit geheißen. Je höher die kirchlichen Feierlichkeiten, desto üppiger darauf die irdischen Bräuch.

Ja freilich, der Primizsegen ist es schon wert, daß man sich ein Paar Schuhsohlen durchläuft!

Warum muß es eigentlich Priester geben? In der heutigen Zeit möchte man direkt meinen, da sind sie schier bald überflüssig. Das Konzil hat ja eh betont, daß jeder Laie selber ein Priester ist. In jeder Pfarrei hört man vom Laienapostolat. Vielleicht ist das ein Grund dafür, daß die Weihekandidaten in jeder Diözese weniger werden?

Der Priesterberuf ist jahrtausendealt. Schon die alten Ägypter haben Priester gekannt. Und überall auf der Welt hat es sie gegeben. Im alten Rom waren die Priester feste Staatsbeamte, Manipel- und Stolaträger. Es hat sogar direkte Priesterstaaten gegeben. Theokratien! Wo der Hohepriester zugleich

der König war. Bei unseren direkten Vorfahren, den Kelten, waren die Priester, die Druiden, zugleich Ärzte und Richter und hatten mehr weltliche Macht als der König. Auch mußten sie 20 Jahre lang studieren und kamen schon als Achtjährige in die Druidenklöster. Vielleicht nach Gars, Au, Chiemsee, Baumburg, Altaich, Weltenburg oder Salzburg? Nichts Gewisses wissen wir immer noch nicht.

Von Haus aus war ja jeder Familienvater sein eigener Priester. Bei den Germanen und bei den alten Griechen ist aber dann das Priestertum schnell auf die Fürsten übergegangen, auf die Könige und Herzoge. Und überall hat das auch eine gewisse Staatsmacht verkörpert, liest man in den religionsgeschichtlichen Nachschlagewerken und auch bei den angesehensten Dogmatikern und Theologiegeschichtlern. »Häufig zeigt das Priestertum eine starke Neigung, mit dem Staat zu rivalisieren und es ist bereit, zuzunehmen an Machtfülle und Funktionsquanität unter Einverleibung sogar fremder Systeme und Kulte.« Da möchtest ja gleich irr werden, wenn man so gescheite Sachen aus den neuen theologischen Lexika und Lehrbüchern herauslesen kann, zum Beispiel aus Karl Rahners theologischem Taschenlexikon. Wenn wir heut meinen, es bräuchte nicht mehr so viele Pfarrer geben, weil die Leut nicht mehr so fleißig in die Kirche gehen, dann ist das trotzdem ein Irrtum. Besonders bei uns in Bayern wär es ohne Pfarrer kein schönes Leben. Was wäre da eine Kindstauf – ohne Pfarrer? Is einem Protznbauern schon »der Koprata« zu wenig! Und was ist eine Hochzeit ohne Kirchenzug? Ohne Brautsegen und Kirchenchor? Lang nicht so festlich wäre eine Hochzeit ohne Pfarrer, und wenn die Braut noch so schön ist und der Bräutigam noch so viel Geld hat! Eine Festlichkeit wäre das nicht!

Und grad so ist es mit dem Hochzeitsmahl. Sitzt der Hochwürden Herr Pfarrer dabei, wird bei den Witzen des Hochzeitsladers noch mehr gelacht. Es hat schon Herrn gegeben, die haben selber Schnaderhüpfl gesungen!

Und was wäre die Erstkommunion ohne Pfarrer? Da mag man ja gar nicht zu denken anfangen! Was wäre eine Firmung ohne Bischof?

Und dann freut einen auch das Beichten wieder. Man erspart sich einen Doktor, wenn man aufrichtig beichten kann!

Vom Sterben und Eingraben mag ich gar nicht reden. Da braucht man einen Pfarrer zwar nicht unbedingt, weil ja ein jeder sterben muß. Aber freilich, so trostreich und feierlich ernst und traurig schön ist eine Beerdigung ohne Pfarrer nicht. Die alten Gesänge auf lateinisch, die haben einen Klang und einen Trost gehabt. Fast so einen starken Trost wie der Herbst und der Winter. Das *si iniquitates*, das geht wahrscheinlich schon auf die ägyptischen Priester zurück!

Und wie wäre der Ablauf des Jahres ohne die großen Festlichkeiten langweilig. Ohne Karfreitag und Karsamstag? Ohne Ostertag und Pfingstag? Ohne Prangertag, Kirchweih und Allerheiligen, ohne Christmette?

Für jede Festlichkeit müßte eine neue erfunden werden! Auch wieder eine mit Prozessionen und Massenversammlungen, mit Paraden und großen Reden. Mit Standartenweihen und Denkmalsenthüllungen, mit Verkündigungen von Jahresplänen und Jugendweihen! Alles müßte wieder erfunden werden und es bräuchte nach ungefähr hundert Jahren wieder Priester dazu. Priester mit priesterlicher Kleidung.

»Und die Katz springt auf die alten Füß!« Wenn's auch Ersatzfüße wären, weil unsere frommen Bräuche und unsere gute alte Geistlichkeit – die sind wir gewöhnt über tausend Jahre. Und auf das Gewöhnen kommt es an! Aufs Angestammtsein, besonders in der Religion! Selbst die priesterliche Kleidung waren wir gewöhnt: Die Soutanen auch mit dem aufblitzenden Rot der Prälaten und Bischöfe! Mit dem Lateinischen sind die Soutanen verschwunden.

Wir brauchen die Geistlichen so notwendig wie eine Hebamme und den Doktor, wie einen Zahnarzt und den Richter. Gewiß noch notwendiger als einen Advokaten!

Freilich, der Zölibat! Der ist immer noch eine Aufgabe! Zwar nicht für das ganze Leben, wie ein alter Bauernpfarrer einmal geseufzt hat: »Als Koprata hat mich der Zölibat druckt, später bein Kirchenbau die Schulden – und jetzt drückt mich das Zipperlein!«

Eine Primiz fängt ja schon ganz vorn an. Nach der Priester-weihe fährt der junge Primiziant heim. Heute mit dem Auto – früher mit dem Zug! Am Bahnhof hat die ganze Pfarrei auf den Zug gewartet. Das ist ausgemacht gewesen: Mit dem Vier-Uhr-Zug kommt er. Schon um zwei Uhr nachmittag sind die ersten Reiter am Bahnhof angekommen. Bauernburschen mit ihren schönsten Rössern – wie zu einem Umritt! Das Warten hat nichts gemacht! Man hat sich sehen lassen können mit den schönsten Rössern. Und die Kellnerinnen haben den Reitern das Bier aus der Restauration gebracht. Weggehen hat man da nicht können, weil die Rösser immer mehr geworden sind. Fein gestriegelt und geputzt, daß sie geglänzt haben. Der Schweif eingeflochten: Mit Blumen und Kranzl und Bandlzeug. Die Hufe geschmiert mit Schuhcreme, die schwersten Bauernrös-ser sind so stolz dahergetänzelt wie die Zirkuspferde.

Bald darauf sind die größeren Bauern mit ihren Wagen und Schäsen gekommen. Ein jedes Rad mit Blumen umwunden und sogar die Schäsen selber bekränzt und mit weiß-blauen oder weiß-gelben Bändern geschmückt! In jeder Kutsche der Bauer und die Bäuerin mit den kleinen Kindern. Und das große Gewand hat ein jeder an, als wäre es der Prangertag. Und die vielen Radfahrer! Ein jedes Rad geschmückt, daß man vor lauter Blumen und Daxn schier keine Speichen mehr gese-hen hat. Die Pfarrei war in freudiger Erwartung. Noch vor dem letzten Krieg haben wir landauf – landab diese festlichen Primizen erlebt. *Per extensionem manum mearum et per invo-cationem omnium sanctorum ...*

Auch der Bahnhof war hergerichtet worden. Gleich nach dem Perron ist der erste Triumpfbogen gestanden. Über und über aus Fichtenzweigen gebunden und mit einer schönen Ta-fel geschmückt. Dem hochwürdigen Herrn Primizianten ein herzliches Willkommen in der Heimat!

Es wird dreiviertel vier Uhr. Der Herr Bürgermeister mit dem Herrn Pfarrer fährt vor im allerschönsten Schalawa, den es in der Gemeinde gibt. Im Fond drinnen wird er sitzen! Bald ist es soweit. Der Zug nimmt schon seine Ordnung an. Die Radfahrer voraus, dann die Reiter, die Schäsen und in der Mit-

ten der Wagn vom hochwürdigen Herrn Primizianten, die Vereine hintendrein. Der Posthalter selber sitzt auf dem Kutschbock. Jetzt müßte er kommen, der Zug. Endlich dampft er daher. Man sieht es ihm an, da sitzt er drin, der Mühlner Wastl, der hochwürdigste Herr Primiziant!

Und fleißig, schon steht er auf der Plattform heraußen, glänzend in seinem neuen Talar. Um den Arm ein Primiziantenkranzl. Der Wastl! Der Zug hält, er steigt aus. Die Musikanten fangen einen Marsch an! Der Mühlnervater und die Mühlnerin sagen zu ihren Buben »Grüß dich Gott« und die Geschwister stehn auch auf dem Perron. Die kleine Primizbraut, das Hofbauernlisei mit ihren acht Jahren, sagt ein Gedicht auf. »Mit deinen neugeweihten Händen – wirst du uns deinen Segen spenden!« So hört das Primizgedicht auf und der Primiziant ist gerührt und will schon die Hände ausstrecken, da hält ihn der Pfarrer gerade noch zurück und flüstert ihm ins Ohr: »Jetzt nicht, erst daheim in der Kreitinger Pfarrkirche zum festlichen Abschluß heute.«

So ein neugeweihter Primiziant macht manchmal noch etwas falsch, wenn nicht der alte Pfarrer dabeistehen würde. Die ersten Tage ganz besonders und unter der Primizmesse, wenn er das erstemal allein das Hochamt singt. Der Pfarrer, als Presbyter assistens, kann da zu jeder Zeit eingreifen und aushelfen, wenn was daneben geht. Er steht dabei im Rauchmantel und paßt auf und flüstert ihm zu.

Beim Empfang also nimmt er ihn gleich an seine Steite, und dann, nach dem Grüß-Gott-Sagen, steigen sie in die Kutsche ein. Die Musik spielt abermalen einen auf und dann geht es vom Bahnhof ins Dorf heimwärts. Und das ist ein schöner weiter Weg, wo sich der Zug prächtig entfalten kann. Drei Kilometer weit. Durch die Felder, die Wiesen, durch den Wald ein Stückerl, am Bach vorbei, wo das Vaterhaus liegt – und auf die Dorfkirche zu. Und immer wieder prangt ein Primizbogen! Die Glocken läuten. Die Schulkinder mit der Lehrerschaft, voraus die Ministranten mit dem Koprater, gehen dem Zug entgegen. Das ist eine Pracht! Der Primiziant, der junge Priester, wird eingeholt in seine Heimatpfarrei. *Tu es sacerdos*

in aeternum, steht über dem Primizbogen vor der Kirche. Du
bist Priester in Ewigkeit! Es geht einem durch und durch!

Die Tage zwischen dem Einholen und der Primiz sind für
den jungen Primizianten am schönsten. Da geht er von Haus
zu Haus in der ganzen Pfarrei und spendet jedem einzelnen
seinen Primizsegen. Das ist jeweils ein kleines Heimgartenfest
für jede Familie. Dem Großvater, der Großmutter, den Eltern,
den Kindern, Knechten und Mägden – einem jeden legt er einzeln die neugeweihten Hände auf das Haupt und spricht die
lateinischen beschwörenden Segensworte: »Per extensionem
manum mearum.« Da hält sich ein jeder still und spürt die
frische, junge Kraft!

Anschließend gibt es eine Brotzeit und der Bauer steckt
dem Primizianten ein Geldgeschenk zu. Vom Studieren sind
noch Schulden da, und eine kleine Aussteuer braucht der »Koprater« auch. Ist sein Gehalt eh noch hübsch klein. So ist es der
Brauch. Und kaufen kann man den Primizsegen sowieso
nicht. Weil er gar so verehrt wird, ein junger Primiziant, laufen
ihm die Buben nach. Und manche Mutter sagt anläßlich einer
Primiz zu ihrem Lausbuben »Wär das schön, Sepperl, wenn
du so brav wirst wie der Primiziant!« Wer weiß? Eine jede Primiz zügelt einen Primizianten nach, hat man früher gesagt.

Es ist ihm alles vergönnt, dem Primizianten, dem Mühlner
Wastl! Er ist ja ein Unsriger! Ein Kreitinger. Und wenn er noch
so viel zusammenbringt. Einen Tausender oder zwei? Auch
Realitäten bekommt er noch geschenkt. Der Jungfrauenverein
zum Beispiel hat ihm einen Chorrock gehäkelt mit viel wun-
derschönen Spitzen! Und hat die Schwester vom Herrn Primizianten durchblicken lassen, die ratscherte Mühlner Kathl,
daß an dem Chorrock hauptsächlich das Annerl hingehäkelt
hätte. Da wird der Primiziant ein ganz klein wenig rot. Er lacht
dazu und meint: »Der schöne Chorrock, der ist ja zu schade
zum Beichtstuhlsitzen!«

Der Burschenverein stiftet ein neues Fahrrad! Der Trach-
tenverein, in dem der Wastl schon als Bub gern gespielt hat,
spendiert eine Gitarre. Und der Veteranenverein hat ihm ein
gotisches Meßgewand machen lassen! Die Feuerwehr gibt ein

Rituale-Büchlein her mit eingelegter Stola, ganz etwas Praktisches, wenn es einmal pressiert beim Versehgang. Der Kirchenrat hat mit dem hochwürdigen Herrn Pfarrer einen Meßkelch gekauft. Die Geschwister haben einen neuen Talar angeschafft, die Schulfreunde ein neues Konversationslexikon. Es kommen also nochmal gut und gern – weil ja die weitschichtigste Verwandtschaft auch noch Geschenke macht – gut und gern ein Dutzend Realitäten zusammen. Und die werden allesamt schön aufgestellt im Primiziantenzimmer. Das ist das schönste Zimmer im ganzen Mühlnerhaus. Die große Kammer! Da kommen jetzt die Leute zum Anschauen, von der Früh bis auf die Nacht. Alle kommen sie daher, einzeln und in Gruppen – die Schulkinder und die Großmütter – alle gehen »dem Primizianten seine Sach anschauen.« Wie auf den Hochzeiten, wo es der Hochzeiterin auch so ergeht! Das »Schauen« ist kein schlechter, das ist ein schöner Brauch. Er bedeutet nicht nur, daß die Neugierde befriedigt wird, er bedeutet, daß man sich mitfreut. Und es gehört zum Schauen auch das entsprechende Lob der Schauenden dazu. Das ist keine Falschheit, kein Spott, im Gegenteil! Auch nicht wenn die weitschichtig verwandte und ob ihres Mundwerkes weithin bekannte Wachsnlies ihre Lobeshymnen anfängt: »Mein ist die Sach schön! So viel schon! – Der Heilige Vater in Rom mag nicht so viel Schönes bekommen haben bei seiner Primiz! Und so viel Sach hat er gekriegt! Ganz aus is! Das rare Wohnzimmer! Und das schöne Bett! Da hat die Mutter schon die allerfeinsten Federn ausgesucht. Und gleich eine vierfache Bettwäsch dazu. Da muß man weit gehen, bis man so was wieder sieht!«

So ist es recht! Was wär denn ein Schaun ohne Loben? – Jetzt erst stimmt es. Die ganze Gemeinde hat eine Freude am Primizianten und seiner Sach. –

Schon in dem berühmten Lexikon für Theologie und Kirche schreibt der selige Bischof Michael Buchberger von Regensburg unter »Primiz« in einer kleinen Schlußbemerkung: »In Bayern auch die geistliche Bauernhochzeit genannt!«

Und dann kommt der Primiztag selber. – Die Festlichkeit läßt sich kaum erzählen vor lauter Schön!

Um sechs Uhr bekommt der neugeweihte Herr einen musikalischen Weckruf von der verstärkten Festkapelle. Aber die Tage davor schon kommt die halbe Pfarrei nicht mehr zum Schlafen. Nochmal werden zwei Primizbögen aufgebunden. Und vom Vaterhaus her, bis zum Festaltar auf dem Wirtsanger hinterm Pfarrhof, werden Ehrenpfosten geschmückt und Girlanden aufgehängt. Zwölf Jahre haben sie in Kreiting keinen Primizianten gehabt. Sie möchten halt herzeigen, wie sie stolz sind und wie sie das Priestertum ehren. Im bayerischen Gebirg werden sogar Bergfeuer abgebrannt zu Ehren des Herrn Primizianten, großmächtige Holzstöß auf dem Hochriegl und auf dem hohen Schergen werden angezündet. – Vielleicht haben das schon die Kelten zu Ehren ihrer jungen Druiden gemacht?

Endlich formiert sich der Primiziantenzug vom Vaterhaus zum Festaltar. Die Triumphbögen aus Daxen und geschmückt mit Bändern stehen da, hoch und breit über den Weg, übern Fußweg, übers Bauernstraßl, über die Dorfstraße. Die Böller krachen, die Musikanten spielen, dazwischen singt der Chor und dann wird wieder gebetet.

Wieder ziehen die Kommunionkinder voraus, die Vereine mit den Fahnen, die Schar der zu Ehren des Primizianten herbeigeeilten Geistlichen, alle im weißen Chorrock, vom ganzen Dekanat. Der Herr Dekan darunter. Dann der hochwürdige Herr Domkapitular und weitschichtige Verwandte des Primizianten, der hochwürdige Herr Prälat Mittereder Ludwig, ganz in der roten Prälatensoutane wie ein Bischof! Er ist der heutige Primizredner. Diese Ehre! Primizprediger sind ja meistens dem Primizianten verwandte Geistliche oder ihm nahestehende Theologieprofessoren. »Entschuldigens, Herr Professor, aber ich hab noch keinen Primizredner, der Herr Subregens hat mir absagen müssen, möchten Sie net so gut sein und mir die Primizpredigt halten?« – Schön ist es, wenn es zusammenstrifft, daß der Primizprediger auch ein guter Prediger ist, wenn beispielsweise in der Verwandtschaft ein scharfer Kapuziner da ist!

Hinter den Ehrenjungfrauen und der Geistlichkeit kommt endlich der Herr Primiziant. Ihm unmittelbar voran schreitet

stolz die kleine Primizbraut und tragt ein weißes Kissen mit einem Myrtenkranz darauf. Sie ist bei der heutigen geistlichen Hochzeit die Braut, das Symbol der Reinheit des Primizianten und aber auch das Sympol der Kirche Gottes, mit der sich der Neupriester heute vermählt.

Und hinter ihr also dann der Primiziant. Er hat den neuen Chorrock an, die Stola um den Hals und eine schneeweiße Lilie trägt er in der Hand. So geht er seinen Weg, seinen Weg zum Primizaltar, wo er sein erstes Opfer zelebrieren wird.

Hinter dem Primizianten gehen seine Mutter, sein Vater, die Geschwister und Verwandten und die ganze Pfarrei.

Das ist ein Anblick: Das junge geweihte Mannbild im Chorrock und mit der Lilie in der Hand. Die Böller krachen, die Triumphbögen spannen sich ihm über den Weg.

Jetzt ist so weit, Wastl! Hast eine Aufgabe vor deiner! Und nicht alle Tage ist Primiz. – Geh hin, lies deine erste Messe, wandle uns auf unsern Herrn – das erste Mal! – Er stimmt das Gloria an. Brav, er kann singen.

Und die vielen Leute! Von drinnen und draußen, von unten und oben sind sie gekommen, drei Pfarreien weit. Ja, von noch weiter! Da wär die größte Kirche zu klein für die vielen Leut. Am Wirtsanger haben sie Platz und sehen allesamt schön vor zum Altar, der hinter dem Stadl aufgebaut ist.

Der Primizredner lobt das hohe Priestertum! Früherszeiten war so eine Predigt oft interessant. Daß der Priester noch im Rang vor den Engeln komme, ist da nicht selten ausgerufen worden! Darum ehret eure Priester! »Multi vocati sunt, pauci electi! – Viele sind berufen, wenige auserwählt!«

Heutigentags hört sich natürlich so eine Primizpredigt ganz anders an, indem er schier bloß noch eine Amtsperson ist, der heutige Priester und dafür freilich ein jeder von uns ein perfekter Laienapostel sein sollt! Und ist es doch eher umgekehrt geworden! Was ist ein heutiger Laienapostel gegen einen tiefgläubigen Bauern oder Handwerker aus dem vorigen Jahrhundert? – Der, um eine Primiz erleben zu können, wirklich noch ein Paar Schuhsohlen durchgelaufen hat? – Autoreifen sind nicht so schnell durchzufahren!

Die Leut sind halt früher »so dumm« gewesen! Die erste
Messe, die einer liest, haben sie gemeint, die kann eine besondere Gnade aufweisen, eine besondere Kraft. Etwas ist dran?
Die ersten Kirschen, die ersten Äpfeln und Birnen machen
einem auch eine besondere Freude!

Und wenn einer zum erstenmal aufwandelt – und unseren Herrn herzeigt – einer von uns, von unserm Bauerndorf
einer, dann geht einen das was an. Der Mühlner Wastl von
Kreiting, ich hab ihn ja als Lausbub noch gekannt. Und heut
ist er der hochwürdige Herr Primiziant! Das freut einen. Er hat
es verdient. Vierzehn Jahre bei den Professoren studieren müssen in Regensburg, das war eine Aufgabe! Ein jeder packt das
nicht!

Der Chor singt eine schöne Messe. Der verstärkte Kirchenchor – eine vom Mozart! Mit Orchester. Die Lehrer und Chorregenten von fünf Pfarreien helfen aus. Das klingt, als stünde
der Wastl nicht in Kreiting auf dem Wirtsanger am Altar, das
klingt, als würde er seine Messe in der Stadtpfarrkirche auf-
wandeln. Bei der Präfation hören alle scharf hin. Kein Stol-
pern, laut und kräftig klingt sein Latein: »Cum Thronis et
Dominationibus cumque omni milita caelestis exercitus hym-
nun gloriae tuae canimus sine fine dicentes: Sanctus!«

Und dann kommt langsam der Höhepunkt, die Wandlung!
Die Vereine senken die Fahnen, der Kommandeur des Vetera-
nenvereins läßt die Trommeln rühren. – Die großen Glocken
setzen ein und die kleinen Ministrantenglöcklein klingeln. –
Im großen Anger beugen sich alle Knie. – Der Primiziant wan-
delt zum erstenmal auf! –

Der Wastl! Wandelst uns auf unsern Herrn! Mir haben dich
allesamt recht gern!

Dann geht es ins Wirtshaus. Es wird lustig. Den Haupt-
schlager macht der Wirt. Er wird ganz nervös. Das wird die
einzige Festlichkeit sein in Bayern, die sogar die ruhigsten
Wirte nervös macht: Eine heiße Primiz, da rinnt das Bier grad
so weg! – Sogar der Bräu bekommt Angst, denn das ist auch
schon passiert, daß bei einer Primiz das Bier ausgegangen ist.
So enorm wächst der Durst an, nach diesen andächtigen Zere-

monien! Drei- bis viertausend Leute, die geben aus! Bis ein
jeder seine Maß hat, wird der Keller leer?

Droben im Tanzsaal geht es hoch her. Für vierhundert
Primizgäste ist die Tafel gedeckt. Aufgetragen wird wie bei
einer überdimensionalen Bauernhochzeit. Eine Hochzeits-
suppe und Bratwürstl, einen Kalbsbraten und ein Schweiners,
Rindfleisch und Kaffee mit diversen Tortenstückl und nachmittags nochmal einen Aufschnitt. Daß man halt direkt ein
»Bschoadtücherl« braucht. So rare Primizmähler hat es schon
gegeben – früherszeiten! Seit dem zweiten Vaticanum nicht
mehr. Die Landbrauereien schenken keine zwei Hektoliter
mehr aus.

Natürlich wurden da Spaßettln gemacht beim Mahl. Es sind
ja so viele hohe Herrn da, die einen Humor haben, wenn auch
einen gstudierten. Aber auch die Pfarrerwitze können kräftig
werden. Der lustigste ist der alte Benefiziat von Zell, der wenn
einmal anfangt, dann hört das Lachen nimmer auf. Erzählt er
nicht, man hat schon mit dem Kaffeeauftragen angefangen, die
Geschichte von seiner jungen Kaplanzeit, wo er alle Tage von
der Pfarrerköchin Fleischpflanzerl bekommen hätte. Ja freilich,
Fräulein Ursula. Fleischpflanzerl mag ich sehr gern, die sind
meine Lieblingsspeis. Und dann also die Wendung! Man kann
es gar net erzähln, warum es in diesem Pfarrhof immer für den
Kaplan Fleischpflanzerl gegeben hat. Weil der alte Herr Pfarrer
keine Zähne mehr gehabt hat. Es gibt eine alte bayerische
Rausch-Skala, die fängt an: Als leichteste alkoholische Stimmung: ein Ministrantenräuscherl. Dann kommt gleich das Pri-
mizianten-Räuscherl. Später dann erst das Koperatorräu-
scherl. Manche meinen sogar, das Primiziantenräuscherl käme
noch vor dem Ministrantenräuscherl. – So zartfühlend ist man
hierzulande, wenn es um einen Primizianten geht.

Bis um fünf, sechs, sieben Uhr abends sitzt man beisammen.

Den anderen Tag gibt es noch eine Nachprimiz und ein
Requiem für die verstorbene Verwandtschaft und dann
kommt der berühmte Brief vom bischöflichen Ordinariat: Als
Aushilfspriester hat sich am 15. Juli einzufinden in der Pfarrei

Seilersdorf der H.H. Neupriester Sebastian Mühlner aus Kreiting.

Was, auf Seilersdorf stecken sie ihn hinunter? Zu diese Büffin. Da hat er ja gleich einen harten Einstand!

Eine schöne Zeit, die gute alte, fromme Zeit! Würde die Muttersprache während des Gottesdienstes wieder keuscher, missale-heimlicher (als Übersetzungshilfe) angewendet werden, dafür aber wieder mehr das Lateinische, wir bekämen wieder mehr Primizen, mehr herzensgute Primizianten und liebe Primizbräute. *Te Deum lauda - a - amus te!*

Aber der Zölibat halt! Jahrelang forderten wir die Freigabe dieser unmenschlichen Maßregelung. Es müssen ja nicht alle heiraten. Nur jene, die es unbedingt wollen. Dafür halte man das kontemplative Mönchstum höher in Ehren. Andere wieder machen sich nichts aus Frauen.

Jahrhunderte haben die Päpste um die Einführung der Ehelosigkeit der Weltpriester gekämpft. Nicht nur in Mailand, Salzburg oder Passau. Und doch hat es immer wieder warnende Stimmen gegen den Zölibat gegeben. Der größte Theologe vor Thomas von Aquin, Propst Gerhoh von Reichersberg, sagte, daß ein Weltpriester, der auch mit Frauen zusammentreffe, unmöglich das Gebot der Ehelosigkeit halten könne. Und verlangte schließlich – nachdem er sah, daß die Päpste nicht nachgaben, ein klösterliches Zusammenleben auch der Weltpriester, eine *vita communis* derselben in einem Augustinerchorherrnstift. – Darum sind ja im 11. und 12. Jahrhundert so viele Chorherrnstifte entstanden.

Doch nicht jedem Pfarrer war so ein Klosterleben gegeben. Lieber der Zölibat und eine Zölibatesse.

Heute, wo die Ehe immer fragwürdiger wird, möchte man mit den Geschiedenen ausrufen: »Zölibat für alle, auch für die Laien!« – Was dann? Der jeweilige Lebensgefährte der Mutter müßte eben auch ein guter Ziehvater sein. Vielleicht hat Kardinal Ratzinger recht, wenn er sagt: »Es möge jeder das Gesetz der Ehelosigkeit gut bedenken, ehvor er sich zum Priester weihen läßt.« Und überhaupt: Die Ehelosigkeit ist ein Opfer, aber auch ein Schutz.

Mariä Himmelfahrt

Am 15. August, dem großen Frauentag, läßt die Hitze des Sommers nach. Die Korn-Gersten und Weizenfelder sind abgeerntet. Nicht nur die Großmütter ahnen den kommenden Herbst jetzt vier Wochen voraus. Der »große Frauentag« ist ein hoher Feiertag. Erste Rangstufe und Farbe weiß.

Während des Dritten Reiches haben ihn die Nazi zum Werktag erklärt. Aber in den Bauernpfarreien hielten die Pfarrer an den Abenden des Frauentages ein sollenes Hochamt. Denn man muß die Feste feiern, wie sie fallen. Nicht erst am darauffolgenden Sonntag. Und die Kirchen, besonders die Frauenkirchen waren überfüllt. Das waren die ersten Abendmessen gewesen. (Außer der Mettennacht.) Den ganzen Festtag über haben die alten Bauern – denn die Söhne standen an den Fronten – mit ihren Töchtern und den Kriegsgefangenen noch Hafer eingefahren, konnten von der nimmermüden harten Geste des Erntens kaum mehr stehen. Aber den Frauentag ließen sie nicht ohne Festgottesdienst verstreichen.

Gaudemus omnes in Domino – laßt alle fröhlich sein, da wir zu Ehren der allerseligsten Jungfrau Maria diesen ihren Festtag feiern.

Maria ist in den Himmel aufgenommen, darüber freuen sich die Engel. – *Assumpta est Maria in caelum, gaudent Angeli.* Auch als die »leibliche Aufnahme Mariens in den Himmel« noch kein Dogma war, also vor 1950, hat die christliche Tradition dieses Fest seit Jahrhunderten gefeiert.

Im Mittelalter hat der Festtag auch »Mariä Scheiding« oder »Mariae Heimgang« geheißen.

Unter allen Marienfesten des Jahres gilt Mariä Himmelfahrt als das glorreichste. Darum nennen wir den Tag auch

den großen Frauentag. In mehr als hundert Kirchen Bayerns, in Kathedralen und Kapellen, in Pfarrkirchen und berühmten Wallfahrtskirchen wird an diesem Tag das Patrozinium gefeiert. Es ist ein Festtag mitten in der Woche. Das Hochamt wird ungemein feierlich zelebriert, der Kirchenchor hat angestrengte Proben hinter sich. Die Orgel braust, der Weihrauch steigt empor, es ist Unserer Lieben Frauen glorreicher Tag.

Die Traditionen dieses Festtages reichen bis in die Zeit der Kirchenväter zurück und eine eigene liturgische Feier für Mariä Himmelfahrt kann in Byzanz im 5. und in Rom im 7. Jahrhundert nachgewiesen werden.

Die Heilige Schrift sagt allerdings nichts über die näheren Umstände des Todes der Mutter Gottes. Aber die apokryphen Texte der Legende *de transitu Beatae Mariae Virginis* und später dann die *Legenda Aurea* stützen sich auf die mündliche Überlieferung der ersten Jahrhunderte, also noch der apostolischen Zeit. Nach diesen Texten spielte sich die Himmelfahrt Mariens so ab:

Als Maria 62 Jahre alt war, hatte sie große Sehnsucht nach ihrem Sohn und sie schickte sich an, zu sterben. Da kamen die Apostel alle herbei, um von der Mutter des Herrn Abschied zu nehmen. Plötzlich aber tritt Christus in das Gemach, nimmt im Augenblick des Todes ihre Seele und übergibt sie einem Engel, der sie himmelwärts trägt. Den Aposteln aber befiehlt er, den Leichnam Mariens zu bestatten und drei Tage am Grabe zu verharren. An diesem dritten Tag kam Jesus wieder, gab der Verstorbenen die Seele zurück und sprach: »Steh auf, meine liebe Mutter, du sollst nicht hier sein, du mußt mit mir fahren zu den himmlischen Freuden!« – Und es kamen Engelscharen herbei und führten Maria in den Himmel. »Da ward Maria erhöht über alle Chöre der Engel und über alle Heiligen und gekrönt zu einer Königin des Himmelreichs und Erdreichs.«

Eine fromme Legende, an die zu glauben vielen Menschen heute schwerzufallen scheint. Die Bulle *Munificentissimus Deus* Papst Pius XII. vom Allerheiligentag 1950 hat die Aufnahme Mariens in den Himmel mit Leib und Seele zu einem Dogma

erhoben. Die Marienverehrer haben das als eine Freude emp-
funden. Zahlreich sind aber auch die Zweifler, die sich sagen:
Mußte dieses Dogma gerade in der Mitte des zwanzigsten
Jahrhunderts verkündet werden?

Im Apostolischen Glaubensbekenntnis bekennen wir aber
alle – Katholische wie Evangelische – »ich glaube ... an die Auferstehung der Toten und das ewige Leben. Amen.«

Wenn nun die Auferstehung des Fleisches eine Tatsache
sein wird, was soll dann an der Himmelfahrt Mariens unbe-
greiflich scheinen? Wenn wir von ihr das jetzt schon glauben,
was wir für uns alle einmal erhoffen?

Aller Zweifel kommt aber daher, daß der heutige Mensch
nicht mehr viel von der Lehre des christlichen Todes hält. Er
läßt mehr das biologische Ende gelten.

Der große Frauentag erhebt dagegen Einspruch: *Assumpta
est Maria in caelum* – er hat sie in den Himmel aufgenommen,
wie er auch uns einmal am Jüngsten Tag in den Himmel auf-
nehmen wird.

Die Himmelfahrt Mariens heißt in der Theologie *assumptio* – Aufnahme; im Unterschied zur Auferstehung und Himmelfahrt Christi, die aus eigener, göttlicher Kraft geschah und
resurrectio und *ascensio* genannt wird. Daher wird auch Mariä
Himmelfahrt immer unter der tätigen Mithilfe mehrer Engel
dargestellt, die den Leib Mariens emportragen.

Und da sind wir denn auch schon bei einem Hauptthema:
Mariä Himmelfahrt in der Darstellung der Kunst. Und der
Künstler gibt uns die Gewißheit. Wer denkt da nicht gleich an
die hochdramatische Szenerie Egid Quirin Asams in der
Abteikirche zu Rohr in Niederbayern?

Der Hochaltar wird zur Bühne. Die Apostel am leeren
Grab Mariens sind fassungslos, sie gestikulieren in erregten
Bewegungen, der deutlich spürbare Wind der *assumptio* hat
sie erfaßt. Deutlich sind sie unterschieden und charakteri-
siert! Die einen sehen nach oben, winken Maria nach; einer
hält die Rose empor, die er im leeren Grab gefunden hat. Andere können es nicht glauben, sehen, greifen in den leeren
Marmor-Sarkophag. Einer sinkt vor Andacht in die Knie, je-

ner überschlägt sich in einer Gebärde der Ekstase, ein anderer bleibt stumm und beginnt das Geheimnis zu begreifen. Es ist kein Gemälde, es ist eine lebendige Szene auf offener, tiefer Bühne und in Überlebensgröße agieren die Personen.

Über der Gruppe aber, über dem leeren, rötlich schimmernden Sarkophag, schweben die Engel mit gewaltigem Flügelschlag und schieben die Madonna an den Füßen hinauf in den Himmel, wo die allerheiligste Dreifaltigkeit thront und sich zur Krönung bereithält. Aus den Wolken sehen überall hübsche Engelköpfe hervor, neugierig, frohlockend, glücklich.

Und die Madonna in Rohr erst selber! So prächtig, graziös und elegant ist keine zweite Himmelskönigin dargestellt worden: Eine Fürstin im Rokoko-Krönungsornat ist sie. Aber trotz aller Majestät besitzt sie zudem so viel Anmut und leichte Fröhlichkeit, daß von ihr auch schon gesagt wurde: Sie sieht aus wie die Primaballerina eines barocken Opernballetts; oder wie eine große und berühmte Sopranistin, die in allerliebster Koloratur eben mit ausgebreiteten Armen in den Himmel hinein jubiliert, in die ewige Herrlichkeit Gottes.

Ein gewaltiges Gesamtkunstwerk ist dieses Wunder in Rohr – eigens geschaffen für den Tag Mariä Himmelfahrt. Der hochwürdigste Herr Abt zelebriert das Ponitfikalamt, die Orgel braust, die Chöre jubeln, Geigen, Trompeten und Pauken setzen ein: »Assumpta est Maria in caelum, gaudent angeli!«

Maler, Schnitzer und Bildhauer haben früh angefangen, den Tod und die Himmelfahrt Marias zu verherrlichen. Die Münchner Staatsbibliothek besitzt eine Elfenbeinschnitzerei, eine byzantinische Originalarbeit aus dem 10. Jahrhundert. Sie schmückt den Vorderdeckel des Reichenauer Evangeliars Kaiser Ottos III. Die Szene stellt den Tod Mariens dar. Die Muttergottes ist eben entschlafen. Ihr Leib ruht auf dem Sterbebett. Die Apostel stehen trauernd herum: Lukas berührt ihre Füße und stellt den Tod fest, Petrus schwingt das Rauchfaß. Christus in der Mitte hält die verschiedene Seele seiner Mutter – dargestellt als Frauenbüste – in den Armen und reicht sie zwei Engeln hinauf, die sie dann zum Himmel tragen werden.

Ähnlich sehen alle älteren Darstellungen von Mariä Heimgang aus. Es wird lediglich der Tod dargestellt. Oder aber, wie Maria bereits im Himmel angekommen ist und gekrönt wird.

In Bayern haben wir nur noch wenige solch uralte Darstellungen vom Tode Mariens. Die alte Reichshofkirche zu Chammünster in der Oberpfalz besitzt im Bogenfeld des Südportals ein Fresko aus dem 15. Jahrhundert, das den Tod Mariens zeigt. – Am Dom zu Eichstätt, im Tympanon des Nordportals, ist ein gutes Steinrelief zu sehen, das ebenfalls den Tod Mariens darstellt, aber zugleich in einer oberen Wolkenbühne die Krönung der Gottesmutter. Diese Eichstätter Arbeit stammt aus dem Jahre 1396. Die Apostel knien am Sterbebett, haben brennende Kerzen in der Hand und Gebetbücher. Jesus steht in der Mitte der Szene vor dem Bett der Verstorbenen, die Seele – hier in der Gestalt eines kleinen Kindes – auf dem Arm. Oben aber sitzt Maria bereits auf einem eigenen Thron neben Gott Vater und ist schon gekrönt. Es segnet die neben ihm thronende Himmelskönigin und auf einem Spruchband dahinter stehen die Worte: »Veni electa mea veni! – Komm, du meine Auserwählte, komm!« Erst im späteren Mittelalter kommt ein anderes Himmelfahrtsbild auf. In einer Monographie »Die Darstellung Mariä Himmelfahrt im süddeutschen Barock« schreibt Hugo Schnell: »Die Renaissance liebte die Darstellung des Todes nicht. Auf diese Szene wurde deshalb bald verzichtet. Und die Enge der Totenstube wird mit dem Grab in freier Landschaft vertauscht.«

Berühmt ist der Holzschnitt »Mariä Himmelaufnahme« aus dem »Marienleben« von Albrecht Dürer um 1510. Er zeigt die Apostel um das leere Grab versammelt, dicht darüber den Himmel: Gott Vater und Sohn setzen Maria die Krone aufs Haupt. Über der Krone schwebt die Taube des Heiligen Geistes und auch die Chöre der Engel zu beiden Seiten fehlen nicht.

Das leere Grab mit den aufschauenden Aposteln und die Krönungsszene im Himmel, das ist nun das neue Konzept. Dürer hat diese Entwicklung miteingeleitet. Die Italiener und Niederländer und später dann die Künstler im bayerischen Barock, sie alle haben Anteil an diesem neuen Himmelfahrtsbild. In

ganz Europa, in der ganzen Christenheit hatte es sich im 16. Jahrhundert verbreitet. In der nachkonziliaren Zeit ist der Tod etwas biologisches. Auch für Maria?

Tief beeindruckt uns auch der Altar zu Creglingen an der Tauber. Tilmann Riemenschneider hat hier mit dem Schnitzmesser die Szene geschildert, wie es damals mancher Maler mit dem Pinsel noch nicht gewagt hätte. Die Apostel, in unglaublich faltenreichen Gewändern, stehen oder knien am leeren Grab. Ein jeder von ihnen sieht anders aus: Die Gesichtszüge sind deutlich unterschieden und von großer Realistik, so als gelte es die Porträts festzuhalten: Die einen tragen lange Bärte, die anderen sind bartlos, der ist in stiller Andacht versunken, jener schaut der Muttergottes nach. In der Mitte des Altars schwebt Maria gen Himmel. Sie hat die Hände gefaltet und sieht ernst aus. Englein begleiten sie, schweben ihr helfend zur Seite, stützen, tragen sie empor.

Später im Barock und Rokoko sind solche plastischen Darstellungen von Mariä Himmelfahrt ziemlich selten geworden. Im Österreichischen gibt es ein paar gute Arbeiten: In Gurk und in Vorau in Tirol. Aber unerreicht über alledem bleibt doch Egid Quirin Asam in Rohr. Eine letzte späte Bildhauerarbeit wäre da aber doch noch zu erwähnen. In Sünching an der großen Laaber, zwischen Straubing und Regensburg, im prächtigen Schloß der Grafen von Seinsheim, hat Ignaz Günther 1761 ein Relief für den Altar der Schloßkapelle geschnitzt. Eine liebliche Günthermadonna, voll Anmut und Schönheit, fährt in den Himmel auf. Und noch ein Mariä-Himmelfahrts-Relief gibt es: An der Kanzel im Käppele zu Würzburg, von Bossi.

Die Maler haben Mariä Himmelfahrt am häufigsten dargestellt. Dem Pinsel waren keine Grenzen gesetzt. Er konnte das Aufwärtsschweben am anschaulichsten schildern. Alle möglichen Arten von Wolken, von großen und kleinen Engeln, von himmlischer und irdischer Landschaft konnte er realisieren. Bis ungefähr gegen 1700 überwiegen die Altarbilder. Dann locken die großen Deckengewölbe der neuen Gotteshäuser, und die Freskomaler beginnen mit der Verherrlichung Mariens in

der himmlischen Glorie. Den Künstlern des Barock und Rokoko war nämlich Mariä Himmelfahrt das liebste Thema, die ehrgeizigste Aufgabe. Dogmatische Wirklichkeit von 1950.

Die Auferstehung des Fleisches, der Triumph des Lebens über den Tod, das Emporschweben in den Himmel, frei von aller Erdenschwere, das war das tröstende Hauptereignis der Unsterblichkeit eines Christenmenschen. *Occurite Angeli Domini... et in sinum Abrahae Angeli deducant te.* – Die Engel führen dich in den Schoß Abrahams!

Der Sieg über die Verwesung, der Triumph des erlösten und verklärten Leibes, das ist die fröhlichste Botschaft des Neuen Testaments. Über 200 Jahre hinweg gab es für die christliche Kunst keinen bedeutenderen, keinen lustigeren Stoff – als die *causa nostrae laetitiae,* die Ursache unserer Freude – als die *assumptio.* Denn der barocke Mensch wußte um die einzige Tröstung der heiligen Religion. Und Maria, die Königin des Himmels, war ihm eine kräftige Fürsprecherin, ja gar eine »Miterlöserin, eine *corredemptrix*«, wie einer der Ehrentitel Mariens lautet. *Trahe me post te!* Nach dem Konzil wurde das *corredemptrix* entfernt.

In allen bayerischen Diözesen gibt es viele berühmte und altehrwürdige Kirchen, die am Tage Mariä Himmelfahrt ihr Patrozinium feiern. Und es ist unmöglich, die Himmelfahrtsbilder alle – oder auch nur die bedeutensten unter ihnen – aufzuzählen.

In der Fuggerkapelle bei St. Anna in Augsburg, am rechten Orgelflügel, hat Jörg Breu schon um 1518 eine hoch in den Himmel schwebende Madonna gemalt. Viele musizierende Englein begleiten sie in einem mandelförmigen Heiligenschein. Unter den Aposteln fällt der heilige Thomas auf, wie er den Gürtel hält, den ihm Maria vom Himmel herab zugeworfen hat. – Thomas soll zur Grablegung zu spät gekommen sein. Und nun zweifelt er- wie er an der Auferstehung Jesu gezweifelt hat – auch an der leiblichen Himmelfahrt der Mutter Gottes. Da wirft sie ihm den Gürtel zu. – Die Gürtellegende, die vor allem in Italien gezeigt wird, kommt in Bayern, außer hier bei Jörg Breu in Augsburg, nicht mehr vor.

Im Bamberger Dom befindet sich ein Gemälde Tintorettos, auf dem sehr kräftige Engel Maria mit großer Anstrengung in den Himmel hinauf schieben. Einer stemmt seine Füße in den leeren Sarkophag und schiebt mit seinen muskelstarken Armen die Madonna an den Hüften hoch. Es ist eine drastische Szene. Vielleicht soll damit ausgedrückt werden, welch eine unmenschliche Kraft vonnöten ist, um den Tod zu besiegen.

Und auf dem Würzburger Dombild von Sandrart fällt auf, daß unter den Aposteln am Grabe auch Frauen stehen: Freundinnen und Verwandte Mariens.

Das frühere Hochaltarbild im Liebfrauendom zu München – von Peter Candid um 1620 geschaffen – stellt vor allem die Krönung Mariens im Himmel in den Vordergrund. Christus auf einer Wolke schreitend nimmt Maria in die Arme und setzt ihr die Krone auf.

Auf dem Hochaltar des Liebfrauenmünsters zu Ingolstadt, den der Münchner Hofmaler Hans Mielich 1572 vollendet hat, weist das Mittelbild eine im Himmel schwebende Schutzmantelmadonna auf. Sie hält das Jesuskind im Arm und diese streckt der heiligen Katharina – der Schutzpatronin der Philosophen – einen Ring an den Finger, was ungefähr eine Vermählung von Theologie und Philosophie bedeutet. Für die Universitätsstadt Ingolstadt ein wichtiges Thema. Unter dem Schutzmantel sehen wir dann Landshut mit der Burg Trausnitz und die herzogliche Familie. Auch das leere Mariengrab mit den Aposteln ist auf diesem – von Bildern aus dem Marienleben übersäten – Altar noch zusätzlich dargestellt.

In der Zisterzienserabteikirche zu Waldsassen – die Zisterzienserkirchen waren ja alle Marienkirchen – hat der Deutschböhme Jakob Steinfels im großen Kuppelfresko Maria in der himmlischen Glorie ebenfalls als Schutzpatronin geschildert. Weit breitet sie den Mantel aus, unter dem die Zisterzienser eine sichere Zuflucht finden. Maria, die Hilfe der Christen und Zuflucht der Sünder, ist in ihrer Mittlerrolle ja zugleich ein Abbild der Kirche. Im hinteren Deckenfresko springt ein Hund dem heiligen Josef freudig auf. Hatte der Zwölfjährige im Tempel den Familienhund dabei?

Die Krönung Mariens im Himmel wird oft nur angedeutet, hier und da aber auch in großartiger Zeremonie gleich vollzogen. Dabei kommt es manchmal zu außergewöhnlicher Darstellung der Heiligen Dreifaltigkeit. Meistens hält Jesus die Krone für seine Mutter bereit, während Gott Vater in den Wolken thront. In St. Zeno in Reichenhall aber krönen gleich drei Männer die Gottesmutter. Hier also ist der Heilige Geist nicht als Taube dargestellt. – In Altdorf bei Kaufbeuren erscheint in dem Gemälde von Matthäus Günther der Heilige Geist als Jüngling im Rokokogewande – à la mode mit zierlichem Degen – als ein Bräutigam Mariens. Dieses Bild geht auf eine Vision der seligen Creszenzia zurück, die eine Erscheinung des Heiligen Geistes in dieser Gestalt gehabt haben soll.

In Diessen am Ammersee findet die Himmelfahrtsdarstellung des Altarbildes von Balthasar Augustin Albrecht in der geschnitzten Bekrönung des Hochaltars seine Fortsetzung. Dort oben, über dem Altar thront der himmlische Hofstaat und Jesus geht seiner Mutter entgegen.

Auch auf dem imposanten Säulenaltar der Stiftskirche der Zisterzienser in Fürstenfeldbruck wird die Szene des Bildes plastisch weitergespielt: Die auffahrende Madonna wird von der Heiligen Dreifaltigkeit empfangen. Die begleitenden Putten halten marianische Zeichen in den Händen: Sonne, Kranz, Kreuz und Lilien.

Noch großartiger geht es in Ettal her. Der Hochaltar, der schon das berühmte Gnadenbild der liebenswürdigen Mutter hält, das Kaiser Ludwig der Bayer aus Italien mitgebracht hat, strahlt sein glorreiches Thema weit in das Deckenfresko des Altarraumes hinauf. Christus auf einer Wolke schwebend, eilt seiner Mutter mit offenen Armen entgegen. Engel musizieren, geigen, blasen und orgeln. Der ganze weite Himmel frohlockt, David mit der Harfe, die Patriarchen und Propheten, alle die Heiligen des alten Bundes, von Adam und Eva bis hinauf zu Johannes dem Täufer.

Kaiser Ludwig der Bayer hat Ettal gegründet, als er 1330 – schwer bedrängt und tieftraurig – von der Kaiserkrönung in Rom zurückkehrte. Und sein persönlicher Wunsch war es, daß

die Kirche »auf dem Ampferang« den Titel »Mariä Schei-
dung«, Mariä Heimgang, eben Mariä Himmelfahrt, bekommen sollte. Das liebliche Ettaler Gnadenbild, die »Frau Stifte-
rin« wie der Kaiser es genannt wissen wollte, hat er zeit seines
Lebens besonders verehrt. Und als er in der Nähe des Klosters
Fürstenfeld auf der Bärenjagd plötzlich vom Tode überrascht
wurde und in den Armen eines Bauern starb, da waren seine
letzten Worte: »Du liabe Frawe, bit bi miner Schidung!«

Am großen Frauentag ist in allen Marienkirchen etwas von
der glorreichen Festlichkeit zu spüren, ob das Patrozinium
nun Mariä Himmelfahrt oder Mariä Geburt, Mariä Namen
oder Empfängnis, Sieben Schmerzen oder Skapulier, Rosenkranz, Mariä Hilf oder vom Berge Karmel heißen mag. Und
ganz besonders feiertäglich geht es natürlich in den Wallfahrtskirchen her. – In Altötting, auf dem Bogenberg, in Tuntenhausen, Birkenstein und auf Maria Hilf ob Passau, in Sam-
marei, im Würzburger Käppele und in Maria Limbach, in
Violau, in Maria auf dem Bühel und auf dem Kobel bei Augsburg – vor all den Gnadenbildern »Unserer Lieben Frauen« im
ganzen Land drängen sich die Pilger. – Und was für berühmte
Madonnen sind das! Nicht einmal Österreich und die Schweiz,
ja kaum Italien kann sich einer so großen Zahl von Marien-
fallfahrten rühmen. Mindestens an die vierzig Gnadenorte
Unserer Lieben Frau ziehen noch die Pilger an. – Das ist ja
auch kein Wunder, denn Maria ist die *Patrona Bavariae* und
die *Duchessa Franconiae,* die Herzogin Frankens.

So viele und wunderschöne Madonnen gibt es in keiner anderen Stadt der Christenheit wie in Würzburg zu Füßen des
Marienberges. Schon auf dem Schloß die hohe Spitz ist ein
Marienbild. Vom Niklasberg herab aber grüßen die Kuppeln
und Türmchen des Käppele. Das ist das Altötting Frankens.

Ein Fischersohn hat um 1640 an dieser Stelle ein Marienbild aufgestellt, das bald die Beter anzog und große Verehrung
fand. Balthasar Neumann hat die Pläne entworfen zu dem
überaus schmucken Heiligtum.

Viele Würzburger Häuser haben ihre eigene Schutzpatronin, die Hausmadonna. Viele von ihnen sind im letzten Krieg

durch die Bomben der amerikanischen Befreier und der Royal Airforce am 16. März 1945 verschüttet worden. Fast alle aber konnten geborgen und mit viel Mühe restauriert werden. Nun stehen sie wieder da über den Haustüren, ein steinerner Lobgesang des marianischen Würzburg.

Die Madonnenkarte von Rudolf Kuhn aus dem Jahre 1949 zählt für Würzburg 152 Marienplastiken auf. Und obendrein sind es wahre Kunstwerke, die meisten darunter von großem Glanz.

Ihre Künstler haben einen Namen im fränkischen Barock: Kaspar Brandt und Balthasar Esterbauer, Jakob Wolfgang und Lukas Anton Auvera, Claude Cure, Antonio Guiseppe Bossi und Johann Peter Wagner.

Überwiegend haben sie den Typ der triumphierenden Himmelskönigin Frankens, der Schutzfrau mit dem Kinde, die ihre Füße auf die Mondsichel stellt. – Von seltenerer Majestät und Lieblichkeit ist die Hausmadonna an der Martinsgasse 5, dem ehemaligen Kanonikatshof Emeringen, von Balthasar Esterbauer. Über dem Portalaufsatz, der das Wappen des Fürstbischofs Johann Philipp von Greifenklau trägt und reich mit Akanthus verziert ist, thront Maria auf einer Wolkenkonsole und hält das Jesuskind auf den Knien. Das Kind sieht aus, als ob es grad auf dem Schenkel der Mutter das Laufen lernen wollte. Maria hält und schützt es mit dem Arm; das Kind hält sich am Kleid der Mutter fest. Trotz des Liebreizes dieser Szene behält Maria die königliche Würde. Die Herzogskrone schmückt ihr Haupt und ihr junges, hübsches Gesicht blickt hoheitsvoll. Aus den Wolken zu ihren Füßen schauen vier Engelsköpflein heraus. Die mittleren schwätzen miteinander, die äußeren aber schauen neugierig auf die Passanten herab.

Sogar richtige Himmelfahrtsmadonnen gibt es unter diesen steinernen Marienbildern: Die Himmelfahrt und Krönung Mariens zum Beispiel (früher an einem Haus der Neubaustraße, jetzt im Mainfränkischen Museum) von Johann Wolfgang Auvera. Gott Vater und Sohn sitzen auf einer Wolkenbank, die Taube des Heiligen Geistes steht zwischen ihnen und Maria schwebt auf den Wolken zu ihnen hinauf. Gott

Vater setzt ihr gerade die Krone aufs Haupt. Aus den Wolken ragen Puttenköpfe heraus – auch ein Totenkopf, auf den Jesus seinen Fuß stellt. Die ganze Szene sieht leicht und beschwingt aus, eine graziöse Rokokoarbeit. Besonders das Antlitz Gott Vaters ist voll der Güte und gnädigen Freundlichkeit. Christus lächelt seiner Mutter zu.

Wohl eine der schönsten Himmelfahrtsfrauen Würzburgs leuchtet auf dem Tympanon-Relief an der Neumünsterfassade auf. Das Werk stammt von Jakob Auvera. Maria, aufwärtsschwebend, den Fuß auf der schwankenden Mondsichel, die Arme ausgebreitet, beherrscht die Szene. Das Haupt ist dem Himmel zugewandt. Nur Maria ist hier zu sehen, wie sie in den Himmel auffährt, keine Dreifaltigkeit, keine Krönung, aber auch keine Apostel und kein Sarkophag. Vom Winde erfaßt bauscht sich ihr Mantel auf, schlingt rückwärts in gewaltigem Bogen um ihre Schulter, um ihr Haupt. Engel zur Linken und zur Rechten eilen herbei, laurentanische Insignien in den Händen: Die Palme für die Königin der Märtyrer, die Lilie für die *mater purissima,* die Rose für die *rosa mystica,* den Stern für die *stella maris.*

Das ist denn schon imponierend in Würzburg: 152 Madonnen! Von bedeutenden Künstlern geschaffen! Trotz der 5000 Toten am 16. März 1945!

Das Würzburger Bistum kann zudem noch mit zahlreichen marianischen Gnadenorten aufwarten. Maria Limbach und Maria im Weinberg, Mariä Ehrenberg und Maria Buchen, mit Fährbruck, Dettelbach und Friedritt bei Münnerstadt, mit Kälberau, Arns und Eckartshausen und mit noch anderen.

Die Gegend am Unterlauf des Mains, um Miltenberg und Amorbach westlich des Odenwaldes, heißt gar das Marienländchen.

Die Stiftskirche zu Amorbach ist eine herrliche Marienkirche, eine prächtige Barockbasilika der Wessobrunner Feichtmayr und Übelherr, ein rechtes »Wunderhaus der göttlichen Laubhütten, des Himmels Vordersaal, das Tafelzimmer selbst zum großen Abendmahl«.

Das Altarblatt hat Matthäus Günther gemalt. Es zeigt eine schwungvolle, farbenprächtige Mariä Himmelfahrt, die dar-

über figürlich in der Heiligen Dreifaltigkeit fortgesetzt wird. Seit der Säkularisation ist dieses Gotteshaus evangelische Hofkirche des Fürstenhauses Leiningen und zugleich Pfarrkirche der evangelischen Gemeinde in Amorbach. Und die Amorbacher Protestanten sind stolz auf ihre schöne Kirche.

In der Gegend gibt es zahlreiche Marienbilder, Mariensäulen, Marienbrunnen Kapellen und auch Hausmadonnen. – Eine Besonderheit ist die Muttergottes in der uralten, romanischen Wallfahrtskapelle zu Amorsbrunn. Hier soll schon ein römischer Nymphenaltar gestanden sein und hier soll auch der heilige Pirmin die ersten Christen des Odenwaldes getauft haben. Das Hauptstück der Kapelle ist der geschnitzte Flügelaltar mit der eigenartig schönen Muttergottes im Stammbaum Christi: die Wurzel Jesse. Jesse schläft in der Predella und Maria, eine junge Frau von überaus zarter Schönheit, ist umgeben von einem Strahlenkranz, von Eltern und Stammeltern. Maria ist schöner als Venus.

Das Wallfahren war in früherer Zeit, als das Reisen noch beschwerlicher war und mehr Ausdauer und Geduld erforderte als heute das Daheimbleiben, sehr beliebt. Dann aber auch war es verlockend, unter die Leut und in die Welt hinaus zu kommen. Einzelwallfahrten waren selten. Auch fürstliche Personen wallfahrteten nicht allein, sondern ein Teil des Hofstaates ging mit. Und die Kutschen fuhren hinterher.

Wochenlang vorher wurde so eine fürstliche Fußwallfahrt amtlicherseits vorbereitet. Alle Landgerichte und Hofmarken, die der allergnädigste Pilger tangierte, wurden angeschrieben und beauftragt, man möchte nur ja die Wege und Straßen bis zum genannten Zeitpunkt in besten Zustand bringen, Alle Brücklein und Steglein ausbessern, abkürzende Feldraine ausmähen und dergleichen mehr. Alle Stationen waren aufs genaueste berechnet und die Hofmarkschlösser, in denen genächtigt werden sollte, hatten einen aufregenden Tag. Obgleich man auf solch einem Schloß gut ausgerüstet war, mußte doch aus den benachbarten Hofmarken alles mögliche zu leihen genommen werden: Bettzeug und Kerzenleuchter, Teller und Eßbestecke, Nachtgeschirr und Dienerschaft. Das Hof-

marksarchiv von Schwindegg z.B. weist eine dicke Akte auf, wo anläßlich einer Fußwallfahrt des Durchlauchtigsten Kurfürsten von Köln, Clemens August, nach Altötting alle diese Einzelheiten festgehalten sind, welche die kurkölnische Übernachtung mit sich gebracht hat. Im Gefolge des Kurfürsten befanden sich über vierzig Personen.

Der kleine Mann ging mit dem Kreuz in einer Prozession und laut betend wallfahrten. In den Wirtshäusern an den Straßen wurde gern eingekehrt und gerastet, denn das laute Beten machte hungrig und durstig. »Iß und trink, wir haben noch einen weiten Weg vor uns«, war ein geflügeltes Wort der Wallfahrer. Man nächtigte in den Herbergen der Städte und Marktflecken, auf die sich die Wallfahrer oft genauso freuten wie auf den Gnadenort selber. Kurzum, das Wallfahrten war damals schon auch ein Vergnügen. Besonders natürlich ein Vergnügen für die jungen Leut. Und die Eltern und Vorgesetzten waren dagegen machtlos, denn wer wollte schon ein Verbot aussprechen, wo ein verliebtes Paar ein heiliges Gelübde aufweisen konnte?

Und man war ja schließlich auch ein Barockmensch. Man lebte in einer Harmonie von Spannungen, in Sinnesfreuden und in frommer Weltabkehr. In der ersten Hälfte des 18. Jahrhunderts erreichten die Wallfahrten ihren Höhepunkt. An die hundert Gnadenstätten zogen damals Pilger an. Jede Pfarrei muß in jener Zeit zu den obligaten Bittgängen jährlich noch mindestens zwei bis drei größere Wallfahrten unternommen haben; einige davon haben sich über mehrere Tage, ja Wochen erstreckt und führten sogar ins Ausland. Oder nach Wessobrunn zur »Mutter der schönen Lieb«.

Die Aufklärung nannte das alles ein Unwesen, einen himmelschreienden Mißstand, »ein sittenverderbendes Herumvagabundieren und eine Faulenzerei«. Charakterisierend für den Geist der Aufklärung ist es, daß im »Münchner Intelligenzblatt zum Dienste der Stadt und Landwirtschaft, des Nährungsstandes und der Handlung« vom Jahre 1780 ein den Gnadenorten wohlgesonnener Autor das Wallfahrten so verteidigen mußte: »Wenngleich in unserem Jahrhundert viele

schöngeisterische Sprecher wider die Wallfahrten auftreten und selbe auf ihre Pfarrkirche eingeschränkt wissen wollen: So irren doch die Grundsätze dieser Leute sehr. Solange Wallfahrten in der gehörigen Maß, Ordnung und zur rechten Zeit, auch nicht außer Landes und mit Verhütung aller einzuschleichenden möglicher Exzesse oder Mißbräuche angestellt werden, so haben sie nebst der Frömmigkeit auch ihren politischen Grund: Indem Gewerbe, Geldcirculation Nahrung dabei gewinnet.« Aber es war nichts mehr aufzuhalten. Verordnung über Verordnung der Kurfürsten Karl Theodor und Maximilian beschnitten und beschränkten das Wallfahrtswesen. Auch in den fränkischen Landen war es nicht viel besser. Die schöngeisterischen Sprecher drangen auch in die geistlichen Fürstentümer ein. Bis 1803 dann durch die Säkularisation der völlige Stillstand kam.

Die meisten Gnadenkirchen und Kapellen verwandelten sich – wenn sie nicht gleich ganz und gar abgerissen wurden – in gewöhnliche Pfarrkirchen. So manches schöne Gotteshaus, das heute noch eine Marienstatue birgt, war vor zweihundertfünfzig Jahren eine weitberühmte Wallfahrt gewesen. So etwa Maria Dorfen in Oberbayern, Halfing im Chiemgau, Marienberg bei Raitenhaslach, Feichten bei Trostberg und noch hundert andere.

In Schwaben und im Allgäu sind um 1800 mehr als ein Dutzend marianische Gnadenorte abgegangen: 1805 Unsere Liebe Frau von Maria Loreto in Altdorf; 1806 wurde Maria Eldern abgebrochen, das Gnadenbild kam 1841 in die Klosterkirche von Ottobeuren. Den marianischen Seelenberg in Eggenthal hatte man 1805 gesperrt. In Lechbruck hat man das Gnadenbild entfernt. Maria Schnee in Thalhofen, Unsere Liebe Frau von Schöllang und die von Obergünzburg durften keine Pilger mehr vorlassen. Teils wurden die vom Staate beschlagnahmten Kirchen und Kapellen zum Abbruch verkauft und versteigert, konnten aber gerade dadurch manchmal gerettet werden. Die Aufklärung war eine antimarianische Zeit. Die postkonziliare der liturgischen Muttersprache ist es wieder, obwohl Johannes XXIII. zu Beginn des Konzils eine Wall-

fahrt zu »Unserer Lieben Frau von Loreto« gemacht hat, um Mariens »mütterlichen Schutz« zu erflehen. Und das Konzil Maria »die Mutter der Kirche« nennt. Und doch folgt so oft dem *Pater noster* kein *Ave* mehr!

Im bayerischen Volk blieb und bleibt die Marienverehrung verwurzelt. Es gab damals Pfarreien, die trotz des landesherrlichen Siegels wallfahrteten, so zum Beispiel nach dem abgelegenen Maria Eck in den Chiemgauer Bergen und vor der verschlossenen Kirchentüre ihre Andacht verrichteten. – Aber schon Ende der zwanziger Jahre ging es wieder aufwärts. – Nicht zuletzt war das ein Verdienst der kirchenfreundlichen Politik König Ludwigs I. Gut drei Viertel aller einst blühenden Marienstätten waren für immer erloschen.

Nur noch wenige Gnadenbilder konnten fürderhin Pilger und Wallfahrtszüge anlocken: Unsere Liebe Frau von Altötting allen voran, die jetzt unbestritten die größte Wohltäterin und erste Schutzfrau des ganzen Vaterlandes werden konnte, was seinen innigsten Ausdruck darin findet, daß die Herzen aller regierenden bayerischen Landesfürsten in der heiligen Kapelle beigesetzt wurden. Gewiß, Altötting war vorher auch schon eine der berühmtesten Wallfahrten, seit den Tagen Maximilians I. und des ligistischen Feldherrn Tilly schon, aber so unvergleichbar wie es heute in Bayern dasteht, war es im 18. Jahrhundert nicht. Damals konnte sich die *Virgo potens* von Tuntenhausen oder etwa die Muttergottes auf dem Bogenberg – in der Zahl der Pilger und der Mirakel – mit unserer Lieben Frau von Altötting ungefähr messen. Die Aufklärung unserer Jahre ließ nach dem Konzil die Altöttinger Wallfahrt wieder abnehmen. Und in den neunziger Jahren wird das Wallfahren wieder »modern«!

Das aswinische Gnadenbild auf dem Bogenberg in Niederbayern ist eines der ältesten Gnadenbilder überhaupt. Übernatürlicherweise, schreibt ein Oberaltaicher Mönch, sei es im Jahre 1104 die Donau heraufgeschwommen bis Bogen, und Graf Aswinus habe das Wunderbild dann auf den Bogenberg in seine Schloßkapelle getragen. Später überließen die Grafen von Bogen Schloß und Berg dem wundertätigen Gnadenbild und es wurde der Mutter Gottes eine große Kirche gebaut. –

Von diesem heiligen Berg aus übersieht man den ganzen Dungau und halb Niederbayern. Wie ein breiter Silberstreifen liegt einem die Donau zu Füßen. Sie durchströmt die Kornkammer Bayerns. So weit das Auge reicht ist Ökonomie und Fruchtbarkeit. Das Gnadenbild der Mutter Gottes vom Bogenberg ist seltsam und einmalig.

»Sie ist ganz von hartem Stein, fünf Manns Spannen hoch, holdseligen Angesichts, mit hangenden Haaren. Beide Arme werden von dem Mantel halb eingehüllet. Dero Händ – der schwangeren Frauen Gebrauch nach – auf dem gesegneten Leib ruhen. Der Leib ist mit einem roten Mantel angetan, darinnen guldene Weizenähr eingetragen. Der Falten und Bruch im Mantel und Rock seind nit gar viel, doch ziemlich gut und der Bildhauer Kunst wohl würdig. Das Angesicht freundlich und jung. Und je später dies angesehen wird, desto jünger und freundlicher scheint es. Das ganze Bild ist ein Vorbild Mariä Heimsuchung, wie sie nämlich mit Gottes Sohn schwanger zu Elisabeth über das Gebirg gegangen. Dann mitten in der Heiligen Bildnus ist ein Grüblein, in welchem das in fast allen Sprachen vierbuchstäbige Wort stehet: Gott.«

Abt Hieronymus Gazin von Oberaltaich hat 1645 in Straubing ein Wallfahrtsbuch drucken lassen, das siebzig Mirakel aufzählt, die alle in einem Zeitraum von 15 Jahren auf dem Bogenberg geschehen sind. Diese Guttatenberichte der Muttergottes schildern vor allem die Drangsale des Dreißigjährigen Krieges. Im Anhang des Buches aber folgt ein Bogenberger Wallfahrerlied, das 255 Strophen lang ist. Ein endloser Lobgesang auf das Gnadenbild. Der Vorsänger sang die Liedstrophen nach eigener Melodey und das Volk antwortete jeweils mit dem Kehrreim. Damals hatte das Wort noch einen Wert!

Die Wallfahrt zu Tuntenhausen ist ebenfalls älter als die von Altötting. Im Jahre 1441 war hier an einer kranken Frau aus Prötschlaipfen das erste Wunder geschehen. Unmittelbar darauf begann ein »großer Lauf von christgläubigen Menschen nach Tuntenhausen.« Die Wallfahrt blühte sehr rasch auf. 1527 waren es bereits mehr als hundert Pfarreien, die jährlich in feierlicher Prozession mit Kreuz und Fahnen das Gnaden-

bild heimsuchten. Aus der Tuntenhausener Wallfahrtsge-
schichte gäbe es viele merkwürdige und interessante Begeben-
heiten und marianische Guttaten zu erzählen. Auf eine sei besonders hingewiesen: Als der Kölner Kurfürst, Erzbischof
Gebhard, Truchseß von Waldburg ins protestantische Lager
übersiedelte, wurde er seiner geistlichen und weltlichen Macht
für verlustig erklärt. Herzog Ernst von Bayern wurde zu seinem Nachfolger bestimmt. Aber Gebhard wollte nicht wei-
chen. Es kam zum kurkölnischen Krieg und zu blutigen
Kämpfen. Das siegreiche bayerische Heer befehligte Herzog
Ferdinand, der Bruder Wilhelms V. Bei der Einnahme der
Stadt Bonn 1584 verlobte sich Ferdinand zur Gnadenmutter
nach Tuntenhausen. Er hat auch sein Versprechen gehalten,
wie noch heute ein Votivaltärchen seines Kämmerers, Andreas
von Ettling, in der Tuntenhauser Kirche beweist.

Einen der schönsten Flecken, den es im bayerischen Gebirg
gibt, in der Nähe des Wendelsteins bei Fischbachau, hat sich
Unsere Liebe Frau von Birkenstein ausgesucht. Und es ist eine
beinahe heitere Geschichte, wie das Gnadenbild, das früher in
der Klosterkirche von Fischbachau gestanden hat, zu seinem
lauretanischen Haus gekommen ist. Der Birkenstein war vor
dem Jahre 1673 nichts anderes als ein großer Stein mit einer
Marterlsäule. Eines Tages wollte der Pfarrvikar Johann Maier
vor diesem Marterl seine Andacht verrichten, dabei schlief er
aber ein. Im Traum erschien ihm die Gottesmutter und
sprach: »Hier an diesem Orte will ich denen, die mich verehren, meine Hilfe mitteilen.« – Da erwachte er und ging zum
Gastwirt nach Marbach, wo er auch den Widmeßbauer antraf.
Er erzählte nun den beiden Männern seinen Traum und mußte erfahren, daß beide kürzlich einen Traum hatten. Sie sahen,
wie auf dem Birkenstein ein Kirchlein stand, aus dem viele
Wallfahrer strömten. – Bald wurde der Traum verwirklicht.
Wallfahrer kamen und schon 1710 konnte das jetzige Kirchlein gebaut werden. Es ist voll der Geheimnisse aus der lauretanischen Litanei. Eine Köstlichkeit ersten Ranges. »Birkenstein zeigt das lauretanische Haus als Rokokokabinett der
gnadenvollen Gottesbraut Maria.«

Die meisten Marienwallfahrten kann trotz der Einbuße während der Säkularisation immer noch das Allgäu aufweisen. In dieser lieblichen Landschaft der grünen Matten und einer erstklassigen Milchwirtschaft, in der St. Mang vor 1250 Jahren das Evangelium verkündet hat, haben die Leut eine große Liebe und Verehrung zu Unserer Lieben Frau. Zur schmerzhaften Mutter von Steinbach im Landkreis Memmingen kommen auch heute noch Pilger. Das Gnadenbild ist berühmt geworden, als die ehrsame Jungfrau Maria Morgen von Legau am 2. Juni 1730 zum ersten Male gesehen haben will, daß Maria ihre Augen bewegt habe. Auf dem Wankerberg bei Nesselwang liegt einer der berühmtesten Wallfahrtsorte im ganzen Allgäu: Maria Trost. Das Gnadenbild ist eine Kopie der Madonna von Maria Plain bei Salzburg. Das Plainer Original war aber in den Jahren 1659 auf 1665 tatsächlich in Maria Trost. Als es dort schon berühmt war, hat es der Salzburger Fürsterzbischof wieder zurückgefordert. 1751 wurde die Maria Plainer Madonna in Salzburg feierlich gekrönt. Und Mozart hat aus diesem Anlaß seine berühmte Krönungsmesse komponiert. Die Muttergottes von Frauenzell im Landkreis Kempten ist auf recht wunderbare Art und Weise ins Allgäu gekommen. »Als in ältesten Zeiten, da wo jetzt das Dorf Frauenzell liegt, noch Wald und Viehweidboden war, geschah es einmal, daß ein Stier auf dem nämlichen Platze, auf dem jetzt der Hochaltar der Kirche steht, mit den Hörnern im Boden wühlte und sich nicht davon abtreiben ließ, bis er ein Muttergottesbild zutage förderte. Der Hirt vermeldete dies zu Hause, worauf man das Bild in die Mutterkirche nach Hinzang verbrachte und dort aufstellte. Allein das Bild wollte hier nicht bleiben. Man hörte des Nachts jedesmal in den Lüften gar lieblichen Gesang dahinziehen und am Morgen fand man dann das Bild an der Stelle, wo der Stier es ausgewühlt hatte. Nun gedachte man für das Bild ein eigenes Kirchlein zu bauen.«

Eine uralte Wallfahrt ist Maria Rain bei Nesselwang. Sie reicht zurück bis ins elfte Jahrhundert, und das Gnadenbild, eine schöne, faltenreiche und gekrönte Madonna mit Zepter, führt den Titel »Bildnis der reichen Himmelskönigin.«

Maria Tann im Landkreis Lindau führt seine marianische Tradition gleich gar bis ins siebte Jahrhundert zurück, bis in die Zeiten des heiligen Gallus. Gallus selbst soll hier der Himmelskönigin eine Kapelle errichtet haben.

Aber nicht nur der ältesten, auch der jüngsten Marienwallfahrt kann sich das Allgäu rühmen: Es ist unsere Liebe Frau im Ostrachtal. Im Jahre 1935 wurde ein in der Jodok-Kapelle zu Bad Oberdorf hängendes Bild vom Landesamt für Denkmalpflege als ein Werk Hans Holbeins des Älteren erkannt. Das Bild zeigt Maria mit blaugrünem Mantel mit Palla und goldenen Borten. Das Jesuskind trägt ein grünliches Unterkleid, ein weißes Hemdchen und einen roten Mantel mit Falten. – Das Marienbild hängt jetzt in der neuen Kirche »Unserer Lieben Frau im Ostrachtale« und wird als Gnadenbild verehrt.

Des Aufzählens wäre kein Ende. Maria hat viele Häuser in Bayern. Und ihre Gnadenbilder sind voller Liebreiz und Frauenschönheit. Die Namen ihrer Gnadenorte haben einen heimatlichen Klang: Maria Trost und Maria Hilf, Maria im Weinberg und Sammerei. Viele Generationen haben Maria verehrt; Bauern und Handwerker, Edelleut und Fürsten, Einfältige und Gelehrte, ein jeder Stand nach dem Maße seiner Frömmigkeit und seiner Melodie. – Uralte und schöne Marienlieder sind gesungen worden. – Ein Autor unserer Tage nun – Richard Billinger aus St. Marienkirchen im Innviertel drüben – hat auch ein Marienlied gedichtet. Es hat nur zwei Strophen – nicht 252 wie das Bogenberger aus dem Dreißigjährigen Krieg. Aber es klingt – es hat einen marianischen Klang.

> *Maria geht auf grüner Au*
> *Und wäscht ihr Kind im Morgentau.*
> *O Wiesenhalm, laß bei dir ein*
> *Wie Schatten arm mein Kindelein!*
> *Da spingt die Welle aus dem Bach*
> *Der Welle hüpft das Fischlein nach,*
> *Den Vogel schickt der stumme Wald,*
> *Aus Osten prahlt die Sonne bald!*
> *Ave Maria!*

Während des Dreißigjährigen Krieges hat Kurfürst Maximilian I. sein Land Bayern unter den Schutz und Schirm Mariens gestellt. Auf dem Schrannenplatz seiner Haupt- und Residenzstadt ließ er der Himmelskönigin eine Säule errichten, einen Monolithen aus Untersberger Marmor. Auf dem korintischen Kapitell dieser Säule erhebt sich das herrliche Bild der Schutzfrau Bayerns hoch in den Himmel. Die schlanke aufrecht stehende Gestalt der *Patrona Bavariae* ist mit der Kaiserkrone gekrönt. Die eine Hand hält das Zepter, führt es in einer sehr leichten, sanften und königlichen Gebärde – mit nur drei Fingern einer schönen Frauenhand – die andere hält das Christkind. Der Jesusknabe mit den gelockten Haaren hält die Weltkugel und teilt seinen göttlichen Segen aus. Den breitgesäumten Königsmantel hat Maria auf der Seite des Kindes bis zur Hüfte hochgezogen. Ihre Füße stecken in Sandalen und stehen auf einer Mondsichel. Ursprünglich soll diese Madonna im Liebfrauendom gestanden sein. Sein Schöpfer ist der Bildhauer Hubert Gerhard. Was diese *Patrona Bavariae* auf dem Münchner Marienplatz so anziehend macht, das ist die frauliche Majestät der Königin. Nicht Strenge geht von ihr aus, sondern Würde, Liebreiz und Gnade.

Die hohe Säule ruht auf einem Postament, an dessen Ecken Engelsköpfe angebracht sind. An den Seiten des Postaments finden wir das bayerische und das österreichische Wappen. Aufregend ist der Kampf der vier Bronzeputten auf dem Unterbau des Postaments. Die mit Helm, Schwert und Spieß ausgerüsteten Englein stechen und hauen auf Schlangen und Basilisken, auf Löwen und Drachen ein. Darunter steht eine Stelle aus dem 90. Psalm: »Über die Natter und den Basilisk wirst du wandeln und den Löwen und Drachen wirst du zertreten.« Früher war da noch ein Distichon des Jesuiten-Dichters Jakob Balde zu lesen. In diesem Vers empfiehlt Kurfürst Maximilian alles, was ihm lieb und wert ist, der Patronin:

Rem, regum, regimen, regionem, religionem
Conserva Bavaris, Virgo Patrona, tuis. –
Hab und Gut, den König und die Regierung,

das Land und die Religion
erhalte du, Jungfrau Patronin, deinen Bayern!

Bis zum Ausbruch der Revolution im November 1918 wurden allabendlich der *Patrona Bavariae* – in ihrem erhabenen Bilde an der königlichen Residenz – militärische Ehren erwiesen. Und an großen Frauentagen, an denen sie über die Chöre und Engel erhoben und zu einer Königin des Himmelreichs und Erdreichs gekrönt wurde, an solchen Festtagen erklang ihr zu Ehren der bayerische Präsentiermarsch.

Ein seltsames Schauspiel dies: Marienkult und Staatsaktion. Einem Fremdling und Aufklärer schwer verständlich. Und auch unter den Theologen unserer Zeit gibt es viele eiskalte Aufklärer. Als 1970, nach der Bauzeit der unterirdischen S-und U-Bahnhöfe, Kardinal Döpfner die neu errichtete Mariensäule wieder einweihte, bedeuteten ihm die zweihunderttausend täglichen Umsteiger im Untergrund des Marienplatzes fast mehr als das hohe marianische Podest. Und er wollte Maria hinabgestiegen wissen. Voll Ärger sagte ich damals einem Domherrn ins Gesicht: »Unsinn, höher hinauf mit der Himmelskönigin!«

Marianische Traditionen sind »historisch legitimiert, sind nicht nur barocke Repräsentanz einer schon 1918 vergangenen Zeit.« Maria ist die Hilfe der Christen. Es geht nicht nur um ein theologisches Thema, sondern um die geistliche Mutterschaft Mariens, als Hilfe für die Christen. Darum die vielen Marienbilder, darum das Vertrauen zur Mutter Gottes.

Das hat Tradition in der Geschichte der christlichen Menschheit. Formuliert wurde es im September 431 auf dem Konzil zu Ephesus: »Wir bekennen, daß die heilige Jungfrau Gottesgebärerin ist, weil Gott der Logos Fleisch und Mensch geworden ist ...«

»Die Wissenschaft kann keine Kultur auf rationalem Wege aus dem Nichts erzeugen«, meint Professor Konrad Lorenz, der Verhaltenpsychologe und weiland Direktor des Max-Planck-Institutes. Er schreibt: »Der Irrglaube, daß nur rational Erfaßbares oder gar nur wissenschaftlich Nachweisbares zum Wissenbesitz der Menschheit gehöre, wirkt sich verderb-

lich aus. Er führt die »wissenschaftlich-aufgeklärte« Jugend dazu, den ungeheueren Schatz von Wissen und Weisheit über Bord zu werfen, der in den Traditionen jeder alten Kultur wie in den Lehren der großen Weltreligionen enthalten ist.«

Dazu fällt ihm noch ein, daß die Forscher der jungen Generation die ältere Generation nicht nur ablehnten, sondern mit ungeheuerem Haß verfolgen. »Mit Haßgefühlen, die dem Nationalhaß gleichkämen.« Wer den modernen Betrieb in den Fakultäten kennt, ahnt es manchenorts. Viele »Erkenntnisse und Innovationen« werden nur gefördert, um voranzukommen. Es wird drauflos abstrahiert, es wird internationale Literatur zitiert (auch wenn man sie nicht studiert), nur um sich habilitieren zu können. Der »Fortschritt« verdoppelt sich nun alle dreißig, alle zwanzig, alle zehn, alle fünf, alle drei Jahre. Mit Internetanschluß alle sechs Monate.

Die marianischen Traditionen haben zu ihrer Entfaltung Jahrhunderte gebraucht. Am 25. März feiern wir Maria Verkündigung, vorher schon, am 2. Februar Mariä Lichtmeß, am 2. Juli Mariä Heimsuchung, am 15. August das marianische Hauptfest Maria Himmelfahrt, am 8. September Mariä Geburt (fliegen d'Schwaiberl furt), am 12. September Mariä Namen, am 7. Oktober Unsere Liebe Frau vom Rosenkranz oder Mariä Sieg und am 8. Dezember Mariä unbefleckte Empfängnis.

Salve Regina, mater misericordiae, vita dulcedo et spes nostra, salve!

Als Bub schon hat mir am besten die Laurentanische Litanei gefallen. Wo es heißt: »Du goldenes Haus, du Arche des Bundes, du Pforte des Himmels, du Zuflucht der Sünder. Du Trösterin der Betrübten ...«

Mein Vater hat sie auswendig gekonnt und in unserer Stube oft laut vorgebetet. »Meerstern, ich dich grüße, o Maria hilf!« Oder »Maria zu lieben, ist allzeit mein Sinn.«

In der Marienverehrung gibt es keinen Kitsch. Hat nicht die Deutsche Lyrik im »Minnesang« ihren Anfang genommen? Maria macht unsere Religion schön und stärkt in uns die Hoffnung, ihr siebengescheiten Konzilsväter!

Allerheiligen und Allerseelen

Die Kirche sind nicht »wir«, verehrte Damen und Herren Laienapostel, die Kirche sind wir in der Gemeinschaft der Heiligen, der Verstorbenen und der Lebenden. Am 1. November feiern wir das Fest Aller Heiligen, am 2. November das Aller Seelen, auch jener »Armen«, die noch im Fegefeuer sich abrackern müssen.

Ein *dies festus* wird zelebriert *sub honore Sanctorum omnium*. Und ob dieser Festlichkeit freuen sich die Engel – *gaudent Angeli et collaudant Filium Dei,* und lobpreisen den Sohn Gottes. Herrgott, ist das Kirchenlateinische eine schöne Sprache! Gewiß unterhalten sich die Heiligen lateinisch.

Das Allerheiligenfest gehört zu den großartigsten Festtagen des Kirchenjahres: Erste Rangstufe wie Pfingsten, aber Farbe Weiß!

Wenn wir nicht schon am Allerheiligentag die Friedhöfe aufsuchten, wo wir in Trauer unserer Verstorbenen gedenken, weil der Allerseelentag, wenn er nicht auf einen Sonntag fällt, ein abgeschaffter Feiertag ist, also ein Werktag, wäre das auch ein Feiertag.

O mein! Jahrhunderte über haben wir zu den Sonntagen dazu noch achtzig Feiertage gehabt. Heiligenfeste, die uns etwas bedeutet haben: Nicht nur die Eisheiligen, auch den 24. Juni, den Tag Johannes des Täufers, des Vorläufers des Herrn, *ante Dominum parare vias eius.* Am 29. Juni feiern wir heute noch die heiligen Apostel Petrus und Paulus, wo es von Petrus heißt: »tu es Petrus, et super hanc petram aedificabo Ecclesiam meam.«

Am 22. Juli war der Magdalenatag, am 25. der Jakobifesttag, am 10. August gedachten wir des heiligen Laurentius, am 15.

war Mariä Himmelfahrt, am 8. September Mariä Geburt, am 29. Michaeli, am 2. Oktober feierten wir überall das Schutzengelfest, denn der Schutzengel ist uns heute noch allen ein wichtiger Beistand.

Die Tage zuvor schon, am 14. September, war Kreuzerhöhung. An dem Tag wurde zum letzten Mal der Wettersegen gesungen. Am 15. beweinen wir die Sieben Schmerzen Mariens. Am 21. September war der Matthäustag, am 27. Kosmas und Damian. Am 29. also Michaeli und am 2. Oktober dann wissen wir, daß jeder von uns einen Beschützer hat, den *Angelus Custos,* und daß dieser Schutzengel mehr Einfluß ausübt als das Tierkreiszeichen in der besten Konjunktion.

Am 11. November können wir die Martinsgans ungern stehen lassen.

Am 22. November, zwei Tage nach Korbiniani, feiern alle Organisten, Trompeter, Geiger, Zitherspieler und Chorsänger das Fest der heiligen Cäcilia. Nach dem Nikolaustag und nach Ambrosi folgt Luzia und dann nach der Thomasnacht im Dezember fällt sowieso ein Feiertag auf den anderen.

Die Heiligentage soll man auch heute noch in Ehren halten. Sie sind uns nicht nur Leitbilder, sie sind uns auch Fürsprecher. Sie sind »zur Ehre der Altäre« erhoben worden. Schon im 5. Jahrhundert sind sie unsere sorgenden Patrone. Speziell haben sie über ganze Länder das Patronat übernommen, über England der heilige Georg, über Ungarn der heilige Stephan, über Spanien St. Jakob und über Deutschland der heilige Erzengel Michael. Auch die Zünfte der Handwerker haben heilige Schutzpatrone. Die Zimmerer den heiligen Josef, die Schuhmacher den heiligen Crispin, die Musiker die heilige Cäcilia. Sogar die Juristen können einen eigenen Patron aufweisen, den heiligen Rechtsanwalt Ivo.

Spezialisten, Helfer in bestimmten Leiden, konnte man anrufen: gegen Halsweh den heiligen Blasius. Gegen Pest den heiligen Rochus. Gegen Augenleiden die heilige Ottilie. Auch die Tiere haben eigene Patrone. Zum Beispiel die Gänse den heiligen Gallus, die Schafe den heiligen Wendelin, die Pferde den heiligen Leonhard.

Ist ein Heiliger nicht gleich weltberühmt, zählt er zu den Lokalheiligen. Wie der Salzheilige und Bischof von Salzburg St. Rupert oder der Holledauer Hopfenheilige St. Castallus. Da kann man gar nicht anfangen mit dem Aufzählen.

Es muß in seinem Leben ein jeder auf seine Heiligen treffen. Wie der Schutzengel nah, steht jedem von uns der Namenspatron. Dieser Namenspatron wirkt auf Charakter und Originalität seines Schützlings stark ein. Ich hab noch nie einen Sepp gekannt, der irgend etwas von einem Michl an sich gehabt hätte. Keinen Markus, der mit einem Paul verglichen werden könnte. Keine Elisabeth, die mit einer Anastasia, keine Leni, die mit einer Anni etwas gemein hätte. Das allein ist schon ein gewisser Beweis für die Wirkungskraft eines heiligen Namenspatrons. Allerdings hab ich einmal einen Mann gekannt, der klein und schwach war, obschon sein Patron, der heiligen Magnus, der Apostel des Allgäus, ein bärenstaker Missionar gewesen ist. Dieser Mann hat es immerhin zu drei Eigentumswohnungen gebracht und hatte seine Stärke wahrscheinlich im intelligenten und sparsamen Kopf gehabt.

Gott allein beten wir an, aber auch in seinen Heiligen, die wir verehren. Dem Herrgott die *adoratio,* den Heiligen die *veneratio.* »Heilige Ottilie, hilf mir, leg ein gutes Wort ein beim Herrgott, daß ich meine Augenstar-Operation gut übersteh'!« Daß Papst Johannes Paul II. so viele Vorbilder zur Ehre der Altäre erhebt, macht unsere Tage geistlich bedeutsam. Denn die Engel freuen sich und lobpreisen Gottes Sohn, weil wir so viele Heilige verehren. *Gaudeamus omnes in Domino!* Klingt fast so wie das übermütige Studentenlied *Gaudeamus igitur.*

Allerseelen ist ein Trauertag. Er hat darum die vierte Rangstufe, tiefer geht's nimmer, und die Farbe der Trauer ist Schwarz. An dem Tag, heißt es in der alten Liturgie immer wieder, denken wir an jene Verstorbenen, an die sonst niemand denkt. An den alten Knecht Sepp, der schon vor 60 Jahren verstorben ist. Er hat kein Grab mehr. Er hat keine Kinder gehabt, kein Weib, nicht einmal ein eigenes Bett.

Oder braucht jener Kommerzienrat, dessen Gebeine unter dem hohen und teuren Marmorgrabstein ruhen, das Gebet

noch dringender? Die verfallene Gruft eines königlichen Ka-
pitäns der Hartschiergarde dort enthält die Überreste seiner
Gemahlin, einer Schlüsseldame Ihrer Majestät, deren Kinder
und Enkel. Auch sie sind vergessen. Kein Historiker und kein
Verwandter erinnert sich. Eher noch wird der Schreinerfamilie
in der Sektion der Holzkreuze gedacht. Eher noch an den vor
100 Jahren so berühmten Reiseschriftsteller und frühen Auto-
mobilbesitzer Otto Julius Bierbaum.

»In Commemoratione omnium fidelium defuncotrum«,
heißt die heutige Messe. Die Allerseelenmesse. Der armen
Seelen gibt es viel. Der Tod ist unser Ziel.

*Requiem aeternam dona eis Domine, et lux perpetua luceat
eis. Te decet hymnus Deus in Sion et tibi reddetur votum in Jerusalem!* Wie tröstend hat das einmal geklungen. Es waren die
Gebete für die armen Seelen. Wer will sie in der Übersetzung
verstehen? *Absorpta est mors in Victoria. Ubi est mors stimulus
tuus?* – Tod, wo ist dein Stachel?

An den Gräbern merkt man sich den Klang der priesterlichen Stimme. Seit mehr als 1500 Jahren ist es derselbe Klang.
In memoria aeterna erit justus. Ab auditione mala non timebit.
– In ewigem Gedenken lebt der Gerechte und vor üblen
Nachreden braucht er nicht zu bangen. – Als ob es das nur
hieße? *In memoria aeterna erit justus*, in unserem Herzen
klingt das nach ewiger Erlösung, Glück und heiligem Ziel
einer Seele, nach Wiedersehen und Umarmung.

*Absolve Domine, animas omnium fidelium defunctorum ob
omni vinculo delictorum!* – Herr, löse die Seelen aller Verstorbenen von jeder Sündenfessel!

Das *Absolve* kennt man als aufschnaufende Lossprechung
vom Beichtstuhl her, von *anima* weiß jeder, daß es die Seele
heißt und die *Fidelium defunctorum,* das sind die glücklich
Verstorbenen, die Fidelen, die froh sein können, daß sie das
Leben auf dieser oft recht bösen Welt überstanden haben; sie
sind die *Animae omnium fidelium defuctorum.* Was braucht es
da eine umständliche Übersetzung? »Wenn wir auch nicht alles verstehen, hören tun wir es sehr gerne.« Es hören die Lebenden die Gebete für die Verstorbenen.

Drum diese furchterregende Sequenz: *Dies irae, dies illa* am Allerseelentag. O dieser jenseitige Tag des Zornes. Wird das Weltall brennen, wie Sybill und David prophezeiten? – *Quantus tremor est futurus?* Welch ein Graus wird sein und Zagen? – Wir kennen den Text aus dem Mozart-Requiem und aus jenem von Verdi. Was braucht es da eine Übersetzung? – Singt man nicht seit dem Konzil die Verdiopern alle auf italienisch? Und kein Mensch will die Operntexte übersetzt haben. Sie klingen ja italienisch viel schöner und damit auch verständlicher. Lassen Sie doch endlich Ihren Verstand daheim und öffnen Sie Ihr Herz und Ohr!

Beim *Tuba mirum spargens sonum* hört jeder die Posaune ertönen. Hören Sie dann das weiche, verheißende Tenorsolo: »Qui Mariam absolvisti, et latronem exaudisti mihi quoque spem dedisti.« Und später dann lassen Sie die Tränen fließen, wenn es heißt: »Lacrimosa dies illa!«

Erschütternd und ergreifend in den Requien auch weniger großer Komponisten. Jetzt kann einen nichts mehr erschüttern, weder Evangelium, noch Offertorium. Der bescheidenste Landkirchenchor hat dieses Offertorium mit großer Bravour gesungen: »Domine Jesu Christe, Rex gloriae, libera animas omnium fidelium defunctorum!«

Und sind nicht die letzten drei Zeilen dieses Allerseelen-Offertoriums im Mozart-Requiem weltberühmt geworden? Sie zählen zu den bedeutensten Chorwerken überhaupt: »Quam olim Abrahae promisisti et semini eius.«

Eine unsterbliche Liturgie in der Sprache des erhabenen Kultes, um die uns die profane, die liberale, die rationale, moderne und zukünftige Welt beneiden könnte! Und Sie, hochwürdige Konzilsväter, haben das Lateinische abgeschafft! Da könnte einem direkt ein Fluch über die Lippen kommen.

Haben wir keine Angst vor dem Fegefeuer! Papst Gregor der Große (590-604), der sein Buch, »Die Dialoge«, das die Regel des heiligen Benedikt enthält, der aus Bayern stammenden Langobardenkönigin Theodolinde oder Teutelinde, gewidmet hat, schreibt in seinen »Moralien« über das Fegefeuer. Und er hat dieses Fegefeuer überhaupt mit dieser Geschichte in die

Theologie gebracht. Er schreibt da, wie er krankheitshalber einen Badeaufenthalt in den Abruzzen genossen habe. Der Masseur war besonders tüchtig. Er wollte ihm in der letzten Woche der Kur ein Trinkgeld geben. Aber das Geld war gerade wieder einmal sehr inflationär. Also schenkte er dem Masseur zwei Wecken Brot.

Da fiel ihm der Masseur zu Füßen und sagte: »Heiliger Vater, schenk mir diese Brote nicht. Ich bin nämlich gar nicht lebend, ich bin eine Arme Seele aus dem Reinigungsort, dem Fegefeuer. Ich war früher einmal selber Badebesitzer und hab die Leut etwas übervorteilt, darum darf ich noch nicht gleich in den Himmel, sondern muß noch als Arme Seel in diesem Erdenkörper herumwerken und muß die Wasserkessel heizen und die dicken Leiber massieren. Heiliger Vater, les mir lieber eine heilige Messe zu meiner Erlösung! Ich hoffe, daß man für diese zwei Wecken Brot eine heilige Messe lesen kann.«

So redete zur Verwunderung des Papstes der Masseur. In seinem Zimmer ging Papst Gregor der Große auf und ab. Und dann las er für die Erlösung dieser Armen Seele eine heilige Messe. Den anderen Tag war der Masseur nicht mehr da. An seiner Stelle massierte ein anderer den Papst. Und der war nicht so tüchtig.

Noch etliche andere Armenseelengeschichten, brachten schließlich die Lehre vom Fegefeuer, vom Reinigungsort im Jenseits auf, zur Lehre eines Fegefeuers. Denn wir Lebenden können für die Armen Seelen beten und opfern. Eine heilige Messe kostet seitdem ungefähr den Gegenwert von zwei Laiben Brot.

Eine schöne Geschichte. Nicht gar so fürchterlich wie es das *Dies irae* uns schrecklich macht. Ein Steuereinnehmer wird vielleicht zu einem Steuerzahler verurteilt? Und ein Fernsehdirektor wahrscheinlich zu einem total Fernsehsüchtigen? Und eine Liebende? Vielleicht zu einer keuschen Nonne?

Requiem aeternam dona eis Domine et lux perpetua luceat eis! Te decet Hymnus, Deus, in Sion!

In illo tempore

Exiit edictum a Caesare Augusto, ut describeretur universus orbis. Der Anfang dieses Evangeliums wiegt jede Weihnachtsfreude auf. Den Christbaum und die Sternwerfer, die Puppenküch und die gebackenen »Spitzbuben«, den Computer und das Motorrad, die zweihundert Mark vom Opa und den Wintermantel von der Oma, den sündteuren Skiurlaub, mit dem mich die mitzahlende Freundin überrascht, den Punsch und die Christmette im Fernsehen mit der Deutschen Mitternachtsmesse.

Ascendit autem et Joseph a Galliaea de civitate Nazareth in Judaeam in civitatem David, quae vacatur Bethlehem... Ergreifend schön den ganzen Advent her bereits die vielen Weihnachtssingen und Krippenspiele. Aber nichts kann an das Evangelium der heiligen Christnacht heran.

Et peperit filium suum primogenitum et pannis eum involvit et reclinavit eum in praesepio, quia non erat eis locus in diversorio.

Das ist die Hauptsach. Maria gebiert ihren erstgeborenen Sohn, hüllt ihn in Windeln (*pannis involvit*) und legt ihn in eine Krippe, denn es war für sie kein Platz in der Herberge. *Non erat eis locus in diversorio.*

Die Herbergsuche von Maria und Josef ist die Szene, mit der sich die Hoteliers und Gastwirte heute noch schämen müssen. *Non erat locus in diversorio.* »Mir haben koan Freid mit Gäst, die schlecht zahln.«

Wie viel lieber bereiten wir dir eine Krippe in unserem Einwendigen drin. Und dann erst die bekannte Hirtenszene! Die Komponisten der Hirtenlieder haben wegen dieser bethlehemitischen Schafhüterszenen einen eigenen Takt entwickelt, den Sechsachteltakt.

»Et ecce, Angelus Domini stetit juxta illos et claritas Dei circumfulsit illos et timuerunt timore magno.« – Die Klarheit Gottes umstrahlte sie. Und sie fürchteten sich sehr. »Nolite timere, ecce enim evangelizo vobis gaudium magnum. – Fürchtet euch nicht, ich verkünde euch eine große Freude.« Eine *gaudium magnum*. Leider ist unser deutsches Wort Gaudi etwas verludert. Sonst könnte man diese angelische Himmelsfreude so übersetzen: »Ich habe für euch eine Mordsgaudi. Heute wurde euch in der Stadt Davids der Heiland geboren, welcher ist Christus der Herr.«

Ohne dieses Evangelium nach Lukas ist es nicht Weihnachten. Anschließend kann kommen, was mag. Von mir aus eine deutsche Christmette oder ein liberales Festmenü. Ehre sei Gott in der Höhe *et in terra pax hominibus bonae voluntatis.*

Wir singen halt das »Stille Nacht, heilige Nacht«, ein Lied, das sich die Engel von Bethlehem wahrscheinlich persönlich gewünscht haben. Wenn sie auf Dichter und Komponist auch 1800 Jahre lang haben warten müssen. Aber 1800 Jahre, das ist für einen Engel eine gar kurze Zeit.

Jeder Takt atmet dafür einen himmlischen Hauch. Ohne Radio, ohne Fernsehen ist dieses Lied in der Welt bekannt worden. Es singen das Lied die Japaner und die Afrikaner. Sogar die Amerikaner. Christ der Retter ist da.

Wir kennen viele Weihnachtsgeschichten, aber kaum eine über den heiligen Josef. Auch ein weihnachtliches Josefslied kenn ich nicht. Darum hat im Jahre 1968, mitten im heißen Sommer, der große Kirchenkomponist und Augsburger Orgelvirtuose Arthur Piechler, ein Josefslied gedichtet und komponiert. In seinem Mutterhaus in Landau an der Isar. Nach dem frühen Tod seines Vaters erwarb nämlich seine Mutter, eine geborene Frau Tannenbaum aus Frankfurt, das erste Tuch-und Schnittwarengeschäft in der niederbayerischen Kreisstadt Landau.

Nach seiner Pensionierung in Augsburg konnte Piechler dieses »Mutterhaus« erwerben. Nur das Wohngebäude, die Stadtvilla am Berg. Er war der bedeutende Kirchenkomponist, den ich bei seinem Umzug fürs Fernsehen interviewen durfte,

und der dann für die Münchner Abendschau sein Oratorium »Lobet den Herrn« für Knabenchor, Posaunen, Pauke und Orgel geschrieben hat. Und zwar eigens für den Benediktustag in seinem Studien-Kloster Metten, und für Kloster Ettal die »Liebfrauenmesse«. Aber auch das Dackellied und andere. Dieser von mir sehr verehrte »niederbayerische Beethoven« ist mein Freund geworden. Ich habe auch seine »Ulrichsmesse« und seine »Weihnacht« in Ausschnitten im Fernsehen bringen dürfen. Wenn ich in die Nähe Landaus gekommen bin, hab ich bei Herrn Professor Arthur Piechler vorbeigeschaut. Und er hat dann immer ausgerufen: »Ja so was? Heut ist wieder ein dies festus! Rosl, koch an Kaffee!«

Nur an jenen heißen Junitag 1968 nicht. Er saß an seinem Flügel und stöhnte. »Bei der Hitz soll i a Weihnachtsliedl schreiben! No dazua über den Heiligen Josef. Dös hab i mir ernsthaft vorgenommen. Weil der heilige Zimmermann allerweil zu kurz kommt. Aber mitten im Sommer tut man sich da halt schwer. Den Anfang hab ich schon.«

Er spielte mir ein paar Takte vor und sang dazu mit kräftiger Stimme: »Sankt Josef, du treuer Gottesknecht, wie kennt die große Welt dich schlecht! – Wie geht's weiter? Jetzt müßt der Gnadenstrahl kommen, der ihn trotzdem getroffen hat. Was reimt sich denn auf Gnadenstrahl? Du bist ein Dichter, hilf mir!«

Ich war überfordert und sagte: »Hundertmal.«

»Hundertmal? Für den bescheidenen Josef ist hundert keine Zahl. Hast nix anders?«

Ich setzte mich aufs Kanappee und dichtete: »Du warst kein General und doch traf dich der Gnadenstrahl.«

»Net schlecht«, meinte Arthur, »aber zu mager. Jeder Vers muß vier Füß haben. Dein General hat bloß zwei.«

Das konnte ich leicht reparieren: »Du warst kein Minister, kein General und doch traf dich der Gnadenstrahl.«

»Das ist ja großartig! Die Musi dazu hab ich auch schon.« Er griff in die Tasten und sang den Vers vom heiligen Josef, der kein Minister und kein General war und dennoch der heilige Josef geworden ist, vom Gnadenstrahl getroffen.

Dann verzog er doch das Gesicht und räsonierte: »Der Minister gfallt mir net. Ich hab zwar gegen den General nix, aber St. Josef ein Minister? Nein. Warum so weltlich bescheiden? Du schwärmst doch für König Ludwig, also schreiben wir gleich: Du warst nicht König, nicht General und dennoch traf dich der Gnadenstrahl!« Dazu entlockte er seinem großen Flügel eine marschmäßige Melodie, gefällig und leicht weihnachtlich gar und auf den Gnadenstrahl zusteuernd.

»Aber wie machen wir jetzt weiter?« Ich dichtete leichtsinnig und boshaft: »Du weißt nicht, wer dich zum Vater gemacht, die Welt hat dich darum oft ausgelacht.«

»Spotte nicht mit den Christenheiden! Ich habe meiner Lebtag nie einen blasphemischen Text vertont. Das hab ich immer den sogenannten Großen überlassen. Der heilige Josef ist aber ein bescheidener Mensch gewesen. Auch vor den Hoteliers in Bethlehem! Er, der Pflegevater des Allerhöchsten, hat niemals groß getan!« Dabei kadenzierte er zu einem noch unbekannten Text.

Endlich fiel mir wieder was ein: »Wären die Großen so groß wie du, wir hätten vor Krieg und Unheil Ruh! Kehr aus den Hochmut und den Streit, schenk uns deine Bescheidenheit!« Ich wußte, daß er Halbjude, im Dritten Reich arg verfolgt worden war und auch als Kirchenkomponist nicht mehr veröffentlichen durfte. Und nach dem Krieg kamen die Atonalen, die er doch auch meistens abgelehnt hat. »Atonal? Dös komponier ich ja, wenn ich besoffen bin!« Er war mit den Bescheidenheitsversen für den heiligen Nähr- und Ziehvater Jesu einverstanden und hatte auch gleich den gesamten Text komponiert. Gegen Ende aber zögerte er. »Den letzten Vers machen wir um gut eine Hebung länger und schreiben molto ritardando drüber. »Schenk uns ein wenig von deiner Be-schei-den-heit! – Hören dafür aber in D-Dur auf.«

Wir waren fertig, und die Rosl servierte uns Kaffee und Limonade. »Lieber tränken wir ja eine Maß Bier heut. Aber wegen der Bescheidenheit des heiligen Josef bleiben wir bei der Limonade!« Einstweilen hatte er es auf der Leber. 1974 ist er mit 78 Jahren verstorben.

Dies Josefslied steht in Arthur Piechlers »Weihnacht«, erschienen bei Böhm und Sohn in Augsburg. Und kommt gleich nach dem Sopransolo »Maria und Josef«, wo es am Schluß heißt: »Maria hilf, führ uns empor bis an das goldne Himmelstor!« Und der Sprecher dann sagt: »Josef war besorgt um Maria und ihr göttliches Kind und beschützte beide vor dieser kalten Welt.«

Denn die Welt ist kalt, grausam und alt. Und es hat schon Weihnachten gegeben, die möchten wir nicht mehr erleben! Bomben sind gefallen und Granaten. Das Christkind kam mit den Soldaten. Hunger tat uns nicht mehr Schaden, Jesus nahm uns auf in Gnaden.

Hoffnung, Frieden, Ruh, Gnadenheil allein bist du.

Also, sind wir bescheiden, wie der heilige Josef es gewesen ist: »Kehr aus den Hochmut und den Streit, schenk uns ein wenig von deiner Bescheidenheit!«

Gloria

»Arg versäumt hab ich mich, bin erst beim Sanctus in die Kirch kommen«, kann heut kein Mensch mehr sagen, den niemand mehr kennt die einem alten Katholiken angeborenen Messeeinteilungen: Kyrie, Gloria, Credo, Opferung, Sanctus, Wandlung, Benedictus, Agnus Dei und Letztes Evangelium (*Intimus Sancti Evangelii S. Johannem*). Von der Kommunion des Priesters hat man weniger geredet. Und selber »speisen« ist man kaum in den Heiligen Zeiten gegangen. Und da meist bei einer eigenen Kommunionsausteilung vor oder nach der Messe. Dafür haben die Priester geschwinder und legerer die hochheiligen Zeremonien des Messelesens vollbracht. Wie es in dem alten Sprichwort heißt: »Ein guter Pfarrer muß schön singen können, schnell lesen und kurz predigen.« Sogar der Humor am Altar war keine Todsünde. Daran ist »versus ad populum – mit dem Angesicht zu den Gläubigen«, nicht mehr zu denken. »Kann denn aus Nazareth etwas Gutes kommen?«, fragt leicht hinterkünftig Nathanael. Jesus hört es und antwortet: »Schaut, schaut, ein echter Israelit! – Ecce vere Israelita!« Natürlich, in den heiligsten Augenblicken kann eine Lächerlichkeit passieren. »Das macht nichts«, meinte der Herr Benefiziat, »auch am Hochaltar ist, bei aller Würde, der Humor nicht verboten. Denn der Humor tut der Frömmigkeit keinen Abbruch. Wie auch der Zweifel dem Glauben nicht weh tut.«

Hat der Herr Pfarrer von der Kanzel herunter das Eheversprechen eines jungen Paares verkündet, tat er das manchmal in einem seltsamen Tonfall. »Zum heiligen Sakrament der Ehe versprochen haben sich: der ehr- und tugendsame Jüngling Johann Spitzinger ...« Er blieb mit der Stimme oben und murmelte dann halblaut, aber doch verständlich: »Er ist uns

hinlänglich bekannt – und seine Braut, die Jungfrau Maria Nadlinger ...« Das Wort Jungfrau sprach er mit retardierender Verzögerung und setzte dann noch hinzu: »Dazu sag ich gar nichts«, und stimmte vielmehr gleich das Allgemeine Gebet an: »O mein Gott und Herr!«

Während einer Trauung hat er einmal in der Ansprache zum eiligen Brautpaar kurz und bündig gesagt: »Das Wichtigste im Ehestand, liebes Brautpaar, das sind die christlichen Tugenden Glaube, Hoffnung und Liebe. Daß Sie sich lieben, will ich gern glauben. Und daß unsere Braut guter Hoffnung ist, das sehe ich.«

Unvergeßlich bleiben einem Ministranten die Rügen, die einem der Herr Pfarrer während der heiligen Messe erteilt.

»Jetzt stell dich net so dumm, und heb das Rauchfaß etwas höher! – Ja, ja, a so is recht ... per intercessionem beati Michaelis ...«

Unser Hochwürden hat oft zweisprachig zelebriert, obwohl zu seiner Zeit während des Hochamtes noch streng lateinisch gesungen und gebetet werden mußte.

Beim Kelchreinigen nach der Kommunion hat er zu einem, mit dem Wasser- und Weinkännchen noch wenig erfahrenen, Ministranten ermunternd gesagt: »Corpus tuum, Domine ... Schütt no, schütt no! A bißerl mehrer, laß's dich nicht reuen ... quod sumpsi et sanguis ... iatz ist guat ...«

Je älter er wurde, desto häufiger hat er solche Regieanweisungen gegeben.

»Wo bleibt denn der Mesner mit'm Rauchmantel? – Libera me, Domine!«

Die Liturgie hatte solche Einschübe nicht vorgesehen, aber der Herr Prälat hat sie rasch, leise und dezent dazwischengeflüstert. Als ob die Extempores seit Jahrtausenden zur kultischen Tradition gehörten. Manchmal hab' ich mir wieder gedacht, daß ihm die private Geschwätzigkeit vielleicht doch zuwider ist. – Ein Mensch hat halt seine Gewohnheiten, und aus Gewohnheiten werden Gebräuche. »Und aus den Bräuchen dann Gebrechen«, hat er sich selbst kritisiert.

»Wart nur, du Lausbub, bis aus dir einmal ein Prälat wird! Ein Meßdiener ist noch ein Lausbub ...« Er hat uns immer mit

Meßdiener tituliert, selten als Ministrant, Ministrierbub oder gar als Chorknabe angesprochen.

Einmal hat sich während eines Werktagsamtes, das der Reinerdinger gegen Schauer und Hagelwetter hat singen lassen, eine Schwalbe zwitschernd auf das Kruzifix über dem Tabernakel gesetzt. Es traf gerade das Gloria.

»Glo-o-oria ...« Der Herr Prälat erhob den Blick und stockte, während die Schwalbe respektlos weiterzwitscherte. »Ja, sie schaugts an! Meinst, daß d' es besser kannst? – In exce-elsis De-e-eo!«

Die Gläubigen im Kirchenschiff hatten die weltlichen Worte nicht gehört, nur die innehaltende Verzögerung gemerkt. »Muß er am End niesen?« werden sich einige gefragt haben. Aber wir Ministranten haben das Zwiegespräch mit der Schwalbe deutlich vernommen. Und wir haben uns einen – von der Epistelseite zur Evangeliseite hin – lächelnden, altklugen Blick zugeworfen, als wollten wir sagen: »Hast 'hn ghört? – Mit die Schwaiberl redt er jetzt auch schon ...«

In der halben Diözese bekannt geworden ist sein Fliegengespräch während der Präfation. Schon während des Suscipiat seh' ich eine freche Kuhstallfliege, die mich beim Stufengebet schon geärgert hatte, auf der Stirn unseres Pfarrers. Und weil er gerade die Arme ausbreitet, kann er sie nicht gut erschlagen.

»Orate, fratres«, sagt er ärgerlich zischelnd und beutelt den Kopf. Er geht ans Meßbuch, liest die kurze Sekret, und die boshafte Fliege krabbelt über das zu betende Stillgebet. Der immer noch sehr andächtige Priester jagt sie mit einem Wischer der rechten Hand davon, sagt nichts, da er ja das Gebet zu flüstern hat. – Jetzt aber wurde es kritisch. Die Präfation war zu singen.

Er war ein kräftiger Sänger, und die Fliege summte zwischen Meßbuch und Kelch hin und her.

»Per omnia saecula saeculorum – jetzt ist dös Luader schon wieder da.« – »Dominus vobiscum«, sang er mit ausgebreiteten Armen weiter. Und die Fliege setzte sich auf seine Nasenspitze. »Pfff, mach mi' fein net narrisch, du ...« In den laut gesungenen Responsorien des Kirchenchores ist das Schimpfen

des Pfarrers gottlob untergegangen, aber wir Meßdiener konnten doch das meiste verstehen. Es kommt der Höhepunkt des Hochgebetes. Begeistert stimmt er das *Sursum corda* an. Aber die Fliege hat keinen Respekt und landet direkt auf der Patene.

»He, he, da bleibst mir fein net hocka, du Saufliagn, du lästige!« – »gratias agamus Domino Deo nostro – iatz fangst aber oane.«

Kaum hatte sich aber die lästige Fliege auf den Altar gesetzt, da patschte er mit seiner flachen Hand so geschwind und kräftig in die Mensa, daß die ärgerniserregende Kreatur auf der Stelle tot war.

»Dignum et justum est«, korrespondierte mit Orgelbegleitung der Kirchenchor.

Wenn wir daheim von den Eigenheiten unseres Pfarrers etwas erzählt haben, hat der Großvater gleich gesagt: »Das ist noch gar nichts gegen die Geschichten und Gewohnheiten von weiland meinem Pfarrer Isidor Sittenauer. Der hat die Präfationsfliege nicht gleich erschlagen, sondern mit der hohlen Hand gefangen und dann die ganze Präfation mit einer Faust gesungen.« –

»Ja, unser Isidor, der ist noch ein ganz Alter gewesen, ein echter Ökonomiepfarrer, manchmal gleich mehr Bauer als Pfarrer.« – Und schon hat er wieder eine lustige Pfarrergeschichte gewußt, der alte Ministrant.

Während eines *Rorate*-Amtes habe gerade im Pferdestall des Pfarrers eine junge Fuchsstute ein Fohlen erwartet. Die Aufregung läßt sich denken. Die halbe Nacht hatte der Pfarrer schon im Roßstall verbracht. Nach dem Evangelium hat er den Großvater, seinen damaligen Oberministranten, in den Pferdestall hinübergeschickt. Aber das Fohlen war immer noch nicht da.

Nach der Wandlung hat der zweite Ministrant hinüber müssen. Der Heiß war immer noch nicht auf der Welt. Da hätte der Isidor das *Paternoster* gleich zweimal gebetet, behauptet der Großvater. Bei der Kommunion war endlich alles gut gegangen. Der Roßknecht ist selber in die Kirche geeilt, und

Pfarrer Isidor, der gerade die Kommunion ausgeteilt hat, hat ihm einen Wink gegeben, näher zu treten. Der Baumeister wollte gar nicht abspeisen.

»Guat is ganga, Hochwürden, a Hengstl is'«, flüsterte der Knecht. »Te Deum laudamus«, rief dankend der alte Bauernpfarrer und gab dem Rosser die heilige Kommunion. Der überraschte Organist aber intonierte mit der Orgel eine Strophe »Großer Gott«.

Die Soutane

Selbstverständlich sind es »Äußerlichkeiten«, die unsere katholische Kirche schmerzlich verändert haben. Jede Pfarrei hatte andere Observanzen. In Kirchzell läuteten sie zweimal mit allen Glocken zusammen. In Matzing nur einmal. In Tegernbach beten sie fünf Vaterunser übers offene Grab, in Brunnkirchen nur drei. In Miltenberg hat der Herr Stadtpfarrer einen rotgefaßten Talar schier wie ein Bischof, weil sie einst zum kurmainzischen Domkapitel gehört hatten. In Aschaffenburg haben sie keine roten Passepoiles! In Oberkirchen tragen sie beim Ruralkapitel Soutanen mit Beffchen, rote für den Dekan, blaue für den Kammerer, in Kreutzberg im Wirtshaus keine Beffchen.

Der Abt des Klosters Zell trägt immer einen schwarzen Schlegel auf dem Kopf. Der Monsignore und Dekan der Theologischen Fakultät geht in rotgefaßtem Talar, der Prälat des Domkapitels in roter Soutane. Die Bischöfe tragen dazu als Kopfbedeckung rote Schlegel, die Kardinäle zinnoberrote. Schon bei den Prälaten ist das Zingulum rot. Man muß so einen Domherrnstammtisch einmal erlebt haben. Natürlich, sie sind auch Menschen, auch die Roteingefaßten.

Heutigentags tragen die Priester überhaupt keine Soutane mehr. Kaum mehr die Bischöfe und Kardinäle. Unser Weihbischof sagt: »Am liebsten geh ich im Trachtenanzug.«

Da die Muttersprachen kamen, also mit dem profanen »Erhebet die Herzen« verschwanden die Soutanen, wurde die Welt »entgeistlicht«. Du kannst den Pfarrer nicht mehr von einem Versicherungsvertreter unterscheiden.

Seit 1976 will ich bei irgend einem Fernsehsender den Film »Die Soutane« unterbringen. Es ist mir bis jetzt nicht gelungen. Obschon ich einmal die Gelegenheit hatte, die Geschich-

te dem Kardinal Hengsbach von Essen erzählen zu können. Der war so begeistert, daß er mir eine Kiste Wein versprach, wenn der Film im Fernsehen gesendet würde. Das war anläßlich einer Jubelfeier der katholischen Filmproduktion »Telluxfilm« in München. Mindestens ein Dutzend Bischöfe verschiedener Diözesen waren anwesend. Den anderen Tag winkten die Vorstände der Telluxfilm ab. Besonders deren theologischer Berater, ein Jesuitenpater, zeigte mir die kalte Schulter: »Seien Sie doch froh, daß wir diese Uniform endlich los sind«, sagte er. Auch bei meinem Heimatsender hatte ich kein Glück. »Keine Geschichte über die Soutane«, hieß es überall. Ich durfte dafür bei unserem Fernsehhistoriker Henric Wuermeling über den frommen Kirchenmusiker Wolfgang Amadeus Mozart und seine Gönner, den Fürsterzbischof Sigismund von Schrattenbach in Salzburg einen historischen Spielfim machen. Mozart war nämlich viel frömmer, als es die paar mißverstandenen Bäslebriefe deuten. Beziehungsweise die amerikanischen Filmemacher es sich gedacht haben. Und die Dirigenten dazu, die seine Musik »liberalisierten«.

Selbstredend war auch im ZDF die Soutane nicht opportun. Dem dortigen Hauptabteilungleiter, einem einstigen Klosterschüler, war »das Sujet zu wenig unterhaltsam.« Nach Jahren ließ er mir dafür die tv-Serie »Ora et labora« verwirklichen. Immerhin ein frommer Ersatz und um eine Klosterwitz-Nuance vielleicht etwas unterhaltsamer. Mit Josef Meinrad als Abt, Fritz Strasser als Prior, Maxl Graf als Bruder Hühnermeister und Ossi Eckmüller als Bruder Pförtner – alle schon gottseligen Andenkens – wurde das doch ein »postkonziliares Ausrufezeichen«.

Aus dem Drehbuch wird in diesem widerspenstigen Büchlein – zur abschließenden »Löwenzahnhoffnung« – eine Geschichte. Also:

Die Soutane

Für Michael Steinbeiß war der Einzug in den geräumigen Pfarrhof der Kleinstadtpfarrei St. Georg in Kirchberg kein

Problem. Er konnte das Mobiliar seines Vorgängers überneh-
men. Soweit er es mochte. Den »Ballast« gab er einem Altwa-
renhändler. Beim ersten Durchgang bereits konnte er das
»Gerümpel« des Geistlichen Herrn Rates Alfons Seidl für den
Abtransport bestimmen. Pfarrer Seidl war mit 77 Jahren nach
dem Sonntagsgottesdienst in der Sakristei, beim Ablegen der
Meßgewänder, an einem Herzstillstand – in den Armen der
Mesnerin – plötzlich verstorben. Die Mesnerin hatte ihren
Mann vertreten, der wegen einer Grippe das Bett hüten hat
müssen. Da sie vor ihrer Heirat eine Krankenschwester gewe-
sen war, wußte sie sofort Bescheid. Selbstverständlich alar-
mierte sie vom installierten Sakristeitelefon aus gleich Arzt,
Polizei und Feuerwehr. Gott sei Dank verstarb der Geistliche
Herr Rat *nach* dem Gottesdienst, der freilich nur spärlich be-
sucht war.

Jetzt fiel es allen auf, er hatte kurz über den heiligen Georg
gepredigt. Was er noch nie getan hatte. (Weil, wie der Stadtanzeiger berichtet hatte, 92 Paare ohne kirchlichen oder weltlichen Trauschein zusammenlebten.) Er predigte wohl deshalb:

»Weil sie gar nichts mehr gilt, die Unschuld eines jungen
Mädchens, darum wollen wir zu ihm, dem Verteidiger der
Reinheit und Keuschheit, dem siegreichen Kämpfer wider den
schlimmen Drachen, wollen wir zu ihm, dem Schutzpatron
unserer Stadtpfarrkirche, unsere Zuflucht nehmen! Zu unserem heiligen Georg, Amen.«

Recht viel mehr hat er nicht gesagt. Alle hatten sich gewun-
dert. »Außerdem hat er noch nie über den heiligen Georg gepredigt«, wiederholte der Kirchenpfleger dem Arzt und der
Polizei. Mit 75 Jahren hätte er halt schon längst in den Ruhe-
stand gehen sollen! – Seine Haushälterin, das alte Fräulein
Kathi, läge als Pflegefall schon das zweite Jahr im Altersheim.
Er wäre ein Setzkopf gewesen, der Herr Pfarrer. Hat er nicht
voriges Jahr im Pfarrausschuß wegen solcher Andeutungen
erwidert: »Na, na, ich resigniere nicht. Die Gläubigen werden
sowieso allerweil weniger. Mit den paar Hanseln mach ich es
leicht noch.«

Durch 34 Jahre war Alfons Seidl Pfarrer in Kirchberg gewesen »Stadtpfarrer bei St. Georg«, wie er sich selber gern tituliert hatte. Er hat mit Eifer die Neuerungen des zweiten Vaticanums praktiziert, hatte vor dem Konzil schon die Betsingmesse bevorzugt, *versus ad populum* zelebriert, eine Sängerschola organisiert, den Chor nur noch selten eine Orchestermesse aufführen lassen. Er hatte seinen Gläubigen die Handkommunion »beigebracht«, hatte einen Laienhelfer zum Austeilen der Hostien herangezogen, hatte bei Begräbnissen nur noch das Vaterunser ohne Ave beten lassen und die Bittgänge und das Wallfahrten für nicht mehr notwendig und für gefährlich erklärt. Anstelle des Stufengebetes wurde ein Eingangslied gesungen. Pfarrer Seidl war ein aufgeweckter Seelsorger. Das Sakrament der Buße wurde nur noch selten empfangen. Kein *Kyrie*, kein *Gloria*, kein *Agnus Dei*.

Er hatte allerdings die Kirche renovieren lassen und eine neue Orgel angeschafft. Die Zahl der Kirchenbesucher hatte während seiner 34 Jahre von Jahr zu Jahr abgenommen. »Das macht der Kirche nichts aus, jetzt kommen nur noch die wirklich Überzeugten«, urteilte er darüber. Seine Primiz war 1953 gewesen. Seit jenen glücklichen Wochen hatte er kaum mehr eine Soutane getragen, meistens einen dunklen Anzug. Statt der Weste einen schwarzen Pullover. Drüber ließ er die Spitzen seines Hemdkragens sehen. Eine schwarze Weste mit Kollar hatte er sich zwar angeschafft, aber nie getragen. Er hatte sie bereits 1976 nach Polen verschenkt. Im Sommer zeigte er sich am liebsten in einem leichten Trachtenanzug.

Michael Steinbeiß hatte sich, als Kaplan einer großen Pfarrei in der Bischofsstadt, um die Nachfolge in Kirchberg beworben. Sie wurde ihm zugesprochen, obschon er ein spätberufener Theologe war und vor seinen fünf Seminarjahren vier Jahre über Versicherungsangestellter gewesen war. In der Zwischenzeit hielt Studiendirektor Josef Silbernagl, der als Pensionär in seine Heimatstadt umgezogen war, die sonntäglichen Pfarrgottesdienste. Für Beerdigungen und priesterliche Hilfsdienste war bei St. Georg ohnehin seit Jahren ein assistierender Diakon zur Stelle, der im Hauptberuf Polizeibeamter war.

Endlich konnte Michael Steinbeiß seine festliche Installation feiern. Das ließen sich die Kirchberger Vereine nicht nehmen. Sie geleiteten den neuen Pfarrherrn mit Fahnen und mit Musik vom Pfarrhof zur Kirche. Der Herr Bürgermeister hielt eine würdige, herzliche Begrüßungsrede, ein junger Musikstudent ließ die Orgel brausen, der Schuldirektor wartete mit Oberklasslern im großen Pfarrsaal mit selbstverfaßten Kabarett-Szenen auf. Dazu konnte man Bier trinken, Würstl oder Brathendl essen. Der Pfarrausschuß hatte dienstbare Helferinnen engagiert. Dekan Josef Mittermayr, der solche Installationen schon mehrere erlebt hatte, mußte es zugeben: Die Kirchberger hätten ihren neuen Pfarrer in großen Ehren und in freundlicher Herzlichkeit empfangen. Und sagte er schon in der Kirche: »Gebe Gott, daß St. Georg in Kirchberg mit Pfarrer Michael Steinbeiß einen würdigen und guten Seelsorger bekommen hat!« Kaum war das Fest verrauscht, sah niemand mehr den neuen Pfarrer. Niemandem ist er abgegangen. Die Leut waren nicht einmal neugierig, wie er predigen könne. Außer den Erstkommunikanten und etlichen dreißig Erwachsenen zeigten sich keine Kirchberger im Sonntagsgottesdienst.

Der neue Pfarrer war entsetzt. So hatte er sich die gläubigen Bewohner einer bäuerlichen Kleinstadt nicht vorgestellt. Hier hätte doch noch alles in Ordnung sein müssen. Gut, es gab Arbeiter und Angestellte der Klein AG, einer Zulieferungsfirma für Autofabriken. Aber bei Klein waren nur etwa 450 Leute beschäftigt. In der Dachziegelei sollen es siebzig sein. In der Molkerei fünfundvierzig. Es gab eine Brauerei und sechs Gasthäuser, zwei Cafés und zwei Diskotheken, etliche Ärzte, zwei Apotheken und so weiter. Das Kreiskrankenhaus von ehedem, als Kirchberg noch eine Kreisstadt gewesen, hatte mit seinen Ärzten einen guten Ruf. Die Zweigstelle des Amtsgerichtes verhandelte wöchentlich dreimal. In den Geschäften Kirchbergs konnte man vieles einkaufen. Sogar ein Hotel und zwei Pensionen hatten noch nicht Konkurs gemacht. Nur das Gotteshaus schien überflüssig geworden zu sein.

Michael Steinbeiß war fest entschlossen, St. Georg wieder in die Höhe zu bringen. In aller Demut und ganz ein Bürger der

kleinen Stadt, machte er sich auf den Weg, um »erste Kontakte zu knüpfen.« In Jeans und mit einem dunkelroten Pulli, sprach er auf dem Rathaus vor. Er wurde nicht vorgelassen. Frau Betzwieser, die Vorzimmerdame telefonierte gerade mit dem Bauunternehmer Zirngiebl und glaubte einen bittstellernden arbeitslosen Gastarbeiter vor sich zu haben. »Der Herr Bürgermeister hat für Sie keine Zeit, mein Herr. Wenden Sie sich mit Ihrem Anliegen doch an Zimmer 3, Parterre links!«

Steinbeißens vorstellende Worte: »Der Herr Bürgermeister wird mich sicher empfangen, ich bin nämlich der neue Stadtpfarrer von St. Georg«, überhörte sie. Sie gebrauchte die etwas energische Handbewegung gegen die Zimmertür. »Bitte gehen Sie! Ich kann Sie unter keinen Umständen vorlassen.«

Was blieb dem Herrn Stadtpfarrer anderes übrig, als mit einem »Grüß Gott!« dies abweisende Vorzimmer zu verlassen. Er war noch hungrig, suchte darum die Metzgerei Tatzmann auf und bestellte einen Leberkäs mit Semmel. »Bitte hinten anstellen!« wurde er zurechtgewiesen. Er gliederte sich in die Schar der brotzeitmachenden Handwerkergesellen ein. Von den Malern, Zimmerern, Installateuren und Bodenlegern grüßte ihn niemand, hat ihn kein Mensch erkannt. Endlich kam er an die Reihe. »Hundert Gramm, bitte!« Er wurde bedient.

»Wissen Sie, ich hab keine Haushälterin.« Die Frau Tatzmann hat das schüchterne Gemurmel nicht verstanden. »Süß oder sauer«, fragte sie nach dem gewünschten Senf. »Das ist mir gleichgültig, Frau Metzgermeisterin.« Er erhob bei dieser Gelegenheit seine Stimme etwas: »Aber uns allen kann es nicht gleichgültig sein, ob wir es einmal süß oder sauer mögen in Kirchberg. Ich bin nämlich ...«

»Also sauer. Drei Mark achtzig! Eins zwanzig retour, danke! – Der nächste bitte!«

Trotz seines Amulettes auf dem roten Pullover hatte kein Mensch von ihm Notiz genommen. Es wurde Zeit zur Religionsstunde. Drei Wochenstunden mußte er persönlich erteilen. An den Kirchberger Schulen waren drei hauptberufliche Religionslehrerinnen angestellt. Sie ließen die Kinder Zeich-

nungen anfertigen. Mit recht merkwürdigen Ergebnissen. Christus mit einem Revolver wurde da von einem Buben einmal geliefert. »Christus auf dem Ölberg« war das gestellte Thema gewesen.

Steinbeiß ließ die Kinder nicht zeichnen. Er erzählte Geschichten mit brauchbaren Pointen. Die Klasse hörte nicht auf ihn. »Was wollen Sie mit Ihrem roten Pulli? Der paßt überhaupt nicht zu den Sandalen. Sie müssen Turnschuhe tragen.« Und das sagte ihm ein Mädchen ins Gesicht, nachdem er sie nach dem Namen ihres Bischofs gefragt hatte. »Mit diesen Schuhen sind Sie für uns kein Gesprächspartner«, erwiderte der freche Zirngiblsohn, der in drei Wochen auch gefirmt werden sollte. Der Unterricht war ein Fiasko. Steinbeiß ging deprimiert nach Hause, kaufte sich am Zeitungsstand noch eine Wochenzeitschrift, da sagte die Zeitungsfrau zu ihm: »Sie, diese da müssen Sie sich zulegen, mein Herr, da schaung's, lauter nackerte junge Madln! Da vergeht Eahna die schlechte Stimmung! Ja, ja, dös kenn ich als alte Frau, daß Sie grad einen Korb gekriegt haben!«

Er bezahlte und ging in eine Konditorei mit Stehkaffee. Es gab keinen Stehplatz mehr für den neuen Pfarrer von St. Georg. Endlich rückte eine junge Frau zur Seite und lächelte ihn an. »Haben Sie auch Pech gehabt in der Liebe?« Wie sie denn da drauf komme? Nein, nein, er habe noch viel größeres Unglück. Er sei der neue Stadtpfarrer hier und niemand mehr scheine von der Kirche etwas hören zu wollen. Er seufzte und trank seinen Kaffee.

»Der neue Stadtpfarrer sind's? Dös hätt ich Ihnen net angesehen. Ich hab geglaubt, Sie sind ein interessierter Mann und zur Zeit ohne. Einstweilen sind Sie ein katholischer Pfarrer! – Und müssen sich an diese Ehelosigkeit halten.«

Sie trank ihren Kaffee und aß ihren Bienenstich. Er zuckte nur die Schulter und meinte: » Noch ist er nicht gefallen. Also halte ich ihn. Weil sie in Rom vom Priester eben den Zölibat verlangen. Ich habe das vor der Priesterweihe gewußt. Und auch die Priesterweihe ist ein Sakrament.«

Die junge Frau verbiß sich ein Lachen. Dann erwiederte sie: »Mir tät's nichts ausmachen, Herr Pfarrer. Ich war nämlich

schon einmal verheiratet. Natürlich schlecht. Mir tät der Zölibat nichts ausmachen, wenn es nur sonst harmonisch ist und stimmt.«

Michael Steinbeiß fand die Frau nicht unsympathisch. Aber er wollte keine Haushälterin. Außerdem würde er sich in keine Gefahr begeben wollen. Ihre erotische Ausstrahlung würde ohnehin tagelang seine Gedanken plagen.

Sie war im Gehen. »Hier können Sie mich einmal anrufen! Vielleicht besuche ich Sie im Pfarrhof?« Die letzten Worte sprach sie ganz leise und war auch schon verschwunden. Er hielt ihre Visitenkarte in der Hand und las: »Petra Briller.« - Der Name erinnerte ihn an den heiligen Petrus, an Rom und an die Ehelosigkeit. Er machte sich auf den Heimweg.

Die kommenden Tage brachten keine Kontakte. Am Sonntag fehlte die Hälfte der Kinder. So sehr er seine Füße auch ablief, niemand wollte sich mit ihm einlassen. Kaum jemand erkannte ihn. Nur die Vorsteherin des Seniorenclubs St. Georg – früher katholischer Mütterverein und Männerkongregation – hatte wegen des bald fälligen Omnibusausfluges angerufen. Mit Kuchenpause in Bösing. Die Mesnerin kam mit einer völlig verstörten Witwe, die mit ihren drei Kindern auf die Straße gestellt werden sollte. Die Hausbesitzerin sei verstorben, die Erben hätten alles an Herrn Zirngibl verkauft und dieser plane einen Neubau. Michael Steinbeiß ging ins Büro des Kirchberger Baulöwen.

»Natürlich, immer wir Bauunternehmer. Da seid ihr gleich da, ihr Priester und Stadtpfarrer, wo ihr sowieso von der Kirchensteuer lebt, die wir bezahlen. Nicht wird nachgegeben. Ich habe vor Gericht dreimal Recht bekommen, die Frau Ferger muß raus. Und von Ihnen laß ich mich schon gleich gar nicht weich machen. Wer sind Sie heute schon noch als Stadtpfarrer von St. Georg? Sie Jeansapostel, Sie hergelaufener!«

Der Pfarrer wurde beleidigt. So etwas konnte er vertragen. Er ging wieder heim, spielte mit Petras Visitenkarte in der Tasche seiner neuen Tuchhose. Die Karte war kaum mehr lesbar. Müde setzte er sich auf die breite Treppe seines geräumigen Pfarrhauses. An der Wand, stiegenaufwärts, hingen die Fo-

tografien seiner Vorgänger. Alles würdige Stadtpfarrer von St. Georg. Ganz oben, der Dekan Surauer des Ruralkapitels Kirchberg von 1817 bis 1849, war sogar von einem Maler porträtiert worden. Von dessen Nachfolger Kölbl hing da bereits eine frühe Fotografie. Er war ein ziemlich korpulenter Herr, denn sein Gesicht zeigte ein kräftiges Doppelkinn. Er war 1872, also schon im Deutschen Kaiserreich verstorben. Auch die folgenden sieben Herrn – bis hin zu seinem Vorgänger im Meßgewand – waren alle als prächtig katholische Stadtpfarrer konterfeit. Die meisten im Chorrock und Stola. Drei Hochwürden ließen sich in glänzender Galasoutane mit Zingulum knipsen, einen breitkrempigen schwarzen Hut in Händen haltend.

Steinbeiß saß niedergeschlagen auf dieser »Ahnenstiege« und blickte mißmutig zu seinen Vorgängern hinauf. Plötzlich begann er mit ihnen ein Gespräch: »Meine lieben Herren geistlichen Räte und Dekane! Ihr konntet leicht in Gott vergnügte Stadtpfarrer sein hier! – In eurer Wohlbeleibtheit. Und mit euren Soutanen, worin euch jeder auf dreihundert Meter gleich als Geistlichen erkannt hat! Wo euch die Kinder mit einer Kniebeuge die Hand abgebusselt haben! Ich wünsch euch nichts Böses im Fegefeuer, doch heutigentags ging es euch auch nicht besser! Ihr fetten Soutanenträger!«

Sein Blick war vor allem auf den Ruraldekan Franz Xaverius Praschberger gerichtet, der zwischen 1903 und 1924 als Stadtpfarrer die Seelsorge ausgeübt hatte. Und dessen Gesicht bei aller Gelehrsamkeit ein gutmütiges Lächeln nicht unterdrücken konnte. Vor dem ersten Weltkrieg hatte er auch noch eine Pfarr-Ökonomie bewirtschaftet.

Während Michael so sinnierte und vor sich hin murrte, veränderte sich die Fotografie des Dekans Franziskus Xaverius Praschberger auf wunderbare Weise. Der Geistliche Herr Rat drückte das rechte Auge zu und sagte: »Laß dir halt auch eine Soutane machen!«

Er hat den Zuruf deutlich gehört. Der Praschberger hat ihn gemeint, ihn, den erfolglosen Mitbruder und Nachfolger in Kirchberg. Michael Steinbeiß hat sich blitzschnell erhoben und ist nahe an die Porträtfotografie Praschbergers herange-

treten. Dessen Auge zwinkerte nicht mehr. Er lächelte wie immer.

»Hab ich geträumt? War ich für ein paar Minuten eingeschlafen? Während ich wieder mit der Visitenkarte Petras gespielt habe? – Nein. Ich habe nicht geschlafen. Ich war nüchtern. Wie hätte ich sonst sein Auge zwinkern gesehen? Es hing das Bild über mir. Ich saß darunter. Ich habe zu ihm aufgeschaut. Ein Schlafender tut das nicht. Ich hörte seine Stimme.«

Der ehemalige Schuldekan des Schulsprengels Kirchberg hatte ihn erregt. Er blickte dem Franziskus Xaverius in die Augen und zischelte: »Nein. Niemals lasse ich mir eine Soutane machen. Ich hab was gegen Uniformen. Auch gegen Pfarreruniformen. Mir reicht das Meßgewand. Und selbst das ist überflüssig. Ich glaube kaum mehr an die Erbsünde.«

Steinbeiß gehörte der fortschrittlichen postkonziliaren Liturgiereform an. Die Offenbarung Gottes war für ihn keine vergangene Wirklichkeit, sondern ein Innovationsprozeß.

In seinem Arbeitszimmer klingelte das Telefon. Frau Petra war am Apparat. Warum er denn noch nicht angerufen habe? Er war aufrichtig: »Weil ich vor lauter Zweifel Ihre Visitenkarte zerwühlt habe und die Nummer nicht mehr lesen kann.« Sie fand das sehr lieb. Sie würde ihn im Pfarrhof besuchen. Nein! Er würde sie lieber einmal beim eucharistischen Sonntagsmahle in St. Georg sehen.

Dann ging er in der geräumigen Studierstube auf und ab, wie sein Vorgänger. Obwohl er kein Brevier mehr zu beten brauchte. Dieses: Laß dir halt auch eine Soutane machen! Es ging ihm nicht mehr aus dem Kopf. Auf dem Stehpult Seidls lag eine große Bibel. Das Alte und das Neue Testament in einem Band. Er fing darin an zu blättern, schlug das Buch erst ganz hinten auf und las: »Ein Engel trat hervor, eine goldene Rauchschale tragend, viel Räucherwerk wurde ihm gegeben, daß er es darbringe unter den Gebeten aller Heiligen auf dem goldenen Altar ...«

»Geheime Offenbarung. Wie der Satz Praschbergers. Reicht mir.« Dann schlug er das dicke Buch doch noch einmal auf. Diesmal weit vorne: Zweites Buch Moses, 28. Kapitel. Er las

laut: »Gott befahl dem Moses: Sag deinem Bruder Aaron, er soll sich ein priesterliches Gewand machen lassen, das ihm zur Auszeichnung und Zierde dient. Rede mit allen Kunstverständigen, sie sollen die Gewänder anfertigen, damit man ihn weihe und er mir als Priester diene!«

Jetzt war er noch gewaltiger getroffen. Er kniete sich auf den Betschemel und erhob sich wieder. Wie? Was? Er soll sich so eine altmodische Soutane schneidern lassen? Wo diese Stadt so kalt geworden war? Vernünftig die Liturgie in der Kirche und kein Priester auf der Straße. »Logisch!« Er warf Petras Visitenkarte in den Papierkorb und suchte nach einem Schneidermeister. »Bismarckstraße 3« las er im Branchenverzeichnis. Während er auf die Verbindung wartete, holte er Petras Kärtchen wieder aus dem Papierkorb und steckte sie in seine Hosentasche.

Meister Weiß hörte ihn an. Dann schüttelte er den Kopf. »Einen dunklen Anzug mach ich Ihnen gern, Herr Stadtpfarrer, aber eine Soutane nicht. Schlagn'S Ihnen das aus dem Kopf. Eine Soutane mit 33 Knöpfen vom Hals bis zu den Zehen. Nein, hab ich nie gemacht. Ich erinnere mich an meinen Großvater. Der hat um 1955 herum noch so ein Kleidungsstück genäht. Damals war ich noch nicht auf der Welt. Ich weiß es aus den Erzählungen meines Vaters. Der hat die 33 Knöpf annähen müssen. Später haben sie dann Reißverschlüsse getragen. Und dann sind diese Ungetüme sowieso abgekommen.«

Eine Soutane mit Reißverschluß lehnte Michael Steinbeiß ab. Wenn schon, denn schon! Die 33 Knöpfe deuten auf die 33 Erdenjahre Jesu Christi hin.

»Fahrn'S doch zum Domschneider nach München. Der hat vielleicht solche altmodischen Pfarrerkittel vorrätig. Ich nicht. Ich bin sowieso ein Gegner von der Kirchensteuer, die ich mich seit zwei Jahren zu zahlen weigere.«

Der Stadtpfarrer bestieg seinen Kleinwagen und raste in die Landeshauptstadt. Der Domschneider hatte zwar das angestammte Schild seines Hauses angeschrieben, aber verkaufte überwiegend graue und helle Sommeranzüge. Bitte, auch et-

liche schwarze hatte er hängen.Und Krawatten in allen Farben. Und sogar Damenkostüme!

»Die Kollare werden kaum mehr verlangt. Im Magazin sind noch ein paar vorrätig – für die Domherrn, wissen'S.«

Als er es endlich verstanden hatte, was der Kunde da wünschte, schüttelte auch er den Kopf. »Nein, Soutanen und Talare führen wir nicht mehr. Die Herren Bischöfe beziehen ihre kultischen Gewänder von Rom. Ich kann Ihnen nicht dienlich sein.« Und dann fiel ihm doch noch etwas ein. »Halten's, Herr Stadtpfarrer, im Bauernschrank oben im Speicher, müssen ein paar so alte Priestertalare hängen. Noch aus der Großvaterzeit. Soutanen, die zurückgegangen sind. Vielleicht finden wir eine passende? Das Fräulein Sandra ist so gefällig und geht schnell hinauf. Da hängt der Schlüssel, bitte, Sandra, bring die alten Pfarrerkostüme!« Die erste Soutane war zu kurz, die zweite zu eng. Die dritte paßte wie angegossen. »Da hängt ein Zettel! Diese Soutane hat ein Exjesuitenminister getragen, bevor er sich hat laisieren lassen. – Das Stück ist so gut wie neuwertig. Und die Hauptsach, sie paßt. Ich geb Sie Ihnen für 900.– Mark. Sie können das hohe Kleid gleich anlassen. Das Zingulum ist besonders breit und nobel. Der Kragen unbefleckt. Die 33 Knöpfe sitzen fest. Bitte, Sie sehen exquisit darin aus. Man wird sie in Kirchberg für einen Prälaten halten. Sandra, bürste Herrn Hochwürden noch etwas den Rücken!«

Michael zahlte und ging, verstaute das Paket mit dem Pullover in den Kofferraum und zwängte sich hinters Steuer. »Da brauch ich mehr Raum«, murmelte er und verstellte den Sitz. Dann fiel ihm ein, daß er in St. Ludwig seinen Freund Josef aufsuchen könnte. Er war der beste seines Kurses gewesen. Verlegen und doch mutig klingelte er am Pfarrhof. Die Haushälterin Sophie öffnete. Sie sieht den hohen Priester und erschrickt. Dann erst erkennt sie den Kurskollegen ihres hochwürdigen Herrn Bruders.

»Mein Gott, Micherl, wie siehst denn du aus? – Der Josef is net da. Der joggt im Englischen Garten drüb'n. Kannst ihm entgegenlaufen, wenn du in dem Talar laufen kannst. Von der Veterinärstraße wird er heraufkommen.«

Langen Schrittes macht sich der Priester auf den Weg. Er fühlt die neugierigen Blicke der Studenten. Es sind vielleicht Kommilitoninnen der theologischen Fakultät darunter, künftige Religionslehrerinnen, die die Kindern den Glauben zeichnen lassen. Während er zum Monopterus wallet, sieht er etliche nackte Sonnenanbeter im Grase liegen. Was ist mit denen los? »Kaum sind sie meiner ansichtig, verstecken sie sich hinter den Büschen. Erkennen denn die durch mich, daß sie nackt sind? Das wär' ja etwas Unglaubhaftes. Ein komisches Wunder?«

Durch die Priester-Soutane erkennen sie, daß sie nackt sind. »Lieber Gott, das will ich nicht. Laß sie ruhig nackt in der Sonne liegen!«

Er bleibt stehen, sieht den plötzlich sich Schämenden nach. Er fragt sich, ob denn das Schamgefühl des Menschen nicht doch angeboren sei und in allen Religionen eine Tabu-Rolle spiele?

Da kommt auch schon sein Kommilitone in dunkelgrünem Trainingsanzug daher gelaufen. Kein Mensch erkennt in ihm einen Priester. Auch nicht der Stadtpfarrer von St. Ludwig. »Hallo, Sepp!«

Josef erhebt die gesenkten Augen und bleibt stehen. Er war nicht nur überrascht, er war geschockt. »Mike, Du? Wie kommst denn du daher?«

»Im priesterlichen Kleid. Wie es Jahrhunderte über der Brauch war. Vielleicht bin ich in diesem Kleid ein besserer Pfarrer? Ich hatte plötzlich eine Inspiration. Die Ahnengalerie meiner Vorgänger haben mich dazu angestiftet ...«

Der Jogger lachte lauthals und lief weiter. Pfarrer Steinbeiß versuchte nun mit ihm Schritt zu halten, so gut es die Soutane zuließ. Da bemerkte auch der Freund die sich versteckenden Nackedeis. Sobald sie die Soutane Mikes gewahr werden, verstecken sie sich in den Büschen und hinter Bäumen. Andere schlüpfen schnell in ihre Hemden und Hosen. – Mike war die Ursache. Das stand für den Herrn Stadtpfarrer von St. Ludwig jetzt fest. Und er ging langsam und mit Respekt neben Mike her.

»Phantastisch! Das sind doch alles moderne Menschen? Nicht zuletzt aus meiner Pfarrei. Wie verhext! Komm, Sophie muß uns einen Kaffee machen. Ich bin erschüttert. Aber in so eine Soutane schlüpfe ich nicht.«

Die Diskussion über die abgelegte Pfarreruniform war lebhaft und immer wieder durch ein »Verrückt! Total verrückt« unterstrichen. Für Michael war es vielleicht eine endlich gefundene Innovation der Verkündigung. »Ich weiß nicht Michael, das Gewand ist ein bißchen unheimlich«, meinte die Haushälterin Sophie. Er verabschiedete endlich sich von seinem Freund, denn es dämmerte schon und er hatte eine gute Stunde zu chauffieren. Er bemerkte, daß selbst durch die Autofenster die Soutane anderen Autofahrern auffiel. Besonders vor den Ampeln und dort, wo es einen Stau gab. Zum Beispiel ist an der Zweibrückenstraße eine Engstelle. Pfarrer Steinbeiß will sich an die Reißverschluß-Vorschrift halten, aber die Frau im großen Wagen neben ihm gibt ihm ein Zeichen zur Vorfahrt. Ihre Geste verrät den Respekt vor der priesterlichen Kleidung. Mit beiden Händen deutet sie ihm die Vorfahrt. Als wollte sie sagen: Bittschön, Hochwürden, nach Ihnen. –

Kurz vor der Autobahneinfahrt hat es eben »gekracht«. Die beiden Kontrahenten sind wütend ausgestiegen und brüllen sich an: »Idiot, blöder!« – und: »Ich werde Sie anzeigen, Sie Dummkopf.« Das waren die harmlosesten Schimpfworte, die sie sich gegeseitig an den Kopf schleuderten. Es staute sich der nachfolgende Verkehr. Wegen eines leichten Kratzers! Der Stadtpfarrer von Kirchberg, den beiden Kontrahenten am nächsten, stieg aus und wollte die Kampfhähne zur Vernunft bringen. Er brauchte dazu aber nicht einmal den Mund auftun. Kaum sahen die Wütenden das priesterliche Kleid, stellten sie die gegenseitigen Beschuldigungen ein. »Pardon, Hochwürden, ich war erregt. Ich nehme den blöden Hund zurück. Es ist wirklich nichts passiert. Den kleinen Kratzer verkrafte ich. Ich fahre weiter.«

»Nein, nein, geben Sie mir Ihre Adresse, ich will mich an dem Schaden beteiligen. Halten Sie bitte an der nächsten Tankstelle! – Danke.«

Die Straße war frei. Der Priester wurde noch nachdenklicher. Ich hab kein Wort gesprochen und die beiden haben sich versöhnt. Durch mein bloßes Dazwischentreten. Nicht durch mich, mein Gott, durch meine Kleidung. »Entschuldigung, es ist ja Deine Kleidung! – Zweites Buch Moses, 28. Kapitel. Pfarrer Praschberger, diese Soutane wird mir unheimlich. Du hast mich auf die verrückte Idee gebracht! Wahrscheinlich haben wir nun wirklich die von vielen Dogmatikern seit langem gesuchte Innovation in der Verkündigung?«

Daheim setzte er sich auf die Treppe unter das Bild des Distrikts-Schulinspektors und redete mit seinem Vorvorgänger. »Du hast mir die Soutane aufgeschwätzt. Was auch immer noch passieren mag, geht alles auf dein Konto. Nicht auf meines.«

Gottseidank war es in Kirchberg bereits dunkel gewesen. Es hatte ihn niemand von der Garage in den Pfarrhof gehen sehen. Er schlüpfte umständlich aus dem altmodischen Gewand und legte sich ins Bett. Halt, er erhob sich wieder und kniete sich – im Schlafanzug – auf den uralten Betschemel unter dem Kruzifix, neben dem Stehpult mit der großen Bibel. Er war kaum fähig, ein Abendgebet zu sprechen. In der Bibel war ja noch das zweite Buch Moses aufgeschlagen. Er las die Stelle noch einmal, kniete sich wieder auf den Betstuhl. Es war schon elf Uhr, als er endlich zu Bette ging.

Um viertel vor neun Uhr hatte er schon Firmunterricht zu erteilen. In der Küche, beim Teetrinken, trug er wieder seine Jeans und den Pullover. Als ob nichts gewesen wäre. »Möglicherweise gestattet das Ordinariat gar keine Soutane?« – Er rannte zum Telefon, wählte aus dem Telefonbuch eine lange Nummer. Die Ordinariatstelefonschwester meldete sich.

»Hier spricht der neue Stadtpfarrer von St. Georg in Kirchberg. Mir ist etwas äußerst Merkwürdiges passiert, Schwester, ich möchte bitte den Herrn Domkapitular Unverdorben sprechen – oder noch besser gleich den Herrn Generalvikar, wenn es möglich wäre, bitte!«

»Ich verbinde sie.« – Der Generalvikar meldete sich. Ein Glücksfall, den er nicht vermutet hatte. – Er kam ins Stottern.

Die Hauptsache doch konnte sich der hohe Herr zusammen-
reimen.

»Hm. Eine Soutane haben sie? – Hm. Waren sie denn nicht
zufrieden, daß wir diese umständliche uniforme Kleidung
vergessen haben? – Heute, im Zeitalter des Laienapostolates?
Die Kirche gilt zwar immer noch ein bißchen als Sakrament.
Aber die Laien sind auch eine Art Priester. Wollen wir uns
doch nicht schon rein äußerlich durch diese auffällige Kleidung von ihnen entfernen! – Nein, nein, ich will Ihnen das
Museumsstück nicht verbieten. Sie können sich kleiden, wie
sie wollen. Nur anständig muß es halt sein. Meinetwegen also,
lieber Mitbruder, tragen Sie die Soutane, so lange bis sie ihrer
überdrüssig geworden sind. – Hm? Ein Sonderling.« Der Herr
Generalvikar hatte aufgelegt. Aber den »Sonderling« hat
Michael Steinbeiß noch gehört. Ein solcher wollte er nicht
sein. – Dennoch zog er sich um und schlüpfte wieder in seine
Soutane. Die Jeans darunter ließ er an. Diese einfachen
Hosenbeine konnte man unter dieser Priesterkleidung nicht
sehen. Auch nicht vermuten.

»Nur Gott, der ins Innere sieht, wird von dieser Jeder-
mannshose unserer Welt Notiz nehmen.« Eine zweite Tasse
Pfefferminztee trank er bereits in der Soutane. Er lächelte. Was
würden die störrischen Fimlinge dazu sagen?

Er ging erst in die Kirche, machte vor dem Tabernakel eine
großartige, tiefe Kniebeuge. Ja, er kniete etliche Sekunden lang
auf der ersten Altarstufe. Eine Doxologie, ein Ehre sei dem Vater, lang. Er hatte eine Freude an diesem geistlichen Kostüm.
Er wußte plötzlich, daß seine Bewegungen Würde und Frömmigkeit ausstrahlen. Als ob er ein römischer Prälat aus dem
19. Jahrhundert sei, ist er sich vorgekommen. Dann ging er in
die Sakristei, wo die Mesnerin eben den Fußboden zusam-
menwischte. Sie erschrak nicht wenig. »Ja, was ist denn heut
los? Herr Stadtpfarrer?«

»Legen wir die Albe und dann das grüne Meßgewand an,
ich will am Hochaltar eine *Missa privata* halten. In lateinischer
Sprache. Holen Sie Ihren Mann, der kann noch etwas
lateinisch ministrieren.«

Mit dem Mesner sind noch etliche Leute gekommen, denn die Mesnerin hat die Geschichte von der Soutane gleich herumerzählt. Vom Elisabethinum kamen sieben Personen. Aus der Nachbarschaft liefen bis zur Wandlung an die fünfzehn zusammen. Der alte Mesner hatte beim Ministrieren eine Freud. »Habemus ad Dominum«, antwortete er dem feierlichen »Sursum corda!«

Selbstbewußt, als hätte es kein zweites Vaticanum gegeben – überschritt er in der wallenden Soutane den Stadtplatz und näherte sich der Schule. Viele Kinder tollten bereits auf den Weg zur Schule. Ein Bub rempelte versehentlich die dunkle Priestergestalt an. Er war baff. Allen verschlug es die Stimme. Die älteren Lehrer grüßten ihn mit Hochachtung, verneigten sich sogar. Die jüngeren Lehrkräfte standen einfach wie gelähmt da oder schüttelten die Köpfe. Dann erst der Unterricht bei den Firmlingen! Die Buben und Mädchen benahmen sich mustergültig. Alle blieben auf ihren Plätzen sitzen und redeten nur wenn sie gefragt wurden. Es war allerdings schade, daß sie immer wieder sagen mußten: »Entschuldigung, das weiß ich nicht.«

Dann sprach er über die dritte Person Gottes, über den Hauch der Liebe, den uns dieser Geist bei der Firmung einhauchen würde. »Auf daß jedes von euch glücklich wird.«

»Ich werde sie euch aufzählen, die sieben Gaben des Heiligen Geistes: Den Geist des Verstandes und der Weisheit, des guten Rates und den Geist der Stärke. Selbstverständlich dürfen wir den guten Geist der Wahrheit nicht vergessen und nicht den Geist der Frömmigkeit und der Gottesfurcht. – Ich tu mich selber hart, alle sieben Gaben des Heiligen Geistes zusammenzubringen. Seit fünfzig Jahren hatte man ihrer entraten. Ich selbst bin erst achtunddreißig.«

Er erzählte den Kindern über jede Gabe eine Geschichte. Hernach wußten fast alle Schüler dieser unaufmerksamen Klasse die Gabenzahl des Tröstergeistes. Sie konnten sie aufzählen, wie die Kinder vor hundert Jahren es gekonnt hatten.

»Wegen meiner Soutane? Es freut mich zwar, lieber Gott, aber ich kann das kaum mehr ertragen, denn diese Unter-

richtsstunde eben war ein Wunder.« So stöhnte er innerlich, während er erhobenen Hauptes der Metzgerei zuschritt, um sich einen warmen Leberkäs zu kaufen. Es wurde schier ein Spießrutenlaufen. War der Stadtplatz um die Zeit menschenleer gewesen, heute drängten sich die Leut, hatten etwas zu besorgen, sahen zu den Fenstern heraus. Alle wollten den Pfarrer in der priesterlichen Kleidung sehen. Auf der Straße, an der Ampel, auf dem Platz.

Es hatte sich in Windeseile herumgesprochen. »Unser neuer Stadtpfarrer kommt daher wie ein Bischof. Im Talar! Der ist etwas Besseres. Wahrscheinlich ein Monsignore!« – »Ein was?« – »Ein Monsignore! Trotz seiner 35 Jahre ein angehender Weihbischof. Da drauf geh ich jede Wette ein.«

So haben sie sich es gegenseitig erzählt. Und nun wollten sie ihn sehen. Sie wußten plötzlich auch, daß er heut, an einem gewöhnlichen Werktag schon eine Messe gelesen hatte und jetzt in der Schule sei. »Natürlich, Wastl, den schaugn mir uns an!«

Im Metzgerladen stellte er sich unter die wartenden brotzeitmachenden Handwerker. Aber da stand er nicht lange. »Gehen'S doch vor, Herr Stadtpfarrer! Sie brauchen Ihnen net anstelln!«

Er beharrte darauf. Da schwiegen sie und es stellten sich die Vorderen hinten an. So daß er gleich vor die Frau Metzgerin gekommen ist. Die wußte schon von der Titulatur »Monsignore« und sagte: »Hundert Gramm, aufgeschnitten, a Semmel und an süaßn Senf. Laßn Sie Ihnen den Leberkäs schmecken, Herr Monsignore! Drei Mark achtzge.«

»Man sagt nicht Herr Monsignore, sondern nur Monsignore«, belehrte eine Lehrerin die Metzgerin. Michael Steinbeiß aß an einem Stehtisch seine Portion warmen Leberkäs. »Entschuldigens, Monsignore, wenn ich, ein gewöhnlicher Maurer, wenn ich Ihnen was sag: Dös gfallt mir, daß sie mit dem Bischofsgwand unter die Leut gehen. Da weiß man glei' dös is a Pfarrer. Gfallt mir. Indem wir Maurer ja auch von jedem gleich als Maurer erkennt werdn. Wie die Rauchfangkehrer aa.« – Wie zufällig stellte sich ein Kaminkehrer neben den

Herrn Stadtpfarrer und aß auch seinen warmen Leberkäs. Er nickte beifällig und sagte dann zum Geistlichen Herrn: »Stimmt. Mir gfallt dös aa.« Dann setzte er leiser hinzu: »Und den kommenden Sonntag geh ich wieder in die Kirch.«

Tatsächlich, den kommenden Sonntagsgottesdienst war die Stadtpfarrkirche St. Georg voller Leut. Wie schon dreißig Jahre nicht mehr. Die Orgel brauste und der Kirchenchor mit kleinem Orchester sang eine *Missa Brevis* von Mozart. Die kirchenmusikalischen Leut sind von selber gekommen. So etwas haben sie in Kirchberg schon Jahre nicht mehr gehört. »Dös is alles unser Monsignore. Predigen kann er aa net schlecht. Kurz und bündig und gschwind. Er ist kein langsamer Pater wie sein Vorgänger. Das meiste singt er auf Lateinisch. Dös geht schneller und taugt uns.«

Michel Steinbeiß war voller Staunen und Zweifel. Er drohte dem Porträt seines Vorgängers Franz Xaver Praschberger mit dem Zeigefinger. »Wenn das ein Wunder ist, dann bist du dran schuld, du allein. Denn so etwas geht im Jahre 1999 nicht mit rechten Dingen zu. Oder steckt gar der ...?«

Er wollte schon treppauf in seine Studierstube eilen, da hörte er den Herrn Dekan und Schulinspektor ihm nachrufen: »Na, na, der steckt net dahinter. Es is schon a Wunder!«

»Hm? Wie kann denn durch mich ein Wunder geschehen? – Nicht durch mich, durch dieses heilige, priesterliche Kleid.« – Er ging auf und ab, war voller Unruhe, zog die Soutane aus und warf sich in Jeans auf das Bett. »Wahrscheinlich habe ich alles nur geträumt? Es ist ein Zaubergewand!«

Aber da hing die Soutane über dem Betschemel. Er erhob sich, ging hin, drehte sie um, roch am Ärmel, hängte sie wieder über den Betschemel und kratzte sich hinterm Ohr. Dann rief er laut: »Schluß. Ich ziehe dieses unheimliche Gewand nicht mehr an.« Da klingelte es unten an der Haustüre. Er wollte schon in Jeans hinunter gehen. Da kam er geschwind zurück und schlüpfte doch in das priesterliche Gewand. Es klingelte zum zweiten Mal. Diesmal etwas heftiger.

»Ich komme«, rief er und eilte die Treppe hinab, an der Ahnengalerie seiner Vorgänger vorbei, die ihn alle verdächtig

musterten, wie ihm schien. »Jetzt bist du einer von uns.« Einbildung. Das sind alle stumme Fotografien. Er öffnete die Haustür. Drei Damen begehrten Einlaß.

»Entschuldigen Sie, Herr Pfarrer. Wir sind alle drei vom Pfarrausschuß. Die Frau Hilde, die Veronika, eine ehemalige Nonne und meine Wenigkeit, Irmgard Hösl.«

Er bat sie einzutreten und führte sie in den alten Pfarrsalon, in die beste Stube des Hauses, in der er nichts verändert hatte. »Bitte meine Damen, nehmen Sie Platz. Ich kann Ihnen ein Gläschen Klosterlikör anbieten.« Er entnahm einem Schrank die Likörgläser und einem anderen die Flasche Likör.

»Danke, Herr Pfarrer, mir nicht«, wehrte die einstige Klosterfrau ab. Der Pfarrer schenkte ein.

»Wir sind gekommen wegen Ihrer Soutane.«

»Trinken wir erst einen Schluck, dann spricht es sich leichter«, sagte Michael Steinbeiß und hob sein Glas. Frau Hilde und Frau Hösl tranken mit dem Stadtpfarrer. Frau Veronika aber ergriff kritisch das Wort. »Herr Stadtpfarrer, der Kirchenrat ist mit Ihrer Soutane nicht einverstanden. Es war schon Jahre vor dem Konzil nicht mehr üblich, daß die Geistlichen sich so kleideten. Das Meßgewand genügt. In Zivil soll der Priester zivil erscheinen. Mit Ihrer Soutane machen Sie sich und uns und die ganze Stadt lächerlich.«

»Das ist auch unsere Meinung, der Pfarrausschuß hat sich mit wenigen Stimmen in großer Mehrheit gegen diese Soutane ausgesprochen.«

Frau Hilde fügte hinzu: »Die zwei Gegenstimmen kamen ausgerechnet von den beiden jüngsten Mitgliedern im Ausschuß.«

»Die haben nur zum Gaudium dagegengestimmt«, setzte Frau Veronika dazu.

»Zum Gaudium? Das freut mich. Gerade in der Soutane will ich tolerant sein. Das waren nämlich die früheren Soutanenträger oft nicht gewesen. Durch ihre klerikale Intoleranz sind wir ja alle so ungläubig geworden. Will sagen: Die Menschheit braucht heutzutage keinen Herrgott mehr. Es geht ihnen

auch so gut. Ausgenommen sind immer die Kranken und die über die Maßen Notleidenden. Auch die Heimatlosen. Aber auch die von der ungerechten Gesellschaft ausgebeuteten Steuerzahler. Nein, nein, meine Damen, ich fühle mich als künftiger Soutanenträger in einer wieder katholischen Kirche. Das ist meine Innovation. Ich will weder den Atheisten noch den Notleidenden ein Ärgernis geben, sondern zeigen, daß mein heiliges Priesterkleid die Menschen an den lieben Gott erinnern möge. Auch auf der Straße. Mit Ihrer atheistischen Frömmigkeit gesagt: An die Liebe überhaupt. Ich weiß es selber nicht genau. Doch wahrscheinlich ist es für unsere profane Welt gut, wahr und schön, eine Soutane zu sehen. Unerklärbar, auf mystische Weise, erweckt mein priesterliches Kleid im schlimmsten Menschen ein bißchen Ordnung und Liebe. Sogar unter den Schülern! Und das ist ein Wunder. Ich wundere mich sowieso.«

Noch nie hat sich Michael so gescheit reden hören. Voll Nervosität reichte er den Damen ein Salbei aus einem Päckchen, das er aus der rückwärtigen Tasche seiner Soutane hervorgeholt hatte. Solche Lutschbonbons trug er immer bei sich. Er war ja ein Nichtraucher. Er sagte es und fügte hinzu: »Eine krank machende Zigarette paßt zu einem Soutanenträger nicht.«

Die Damen griffen zu, zeigten sich aber von seinen theologischen Ausführungen nicht überzeugt. Sie verstanden ihn nicht.

»Der Glaube hat mit der Kleidung nichts zu tun«, entgegnete lutschend die laiisierte Klosterschwester. »Wir wollen keine Zauberer und Fetischisten mehr sehen in den Pfarrhöfen.« – Und Frau Hösl setzte sie noch übertrumpfend hinzu: »Wir wollen keinen Finstermann zum Priester, sondern einen uns gleichgestellten Freund.« »Mit einem Satz: Die Menschheit will keinen Gott mehr, der so auffallend kostümierte Priester braucht. Die Soutanenträger haben uns den Glauben genommen!«

Einen Augenblick war Michael jetzt sprachlos. Woher haben denn diese Damen des Pfarrausschusses diese liberalen, postkonziliaren Schlagworte aufgeschnappt? – Doch nicht von

seinem Vorgänger, dem eben verstorbenen Geistlichen Herrn Rat? Gewiß sind sie in die kleine Stadt Kirchberg aus der Großstadt zugezogen!

»Kommen sie von der Pfarrei St. Heinrich oder aus Wiederkunft des Herrn?«

Frau Veronika klärte ihn auf: »Wir gehören dem Bibelkreis eines Theologieprofessors an, der hier eine Zweitwohnung hat. Und der sagt über Ihre Soutane noch ganz anderes! Und er ist ein Freund des Weihbischofs! Und des Direktors der Akademie.«

»Was denn? Glaubt er, ich trage sie aus Eitelkeit?«

»Nein. Sie kommt ihm vor wie die Trauerkleidung wegen des verstorbenen Gottes. In dieser unserer computergesteuerten Medienwelt ist Gott nämlich tot. Priester mit solchen Soutanen kommen nur noch in altbayrischen Bauernkomödien vor. – Drum bitten wir Sie herzlich, legen Sie die ärgerniserregende Soutane wieder ab!«

»Dem ist nichts mehr hinzuzufügen. Wir danken für die Unterhaltung!« Die Damen verabschiedeten sich und ließen Michael allein in seinem Pfarrhof. Seltsamerweise war er frohen Herzens, setzte sich gar an die alte Hausorgel und intonierte ein paar Takte des *Te Deums laudamus te.*

Ein Reaktionär will er nicht sein. Wenn die Leute wieder etwas mehr in die Kirche gehen, so ist das doch nicht reaktionär. Oder doch? – Wollen denn die gescheiten Theologen der Moderne nur noch die Pfarrpfründen verwaltet wissen? Nein, er wird die Soutane nicht ausziehen. Sie hat ihm bereits überraschenden Erfolg gebracht.

Theologieprofessoren sind keine Seelsorger, sie wissen nicht, wie schön der seelsorgerische Erfolg sein kann. Liebe hin, Liebe her, wenn die Leut zueinander wieder etwas freundlicher, aufmerksamer und geduldiger werden, dann genügen mir die »faktischen Heilstatsachen« einer theologischen Anthropologie. Dann mag der »Sprung aus dem Gottesreich des Relativen ins Absolute führen!« Oder so ähnlich.

Keine Ahnung haben die Hochgelehrten von der Seelsorge. Keine Ahnung davon wie wunderbar es ist, als Seelsorger in

einer heutigen Pfarrei einmal Erfolg zu haben. Eine überfüllte Kirche am Sonntag. Und sei es nur mit diesem Kostüm des Herrn, das in der Dogmatik nicht vorkommt.

Nachmittags hielt er – und wenn sie auch noch für so wertlos erklärt wurde – eine Rosenkranzandacht. Mit der marianischen Schlußoration: »Oremus, Deus qui per immaculatam Virginis Conceptionem ...« »Niemand hatte ein Wort verstanden, auch nicht der achtundachtzigjährige Professor Augustinus Pollinger aus dem Altersheim. Und war der doch zeitlebens Gymnasiallehrer für Latein, Griechisch und germanistische Fächer gewesen. Er war schwerhörig. Stadtpfarrer Michael Steinbeiß mußte sich wundern, daß ihm das Kirchenlateinische so flott über die Lippen ging wie weiland seinem seligen Vorvorgänger, dem Dekan Franziskus Xaverius Praschberger.

Im Pfarrarchiv, im Gewölbe des Kellergeschosses, fand er das Tagebuch Dekan Praschbergers. Er blätterte darin und las mit Neugierde: Gestern beim alten Schloßbenefiziaten schon wieder gebeichtet. Er lächelte und steckte das Büchl ein.

Am darauffolgenden Montag waren die Kinder aufmerksam und lernbegierig wie Novizen eines Benediktinerklosters vor hundert Jahren. Sie verstiegen sich zu ergreifenden Heilig-Geistvisionen. Die kleine Fränzi antwortete promt auf die Frage: »Der Heilige Geist hat den Evangelisten die heiligen Evangelien diktiert und der Heilige Geist diktiert auch den Päpsten durch die Jahrhunderte die Glaubenswahrheiten. Nun, in welcher Sprache? – Wer glaubt es zu wissen? In welcher Sprache spricht der Heilige Geist? Ja, sag's Thomas!«

»In Latein«, rief der Bub, nachdem er aufgestanden war.

»Nein, Thomas. Schön wär's ja, denn Latein begreifen viele Katholiken. Auch heute noch.«

Da erhob sich die kleine Fränzi und sagte: »Die Sprache des Heiligen Geistes ist die Liebe.«

Der Stadtpfarrer war gerührt. »Ja, Fränzi. Die Sprache des Heiligen Geistes ist die Liebe. Auch die Liebe zwischen zwei Leuten, die sich gar nicht mehr mögen. Auch die Liebe zwischen Muselmann und Protestant oder Katholik und die zwischen christlichen Atheisten und Juden.«

Das wird einmal eine beglückende Firmung, dachte er auf dem Weg in die Metzgerei zu seinem warmen Leberkäs. Der ganze Laden rief wie aus einem Munde: »Grüß Gott, Monsignore!« – Er bekam an sein Stehtischchen sofort eine Portion Leberkäs mit süßem Senf, aufgeschnitten, samt Semmel. Der angesehene Baulöwe Zirngibl mußte anstehen. Er war gekommen, um den Monsignore zu treffen.

Der begnadete Unternehmer nahm an des Pfarrers Tischchen seinen Stehplatz ein. »Morgen, Monsignore! – Daß ich es nicht vergesse: Das von neulich, wo Sie für die Frau Ferger sich eingesetzt haben, geht in Ordnung. Die Witwe bekommt eine andere Wohnung während der Bauzeit. Zum halben Preis sogar. Ich zahle also Ihretwegen schwer drauf. Fast vierhundert Mark im Monat. Sie ist mit ihren drei Kindern noch gar nicht übel. – Lassen's Ihnen den Leberkäs schmecken! – Für die vierhundert Mark im Monat, die ich mit Ihrer Witwe Ferger draufzahle, dafür möchte ich einmal ein besonderes angenehmes Plätzchen im Himmel! – So. Und jetzt trinken wir miteinander noch eine Halbe Bier. Und rauchen ein Zigarettl.«

Der Stadtpfarrer von St. Georg stieß freundlich mit dem Herrn Zirngibl an, nahm aber keine Zigarette, sondern bot dem Baulöwen ein Salbei an. »Danke, Herr Zirngibl. Ich habe Frau Ferger vorübergehend auch den Pfarrhof als Wohnung angeboten.«

»Kommt nicht in Frage, Monsignore. Wir haben ihr bereits umziehen helfen.«

Vor dem Pfarrhof wartete Frau Ferger mit ihren drei Kindern mit einen Blumenstrauß. Die junge Witwe bedankte sich herzlich und bot sich mindestens einmal wöchentlich als Zugehfrau an. »Ohne Ihre Fürsprache, Monsignore, hätte der alte Geizkragen mir niemals eine so schöne Wohnung angeboten. Auch sehr zentral. Dort drüben, Monsignore, gleich hinter Ihrem Pfarrhof.«

Obschon sich bereits die Frau Mesnerin um den Pfarrhof kümmerte, durfte Frau Ferger seine Wäsche besorgen. »Aber, liebe Frau Ferger, ich hab so wenig Wäsch, daß Sie höchstens alle vierzehn Tag' zum Waschen kommen brauchen. Die mo-

dernsten Waschmaschinen sind im Keller. Schöne Blumen! Ich danke Ihnen. Aber nur gegen Bezahlung.« Er drückte ihr die Hand und verschwand im Pfarrhof.

Michael stieg die Treppe hinauf und drohte dem Dekan Franziskus Xaverius mit dem Zeigefinger. »Herr Dekan, Herr Dekan, auch im Jahre 1999 haben wir noch den Zölibat.«

Da er sich schon seinem Schlafzimmer näherte, hörte er den Dekan Praschberger aus seiner Fotografie heraus sagen: »Ja, meinst ich bin nie schwach geworden?«

Das Telefon klingelte. Die Soutane hing schon am Kleiderhaken an der Tür. Hemdärmelig und in Jeans, nahm er das Gespräch entgegen. Es war der Stadtanzeiger. Der Redakteur meinte, es sei höchste Zeit für ein Interview, zumal er nur erst drei Wochen in Kirchberg amtiere und die Kirche jeden Sonntag gesteckt voller Gläubiger sei. Vergleichbares könne man in der ganzen Erzdiözese kein zweitesmal antreffen. Der Anzeiger möchte ihn, den Herrn Stadtpfarrer, nach der Ursache dieses unwahrscheinlichen Erfolges fragen.

Der Termin des Interviews wurde ausgemacht. Der Redakteur hatte einen Fotografen dabei. Steinbeiß mußte sich vor dem Pfarrhof, vor der Kirche und vor der Metzgerei mit dem Rauchfangkehrer ablichten lassen.

Der Artikel zog sich über zwei Seiten hin und erregte ein unglaubliches Aufsehen, zumal der Anzeiger in allen angeschlossenen Zeitungen ganz Ostbayerns erschienen war.

Die Lawine der Popularität war losgetreten. Das Regionalfernsehen kam, drei Rundfunkprogramme, zwei Illustrierte, sogar die Kirchenzeitung der Erzdiözese! Und die »Öffentlich-Rechtlichen« brachten zehnminütige Filmberichte über den »neuen Pfarrer von Ars in der Stadt Kirchberg.« Über »Das Wunder einer kleinen Stadt« und mit dem Titel: »Pfarrer Steinbeiß kämpft mit einer Soutane gegen den Atheismus an.« An dem Sonntag, da das Fernsehen drehte, war die große Kirche von St. Georg zu klein.

Das Telefon klingelte von jetzt an die Stunde dreimal. Gott sei Dank war das Pfarrbüro vorgeschaltet. In diesem Büro saß werktags Fräulein Heller, die sehr stolz auf ihren Stadtpfarrer

war. Meistens sagte sie: »Der Herr Stadtpfarrer darf jetzt nicht gestört werden. Er betet sein Brevier.« – »Sein was?« »Sein tägliches Brevier. Und das in Latein.«

Ab und zu titulierte sie ihren Herrn auch, wie es die ganze Stadt tat, mit »Monsignore.« Versehentlich tat sie das auch, als der Herr Generalvikar anrief. Der ärgerte sich sehr über die »angemaßte Titulatur.«

Gott sei Dank passierte ihr das nicht, als der Herr Bischof sich am Apparat gemeldet hatte. Sie stellte das Gespräch sofort durch, aber am Apparat meldete sich die Frau Ferger. Mußte denn die heut schon wieder sich um Monsignores Wäsche kümmern? Der Fräulein Heller stieg ein eifernder Verdacht auf. Sie stellte den Bischof durch. Die Überraschung können Sie sich vorstellen.

»Mit wem spreche ich denn?« fragte der Bischof.

»Oh, entschuldigen Sie, Herr Bischof, ich bin die rechte Hand von Monsignore. Ich tippe seine Reden und Predigten, kümmere mich aber auch um seine Wäsche. Ich bin Witwe und er hat sich für mich eingesetzt. Ich bin ihm sehr, sehr dankbar.« Sie war aufgeregt. Noch nie hatte sie so dahergeredet, hatte sich immer in der Gewalt, wollte nie in den Verdacht einer Zölibatesse kommen. Und jetzt diese Geschwätzigkeit!

»So, so, wie ist denn Ihr Name?« – »Ferger, Frau Ingrid Ferger. Ich bin dreiunddreißig und Witwe.«

»So, so! Eine Haushälterin hat mindestens zweiundvierzig Jahre alt zu sein.«

»Werde ich auch noch, Exzellenz!«

»Nun, wie dem auch sei, Frau Ingrid, sagen Sie dem Herrn Stadtpfarrer von Kirchberg, daß ich bald, vielleicht schon nächste Woche, ihn besuchen werde. Gewissermaßen dienstlich und zu einer geheimen Visitation.«

Der hohe Herr beendete das Gespräch. In dem Augenblick trat Michael ins kombinierte Schlaf-Arbeitszimmer. Er war bestens aufgelegt, sang gar das Schlußamen aus Mozarts jubilierender Krönungsmesse: »A-a a amen!« Umarmte die immer noch am Telefon stehende Frau Ferger, küßte sie gar und sprudelte dann heraus: »Die Stadträte haben sich eben versöhnt!«

»Interessant. Erzählen sie!«

Der Stadtpfarrer Steinbeiß war vom Magistrat vorgeladen worden wegen der ausgemessenen zwei Hektar Wiesenfläche aus der Stadtpfarr-Pfründe, die für eine dringend benötigte Umgehungsstraße gebraucht wurden. Seit zehn, was sag ich, seit dreißig Jahren wollte Kirchberg eine Umgehungsstraße. Die Pfarrpfründe hatte sich zu dem Objekt unter den »üblichen Bedingungen für Kirchengrundveräußerungen« stets bereit erklärt. Aber das hatte nie genügt. Es waren noch vier Grundstückseigner gefragt. Und diese machten erhebliche Schwierigkeiten. Vielleicht hatten drei von ihnen auch ganz andere Preisvorstellungen. Einer, noch dazu ein Stadtrat, wollte unter keinen Umständen verkaufen. »Nicht um eine Million.« Er war der Baulöwe.

Dann sind noch die »Grünen« dazugekommen. Das Objekt war mit enorm explosivem Sprengstoff geladen. Bei einer Sitzung vor sechzehn Jahren zu dem gleichen Thema hatte einer der Herren vom Magistrat einem Opponenten sogar den Daumen abgebissen. Heiraten wurden vereitelt, eine Ehe geschieden und ein Stadtrat ist während einer Umgehungsstraßen-Sitzung sogar von einem Herzschlag getroffen worden. Das hat das Objekt jeweils um Jahre verzögert.

Jetzt, zu der Sitzung, da die Grundstückseigner alle geladen waren, ging der Streit wieder los. Obschon der Bürgermeister mittlerweile von den Söhnen der Besitzer mehr Einsicht vermutet hatte. Sie stellten sich nun alle als Naturschützer heraus und behaupteten, mit einer dritten und vierten Ampel könnte der Verkehr durch die Stadt mehr beruhigt werden. Vier weitere Straßenübergänge könnte man da bequem dazugewinnen.

Gerade schlugen die Wogen hoch wie zu Zeiten der Väter. »Net um eine Million!« Da betrat Monsignore das Ratszimmer der Stadt, präsentiert von jener Frau Betzwieser, die ihn vor drei Monaten so barsch abgewiesen hatte.

»Monsignore der Herr Stadtpfarrer«, rief sie zur Tür herein. Michael Steinbeiß, in seiner von Frau Ferger eben frisch gebügelten Soutane, hatte kaum auf der Bank der Geladenen Platz genommen, als alle Gegner verstummten. Man hätte

eine Stecknadel fallen hören. »Grüß Gott und herzlich willkommen, Monsignore Herr Stadtpfarrer«, begrüßte ihn der Bürgermeister. Und fuhr dann fort:»Nun, da plötzlich alle Anwesenden so still geworden sind, frage ich sie, Herr Praxenthaler, sind Sie einverstanden, daß über zwei Drittel Hektar Ihres Ackers die Umgehungsstraße gebaut werden darf?« – Der Mann stand auf und nickte mit dem Kopfe. »Dann unterschreiben Sie bitte! Hier.« Der Grundbesitzer ging zum Bürgermeister vor und unterschrieb.

»Natürlich unterschreib ich«, sagte er und unterzeichnete. Hinter ihm standen die beiden anderen Grundstückseigner. Sie wollten jetzt alle unterschreiben. Etliche Stadträte begannen zu klatschen.

Der Bürgermeister winkte dankend dem Stadtpfarrer zu, der sich ebenfalls eingereiht hatte. Michael Steinbeiß zuckte seine Schultern und faltete dann die Hände. Alle Stadträte in der Ratsstube klatschten nun kräftig Beifall. Heftige Kontrahenten reichten sich die Hände. Und der Herr Bürgermeister sagte:

»Meine Herrn Magistratsräte, wir können uns tatsächlich gratulieren. Ein dreißigjähriger komunalpolitischer Kampf ist heute ruhmreich zu Ende gegangen. Und obwohl wir wissen, daß wir das unserem Hochwürden Herrn Monsignore zu verdanken haben, glauben wir doch, daß nicht unser lieber Glaube allein, sondern auch die Einsicht über die Notwendigkeit dieser Umgehungsstraße gesiegt hat. Ich danke Ihnen. Die Sitzung ist beendet. Frau Betzwieser, bitte servieren Sie Sekt!«

Diese Szene ist dem bischöflichen Telefonat der Frau Ingrid unmittelbar vorausgegangen. Darum ist die Ausgelassenheit Michaels kein Wunder.

»A-A-Amen!« Sang er immer noch und umarmte Frau Ferger, küßte sie wieder. Wich dann aber sofort zurück. »Wenn ich sie so anschau, gnädige Frau, muß ich immer an das verdammte Zölibat denken. In solchen Augenblicken will ich die ganze Welt küssen.«

»Vielleicht haben Sie recht, Monsignore.« antwortete sie bescheiden. – »Und wie ich recht habe! Übrigens hat mir eben,

beim Heraufgehen, dieser Franziskus Xaverius Praschberger schon wieder zweideutig zugeblinzelt und hat dann eindeutig mir nachgerufen: »Bilden Sie sich nur nichts ein, lieber Mitbruder! Auch ich habe unter dem Zölibat gelitten und gestöhnt. – Hätte er bloß noch dazusetzen sollen: So will es der Herr. Dann hätte ich es ihm aber gegeben.«

Er wollte Frau Ferger wieder umarmen. Die aber entzog sich ihm und setzte sich wieder hinter die kleine Schreibmaschine. »Ich bin mit der Rede vor dem Ruralkapitel noch nicht fertig. Außerdem kann ich einen Satz überhaupt nicht lesen. Sie schreiben manchmal wie ein alter Doktor der Medizin.«

Schon steht er neben ihr, berührt mit seinem Kopf ihr Köpfchen und buchstabiert: »So zeigt meine Soutane, sehr innovativ, daß sogar das nachchristliche Jahrhundert noch der christlichen Tradition verhaftet ist. Auch wenn wir leiden müssen, sind wir für die Liebe gemacht. – Gott sei Dank! - Drum beten wir, heiliger Gott, allmächtiger Vater: Mittere digneris sanctum Angelum tuum de caelis, qui custodiat, foveat, protegat, visitet, atque defendat omnes habitantes in hoc habitaculo!« – Sie vollendet den Abschnitt: »Per Christum Dominum nostrum!« Er küßt ihre Wange. Sie tippt und sagt: »Schön.«

Da klingelt es an der Haustüre. Sie will gehen. »Nein, gnädige Frau, tippen Sie die wichtigen Sätze, ich mach schon auf.«

Da er die Fotografie Dekan Praschbergers passiert, wendet er sich mit erhobenem Zeigefinger diesem zu. »Du warst ein Schlimmer. Ich hab nämlich mittlerweile im Archiv herausgebracht – in deinem dort aufbewahrten Tagebuch, daß du eine Tochter hattest. Oder geglaubt hast, eine solche zu haben!«

»Hab ich dir doch gesagt: Der Zölibat hat mich auch gezwickt.«

Michael Steinbeiß mußte lachen. »Gezwickt?« – Er ging zur Haustüre. Da hörte er den Franziskus Xaverius nachrufen: »Aber geheiratet hab ich nicht.«

Michael winkte ab und öffnete die Haustür. Vor ihm stand Frau Petra. Er erschrak, trug er doch ihre Visitenkarte, völlig zerknittert, immer noch in der Hosentasche. »Sie sind es? Ich

habe die Ehre, gnädige Frau! Bitte, herein mit Ihnen! In den großen Pfarrsalon, wenn ich bitten darf!«

Sie setzte sich nicht gleich, sondern bestaunte den Herrn Stadtpfarrer in der Soutane. Dann nickte sie den Kopf und sprach: »Nicht schlecht. In dieser Soutane gefallen Sie mir besser als in Jeans, Monsignore.«

»Wirklich?« zweifelte Michael Steinbeiß. Und Petra antwortete prüfenden Blickes: »Ja, ja. Doch doch. – In der Soutane haben Sie mehr erotische Ausstrahlung als Sie ohnehin hatten. Viel mehr! Mit diesen 33 Knöpfen!«

»Ein Hauptgrund, weshalb ich sie trage«, scherzte der Pfarrer. Er bat sie nochmal, Platz zu nehmen und bot ihr einen Klosterlikör an.

»Trinke ich ganz gern. Auch wenn ich nicht vorhabe, ins Kloster zu gehen.« Sie setzte sich in ihrem verführerischen Minirock.

»Wer weiß das schon so genau im voraus, Frau Petra? Auch in dieser postmodernen Zeit kann uns die Gnade Gottes überraschen. Oder so ähnlich, Frau Petra. Ich zum Beispiel trage Ihre Karte immer noch mit mir herum.« Er zerrte sie aus der Hosentasche seiner Jeans. Mußte die Soutane umständlich hochheben.

Petra lächelte. »Sie tragen unter dem Talar Ihre Jeans? Hätt ich mir ja denken können.«

»Sehen Sie, ich habe sie so oft in der Hand gehalten, daß darauf nichts mehr zu lesen ist.«

Sie gab ihm eine neue. »Sie haben mich nie angerufen. Obwohl ich Sie darum direkt gebeten habe – damals im Stehcafé Mitterwieser. Sie brauchen mir gegenüber nicht schüchtern sein. – Ihr Zölibat tät uns beiden nichts.«

»Für eine Zölibatesse sind Sie zu schade. Sie sind eine Schönheit und werden plötzlich einen Mann nochmal heiraten wollen.«

»Nein, ich habe die Nase voll von der Ehe. Unauflöslich! Das gibt endlosen Streit. Manche sagen, gerade der Ehekrieg halte das Zusammenleben jung. Danke! Lieber ein Single oder zölibatär. Ist ohnehin dasselbe ...«

»Ist aber Schwarzarbeit ... Oder Diebstahl, Petra. Jedenfalls ist's nichts Ordentliches. Nun ja, ist unsere Welt ordentlich? Oder war sie es jemals gewesen?«

Sie trank ihren Likör aus und erhob sich: »Dann will ich heute noch kein Dieb sein in diesem frommen Haus. – Aber ich komme wieder, Monsignore.«

Er wollte ihr die Tür öffnen und küßte ihre Hand. »Herzlich gern, Frau Petra.«

»Sie brauchen keine Zeit vertun mir die Hand zu küssen, Monsignore! Sie dürfen mir nämlich gleich den Mund küssen.«

»Da sehen Sie, wie ungeschickt einen der Zölibat macht!« rief er und öffnete die Tür. Sie aber fiel ihm um den Hals, drückte sich an ihn und küßte seinen Mund. Er ließ es sich eine kurze Weile gefallen.

»Danke, gnädige Frau! Bitte verwirren Sie mich nicht noch mehr! Ich habe so viel Erfolg – als Pfarrer. Unglaublich viel Erfolg. Ich muß ein gesegneter Priester sein, hätte man vor dem Konzil gesagt. – Mein Gott, Petra, Sie haben mich verwirrt.«

»Also heute noch nicht. Aber das nächste Mal! – Danke! – Und Servus, Monsignore. Tschüss!« Sie ging langsam zur Haustür hinaus.

»Petra! Eine leibhaftige Versuchung? Wenn ich mit ihr auch noch sündige, wird mir zur Strafe der Erfolg genommen? Nein. Ich sündige überhaupt nicht mehr.« Er eilte wieder treppauf.

»Hab ich es nicht gesagt? Wer liebt, leidet. Besonders der Zölibatär!« Franziskus Xaverius Praschberger hatte ziemlich laut gesprochen. Fast geseufzt hatte er und dazu seine ineinandergelegten Hände gehoben und gesenkt. Michael stieg zu seinem Schlaf-Arbeitszimmer empor und dachte sich: Es sind alle Perioden schon da gewesen, Herr Professor Küng, die vergangenen, gegenwärtigen und zukünftig postchristlichen. Theologengezänk! Ich pfeife auf jede Paradigmendiskussion. Wir Priester sind uralte Zauberer. Und ohne Fetischismus gibt es keinen seelsorgerischen Erfolg.

Den kommenden Sonntag – St. Georg konnte die Katholiken kaum fassen, an den drei breiten Eingangstüren bildeten sich Trauben von Menschen – besuchte der Herr Stadtpfarrer

das städtische Volksfest. »Geht ein Pfarrer nicht ins Wirtshaus, gehen die Leut auch nicht in die Kirch«, ermunterte Dekan Praschberger seinen um hundert Jahre späteren Nachfolger. Michael hatte sich den Besuch des Bierzeltes schon vorgenommen. Selbstverständlich in der Soutane. Mochte sie auch ein paar Fett- und Bierflecken bekommen.

Zwei Maß wollte er trinken, drei sind es geworden. Er sollte in der Soutane dirigieren. Das hatte er abgelehnt. Dafür begrüßte ihn der Kapellmeister mit einem Tusch. Fünfhundert Menschen im Bierzelt klatschten. Etliche Mädchen und Frauen wollten von ihm ein Autogramm. Ältere Männer sprachen ihm ihre Anerkennung aus. Die Tischnachbarn versprachen ihm für den kommenden Sonntag ihren Besuch des Pfarrgottesdienstes.

Der Mayer Ludwig, ein stadtbekanntes Original und pensionierter Straßenkehrer, klopfte ihm kräftig auf die Schulter und schrie lauthals und schon etwas angetrunken: »Monsignore, du bist a Hund. – Jetzt gehn i aar amal in dein Predig'. Jawoihl! Obwohl i bereits zwanzg Jahr in keiner Kirch mehr drin war.«

Sogar der Chef der Liberalen wollte mit dem Monsignore anstoßen. Und der Vorstand des Pfarrgemeinderates grüßte ihn mit Hochachtung. Er versicherte ihm, wie nun der Ausschuß in seiner Mehrheit der Soutane positiv gegenüberstehe. Auch die drei Damen des Pfarrausschusses drückten ihm zustimmend die Hand. »Wir haben uns in Ihnen getäuscht!« Und Veronika stellte fest: »Sie steht Ihnen auch besonders gut.«

Er war berauscht. Allein schon von seinem ungeheuren »Erfolg.« Nicht nur von den drei Litern Bier. Aber er war doch froh, als ihn das Mesnerehepaar heimbegleitet hat. »Kommen's Monsignore, gehen wir heim!« Sie nehmen ihn in die Mitte. »Wissen Sie, Hochwürden«, bekennt der Mesner, da sie die Festwiese verlassen und die friedliche Stadt vor ihnen liegt. »Wissen's, ich kann auch nur noch eine Maß vertragen.« – »Früher haben ihm drei nicht gelangt. So ein Saufaus ist er gewesen.«

Berauscht, beinahe angetrunken, setzte er sich unter die Fotografie von Franz Xaverius Praschberger. »Jetzt hab ich einen Rausch, Herr Dekan, und meine Pfarrkinder mögen mich trotzdem. Das ist ein seelsorgerischer Erfolg, eine echte pastorale Innovation. Vielleicht sogar eine dogmatische. Ich bin angetrunken, Herr Dekan, weil ich im Rufe der Heiligkeit stehe. Und aber durchaus kein Heiliger sein will. Nur deshalb bin ich auf das Volksfest gegangen. Es soll sich herumsprechen, daß ich drei Maß Bier getrunken hab. Vielleicht werde ich dann diesen schrecklichen Ruf wieder los, daß ich im Rufe der Heiligkeit stehe. Heilige nämlich betrinken sich nicht.«

Dekan Praschberger verzog keine Miene. Nicht einmal geblinzelt hat er. Er blieb der respektvolle Dekan und Distrikts-Schulinspektor in der Fotografie. »Schade, Hochwürden, daß wir heute nicht ins Gespräch gekommen sind!« – Michael Steinbeiß stapfte die Treppe hinauf, schloß sich in sein großes Arbeits-Schlafzimmer ein und kniete sich zum Abendgebet auf die mehr als zweihundertjährige barocke Kniebank. Die Theologen vieler Jahrhunderte waren in seinem Pfarrhof beisammen. Dann schaltete er den Fernsehapparat ein und setzte sich – in der Soutane – vor diesen Apparat in einen bequemen Fernsehsessel. – »Sehen Sie, meine hochgelehrten Herren Fundamentalisten und Professoren der Akademien, in St. Georg in Kirchberg hat unsere Kirche noch eine Zukunft!« Es lief gerade ein dialogloser Actionkrimi. Monsignore schliefen im Fernsehsessel ein. Seine letzten verständlichen, Worte waren: »ich fürchte mich nicht vor dem atheistischen Morgen.« Dann begann er zu schnarchen. Am anderen Morgen, früh um sieben Uhr sang er ein Amt für den verstorbenen Kaufmann Wimmer. Da tauchte plötzlich unter den zahlreich erschienen Gläubigen ein unauffälliger Herr in dunklem Trachtenanzug auf. Er trug dazu ein weißes Hemd mit schwarzer, klein geknoteter Krawatte. Es war der Bischof, sein oberster Chef. Niemand erkannte den Kirchenfürsten. Sekretär und Chauffeur blieben unter der Orgelempore stehen.

Der Bischof, da ihn niemand bemerkt hatte, schritt den Mittelgang vor und nahm in der ersten Bank Platz. Nur etliche

zwölf Personen gingen zur Kommunion. Alle ließen sich die heilige Hostie mit großer Ehrfurcht auf die Zunge legen. Der Bischof schüttelte den Kopf. Er sah sich um und erblickte mindestens hundert Kirchenbesucher. Dann diese lateinische Oration und das »Ite missa est!« – Das alles würde und mußte er rügen. Aber immerhin, hundert Gläubige am hellichten Werktag! – An den Sonntagen soll die große Kirche zu klein sein, berichteten die Medien.

Nach dem feierlichen Werktagsamt begab sich der Bischof in die Sakristei. »Lieber, auch an gewöhnlichen Werktagen so erfolgreicher Mitbruder«, begann er und setzte sich in den alten Lehnstuhl, der den Kirchberger Pfarrern als Beichtstuhl für Schwerhörige gedient hatte. »Lieber Mitbruder Steinbeiß, der pastorale Erfolg darf sich nicht über die allgemeinen Gepflogenheiten der Kirche hinwegsetzen. Unsere alten Traditionen verklingen, die Kirche ist in ihrer zweitausenjährigen Vergangenheit steil bergauf gestiegen, hat sich durch das Wirken des Heiligen Geistes entwickelt. Auch in der Liturgie! Ich kann mir nicht vorstellen, daß eine Soutane allein den Rückschritt in Kirchberg so sehr beflügelt hat, daß an Werktagen die Gläubigen in die Kirche gehen, daß der Pfarrer ein lateinisches Amt singt und niemand die empfohlene Handkommunion praktiziert. – Sie sind ja auch gegen die Massenkommunion, schrieb sogar unsere Kirchenzeitung. – Aber, aber! Da ist nicht nur Ihre Soutane. Wohl kaum auch Ihr angemaßter Titel Monsignore, das ich zu tadeln habe...«

Der alte Mesner half mittlerweile dem Herrn Stadtpfarrer die barocken Meßgewänder ausziehen. Steinbeiß stand nun in seiner noblen Soutane vor seinem Bischof und hörte sich gelassen dessen Vorwürfe an. Er wagte keinen Widerspruch. Und gefragt wurde er nicht direkt. Die Worte des Bischofs, der ja Professor der Theologie gewesen war, wurden immer akademischer.

»Nach Augustinus ist selbst das göttliche Sein keine abgeschlossene, ruhende Wirklichkeit, sondern ein jeden Tag lebendiger Bezug zu unserem sich ändernden Dasein. Kurzum, die Soutane bitte ich Sie wieder abzulegen. Ziehen Sie einen

anständigen Straßenanzug an! Aber halten Sie Ihre pastoralen Erfolg. – Und bitte wieder in der Muttersprache, nicht auf lateinisch!«

Er erhob sich, schüttelte Michael die Hand und fuhr in beinah leutseligem Ton fort: »So, lieber Herr Steinbeiß, nun stellen Sie mir im Pfarrhof diese Frau Ferger vor, mit der ich bereits telefoniert habe!«

»Wir haben ein Glück, Exzellenz, Frau Ingrid wurde von der Mesnerin eben herbeigerufen und wird uns einen Kaffee kochen.« Der Stadtpfarrer in der Soutane und der Bischof im dunklen Trachtenanzug begaben sich in den Pfarrhof. Im Salon nahmen sie Platz, und Frau Ingrid servierte den Kaffee. Der Erzbischof beobachtete sie genau, dann meinte er. »Für einen Pfarrhaushalt einmal zu jung und zum zweiten zu hübsch. Unser Heiliger Vater denkt nicht daran, den Zölibat aufzuheben. Seien Sie darüber nicht traurig, Herr Michael Steinbeiß, denn der Zölibat ist für uns Geistliche auch ein Schutz!«

»Ja, ja, heiraten dürfen wir nicht, verlieben eher?« – Seine Eminenz machte die Geste einer vagen Zustimmung. Während er sich dann Marmelade auf das Butterbrot strich, sagte er: »Kommen wir zum Wesentlichen dieser Visitation. Ich habe mich in der Stadt bereits umgehört. Die Leute haben Sie gern. Trotzdem, ziehen Sie die Soutane aus und behalten Sie den enormen Erfolg eines begnadeten Seelsorgers, der Sie unstreitbar sind, bei, dann dürfen Sie diese von den Leuten aufgezwungene Titulatur eines »Monsignore« ordentlich führen. Ich ernenne Sie hiermit zum päpstlichen Kämmerer und Monsignore.«

Der hohe Herr prostete dem Neuernannten mit der Kaffeetasse zu. Monsignore Steinbeiß neigte dankend das Haupt.

Der Bischof verabschiedete sich, auch herzlich von Frau Ferger. Chauffeur und Sekretär saßen bereits im Auto vor dem Pfarrhof. Der Bischof im Trachtenanzug stieg ein. Der Wagen fuhr los. Die Visitation war beendet.

Die Medien berichteten von der Ernennung zum wirklichen Monsignore. Und flüchtig auch über die verlangte Beibehaltung des schönen Erfolgs jetzt wieder ohne Soutane. In

den gewöhnlichen Pfarrer-Jeans. Man sei gespannt, was draus werde.

Die Leute waren verärgert. Standen in Gruppen beisammen. Gingen nicht mehr in die Kirche. Die Schüler plauderten und scherzten wie ehedem.

Die drei Damen vom Pfarrausschuß machten erfolgheischende Vorschläge. Als erstes wollten sie ein Pfarrfest hinter dem Pfarrhof veranstalten. Mit Tombola für die Armen Äthiopiens.

Schon dieses Pfarrfest wurde ein Mißerfolg. Nur vierunddreißig Personen saßen an den Tischen, die fünfhundert Platz geboten hätten. Steinbeiß diskutierte heftig mit den Damen vom Pfarrausschuß. »Die Soutane, verehrte Damen, gehört ins christliche Bewußtsein, ja ist schon im Alten Testament bei Moses eine selbstverständliche Wahrheit. Ich werde Seiner Eminenz einen Brief schreiben und die wirkliche Titulatur zurückgeben. Doch die Soutane ziehe ich wieder an.«

Er wollte von der mißglückten Festlichkeit in den Pfarrhof eilen, da wurde er unterwegs von Frau Petra aufgehalten. »Herr Steinbeiß, ohne Soutane sehen Sie so fad aus wie die meisten Männer Ihrer Stadtpfarrei. Ziehen Sie sich bitte geschwind wieder um!« Und leise flüsterte sie ihm ins Ohr: »Mir zuliebe! Ich wüßte sonst nicht mehr, für wen ich schwärmen könnte.« – Er drückte ihr die Hand. Vor der Gartentür zum Pfarrhof stand der originelle alte Straßenkehrer, sah Steinbeiß in seinen Jeans verächtlich an und machte eine wegwerfende, total atheistische Handbewegung.

Niemand mehr glaubt, eine Religion zu benötigen. Nicht einmal die Sterbenden. Einige Herren des Stadtrates bestürmten den Herrn Bürgermeister, doch mit dem H.H. Bischof wenigstens zu telefonieren, er möge dem Monsignore die Erlaubnis zum Tragen der Soutane offiziell wiederum erteilen, ansonsten könnten sie die große Kirche zu einer städtischen Mehrzweckhalle anmieten. Das von der städtischen Mehrzweckhalle müsse er unbedingt einfließen lassen.

Der Bürgermeister willigte endlich in das, schwierige Telefonat ein. Nur ungern verband ihn das erzbischöfliche Ordi-

nariat mit dem Palais. »Seit Ihrem Besuch hier, Herr Bischof, ist unsere Stadt atheistischer geworden wie zuvor!«

»Doch nicht seit meinem Besuch, Herr Bürgermeister! Sie dürfen Ursache und Wirkung nicht verwechseln. – Gut. Meinetwegen. Wenn die Gläubigen nur mit der Soutane Ihres Pfarrers an Gott glauben, möge er bis auf weiteres die Soutane tragen. – Bis auf weiteres, das heißt bis zum nächsten Pontifikat.« Der Bischof legte den Hörer auf und studierte wieder in seinem Buch »Die Philosophie Hegels und der Glaube der Atheisten«.

Die Stadträte, die mitgehört hatten, zeigten sich befriedigt und rannten in den Pfarrgarten zum Open Air. Es begann aber das Gewitter.

Im Pfarrhof setzte sich Michael auf die Treppe unter die Fotografie des korpulenten Franz Xaverius Praschberger. Er blinzelte fragend hinauf. Aber der alte Dekan sah schweigend himmelwärts. Als wollte er sagen: »Roma locuta, causa finita – Rom hat gesprochen, alle vernunftbegründeten Einwände sind beendet.«

Der Pfarrer ging in sein Arbeits-Schlafzimmer und schlüpfte in seine Soutane. »Der Herrgott wird mich meines Ungehorsams wegen nicht betrafen!« Es donnerte und blitzte. Ein Gewitterregen ging nieder. Viele Pfarrfestbesucher eilten in den Pfarrhof. Allen voran Frau Ferger mit ihren drei Buben, von denen zwei schon im schulpflichtigen Alter waren. »Stehen Sie ruhig im Pfarrhof unter, meine Herrschaften! Der Monsignore hat bestimmt nichts dagegen.« Auch die Stadträte mit der guten Botschaft schlüpften in den Pfarrhof.

»Wir könnten auch in den Pfarrsaal hinübergehen«, widersprach Frau Veronika, die Pfarrausschußsprecherin. Da kam der Herr Stadtpfarrer, Monsignore Steinbeiß, die Treppe herab. Angetan wieder mit seiner glänzenden Soutane. Er breitete seine Arme aus und stimmte den Wettersegen an. »A fulgere et tempestate«

Der Mesner, die Frau Ferger und etliche ältere Männer, die einmal Ministranten gewesen waren, antworteten prompt: »Libera nos Domine Jesu Christe!«

»Ist schon vorbei, Monsignore! Sie dürfen wieder!«

Steinbeiß aber fuhr fort: »Fiat misericordia tua Domine super nos!« – Und das Volk respondierte: »Quemadmodum speravimus in te!«

> »*Domine exaudi orationem meam!*«
> »*Et clamor meus ad te veniat!*«
> »*Dominus vobiscum!*«
> »*Et cum spiritu tuo!*«

»Oremus, Quaesumus, ommnipotens Deus, ut, intercessione sanctae Dei Genitricis Mariae, sanctorum Angelorum, Patriarcharum, Prophetarum, Apostolorum, Martyrum, Confessorum, Virginum, Viduarum et omnium Sanctorum tuorum, continuum nobis praestes subsidium, tranquillam auram permittas, atque contra fulgura et tempestates desuper nobis indignis tuam salutem effundas de caelis, et generi humano semper aemulas, dextera potentiae tuae, aäreas conteras potestates. Per eundem Christum, Dominum nostrum. Amen.«

Die Wetterglocken beginnen zu läuten, der Himmel reißt auf, der so schlecht besuchte Biergarten füllt sich mit immer mehr Leuten. Der Stadtpfarrer steht unter ihnen, und alle sind froh, daß er wieder die Soutane trägt.

»Es geht nicht nur um den seelsorgerischen Erfolg, liebe Freunde, das priesterliche Kleid und die kultische Sprache, die wir nicht unbedingt verstehen müssen, gehören zur Offenbarung Gottes vor seinem Volk. Ich bleibe in der Soutane. Denn wer nicht äußerlich ist, kann nicht innerlich sein!«

Die Musik spielte einen Tusch und die vielen Leute klatschten Beifall. Auch Petra war unter den Klatschenden zu sehen.

Literatur

Neben einem »Missale Novum Romanum« ex decreto Concilii Tridentini vom Jahre 1713, dem »vollständigen römischen Meßbuch lateinisch und deutsch von Anselm Schott OSB von 1956 und dem lateinisch-deutschen Volksmeßbuch von Pater Urban Bomm 1938 habe ich das Laien-Rituale von Parsch (Wien 1932) und die »Collectio Rituum« (Regensburg 1950); ferner die Heilige Schrift des Alten und Neuen Bundes. (Hampf, Stengel und Kürzinger bei Pattloch in Aschaffenburg 1966) und folgende Bücher verwendet:

Adalbert Prinz von Bayern, Als die Residenz noch Residenz war. München 1967
Michael Buchberger, Kirchliches Handlexikon. Freiburg 1907
Karl Rahner, Kleines Konzilskompendium. Freiburg 1968
Herders Theologisches Taschenlexikon. Freiburg 1972
Horst Dallmayr, Die großen vier Konzilien. München 1961
Mario von Galli, Prophetische Reden. Zürich 1980
Walter Kaspar, Die Methoden der Dogmatik. München 1967
Rudolf Graber, Verkünde das Wort. Regensburg 1968
Rudolf Graber, Stärke deine Brüder. Regensburg 1978
Leo Scheffczyck, Von der Heilsmacht des Wortes. München 1966
Joseph Kardinal Ratzinger, Salz der Erde. Stuttgart 1996
Joseph Kardinal Ratzinger, Glaube und Zukunft. München 1970
Joseph Kardinal Ratzinger, Einführung in das Christentum. München 1968
Joseph Kardinal Ratzinger, Wege zur Wahrheit. Düsseldorf 1985

Joseph Kardinal Ratzinger, Aus meinem Leben. 1997

Friedrich Kardinal Wetter, Das österliche Ecce homo, Predigten zum Osterfest. München 1985

Anton Antweiler, Ehe und Geburtenregelung, zur Enzyklika Pauls VI. Münster 1969

Anton Antweiler (Hrsg.) Stimmen zum Pflichtzölibat. Münster 1969

Thomas Niggl, Maria, Hilfe der Christen. Weltenburg. o. J.

Otto Meyer, Varia Franconiae. Würzburg 1981

Franz Henrich (Hrsg.), Weltpriester nach dem Konzil

Winfried Blasig, Der Jesus der Geschichte. Wasserburg 1992

Winfried Blasig, Christ im Jahr 2000. München 1984

Winfried Blasig, W. Bohusch, Von Jesus bis heute. München 1973

August Franzen, Kleine Kirchengeschichte. 1965

Konrad Lorenz, So kam der Mensch auf den Hund. München 1965

Georg Schweiger, Geschichte der Päpste im 20. Jahrhundert. München 1969

J.N.D. Kelly, Reclams Lexikon der Päpste. Stuttgart 1988

Pierre Teilhard de Chardin, Briefe... Herderbücherei Band 282. Freiburg

Immanuel Kant, Die Grundlagen des kritischen Denkens, Ausgewählte Schriften. Hrsg. Gerhard Stenzels Mohn Verlag o. J.

Alfred Mühr, Herrscher in Purpur. München 1977

Georg Lohmeier, Liberalitas Bavariae. 3. A., Ehrenwirth 1985

Georg Lohmeier, Bayerische Barockprediger. München 1961

Georg Lohmeier, Bayerisches für Christenmenschen. München 1984

Heinrich Heines gesammelte Werke, Bd. 5. Philadelphia 1860

Josef Stalin, Der Marxismus und die Fragen der Sprachwissenschaft. Berlin 1951/München 1968

Josef Stalin, Zu den Fragen des Leninismus. Fischerbücherei 1970

Register